ドゥルーズ哲学のエッセンス

思考の逃走線を求めて

ライダー・デュー 著
中山 元 訳

新曜社

ドゥルーズ哲学のエッセンス——目次

謝辞

本書はオクスフォードのワダム・カレッジにおける居心地のよい知的な環境で書き始められ、同じようにすぐれた作業条件を提供してくれたオクスフォードのマグダレン・カレッジで書き終えたものである。プラシャント・キダンビと、ロチャーナ・パジパイの両氏、ならびにポリティ社編集部の依頼で本書の本文を読み、有益なコメントを示された二名の方に感謝したい。

装幀——虎尾　隆

序

1　ジル・ドゥルーズの哲学

本書の目的

本書では、ジル・ドゥルーズ（一九二五〜九五）の哲学を紹介する。ドゥルーズの哲学体系の全体像を示すとともに、その哲学が展開している批判の試みについても考察した。ドゥルーズの哲学体系には、〈心の哲学〉の問題系と、心が現実において占める場所についての考察が含まれる。ドゥルーズの〈心の哲学〉は、社会の現実と認識論のさまざまな分野で展開されており、言語、セクシュアリティ、芸術、政治、歴史、科学などについての独創的な理論を生みだしている。さらにその批判の営みは、彼の哲学体系とその応用の試みに力強さを与えている。ドゥルーズの哲学は、思想、経験、現実について、わたしたちの多くが抱いている奥深い偏見を暴きだすものである。

ドゥルーズの哲学については、フランスのシュールレアリスムについてよく語られる言葉があてはまるだろう。これは精神のうちに革命をもたらすことを目指した営みであり、わたしたちの思考方法をその根元から変えてしまう力をそなえているのである。本書では、ドゥルーズの哲学体系がどのように発展していったか、そして政治理論、倫理学、美学、人文科学の認識論の分野で展開されたドゥルーズの批判的なプロジェクトが、どのような意味をもっているかを紹介する。

　ドゥルーズの哲学は、わたしたちが日常の経験のうちで獲得している実用的で合理的な見方を揺るがし、現実を哲学的で思弁的な方法で説明しようとする。この新しい説明方法の最大の特徴は、人間の行動と信念の中核に、意識する人間をおかないことである。哲学の伝統においては、「主体」という概念によって、人間と、人間の自己意識によって生まれた思想に特権的な地位が割り当てられてきた。その意味ではドゥルーズの哲学は、この主体の概念を批判するものである。といっても主体の概念を直接に攻撃したり、拒否しようとしたりするわけではない。むしろドゥルーズは主体の哲学において、人間の行動や信念の起源であり、基本的な前提であるとされてきたもの、すなわち自己意識と個人の自由の概念が、実際には主体の経験とはまったく似ても似つかない大きなプロセスから生まれたもの、あるいはこうしたプロセスから派生したにすぎないものであることを示そうとする。ドゥルーズは、主体の哲学とは異なるきわめて精緻な議論を構築しているのである。ドゥルーズが現実を説明するときには、人間はもっと別のさまざまなプロセスのうちで開かれる一つのプロセスであり、限定的な役割をはたすだけである。人間は、こうしたさまざまなプロセスと相互作用するのであり、これらのプロセスよりも下位にあるものにすぎない。

　現実を理解するこの新しい方法の中心にあるのは、記号と意味作用の哲学、すなわち「記号論」である。ここで意味作用という言葉が指すのは、心に思い浮かんだ〈意味〉でも、社会的な〈規約〉でもない。また物質的な〈もの〉でもない。だから意味作用は心的なものでも、物質的なものでも、社会的なものでもない。意味作用は現実のうちに独自の場所を、その「存在論的な地位」をそなえているのである。ドゥルーズは、意味作用の占めている特別な存在論的な地位を重視することによって、心的なもの、政治的な権力、社会的および文化的な実践について、きわめて異なる見地から考察できるようになる、と強調する。心、政治、文化の一般理論に、「記号論」を適用する試みは、ドゥルーズと、政治的な活動家である精神科医のフェリックス・ガタリ（一九三〇〜九二）との共同プロジェクトだった。

本書の主な目的は、ドゥルーズが初期の仕事において形而上学と記号論をどのように発展させていったかを説明し、さらにガタリとともに、一般的で形式的な社会理論の領域でこの形而上学と記号論の原則をどのように活用していったかを考察することにある。

ドゥルーズ哲学の発展段階

ドゥルーズの仕事は三つの時期に分けることができるだろう。最初の時期は一九五〇年代の始めから一九七〇年頃までで、ドゥルーズがまず哲学史家として、次に独立した重要な哲学者として、そしてアカデミックな哲学者としての地位を確立していった段階である。この時期には、ほぼ同時に著わされた二つの著作、すなわち『差異と反復』（一九六八年）と『意味の論理学』（一九六九年）が重要である。この時期にドゥルーズは時間、言語、記号、そして思想と現実の関係について、独創的な理論を展開した。

第二の時期は一九七〇年から一九八〇年代の始めまでであり、ドゥルーズがフェリックス・ガタリと協力して、集中的に活動した時期である。二人は「資本主義と精神分裂症」という統一タイトルのもとで、社会理論と政治理論についての二冊の重要な著作を発表した。第一の著作は『アンチ・エディプス』（一九七二年）で、精神分析を批判的に検討し、マルクス主義の社会理論を独創的な視点から読み替えている。第二の著作『千のプラトー』（一九八〇年）は、同時代の社会科学と人文科学の批判から生まれたものであり、第一の著作よりもはるかに広いテーマをとりあげている。これらのテーマはどれも、意味作用にかかわる初期の著作の中心的な問題、および思想と現実の関係にかかわるものである。

この二冊の著作をつなぐ〈橋〉として、二人は作家のフランツ・カフカについての著作『カフカ、マイナー文学を目指して』（一九七五年）を共同で執筆している。この時期にドゥルーズは、パリ郊外に新設されたヴァンセンヌ大学の哲学教授に就任し、知識人として公的な問題について発言して有名になった。ドゥルーズと同時代の哲学者のミシェル・フーコーは、新しい「ニーチェ主義」哲学の旗手となった。二人とも、マルクス主義、精神分析、現象学など、時代の哲学的な流行に属さない独特な哲学者たちとみなされたのである。

生涯の残りの時期、すなわち一九八〇年から一九九五年にかけてのドゥルーズの仕事では、ガタリとの共同作業はそれほど重要な意味はもたなくなる。芸術について、そして哲学という営みについて、数冊の書物を発表した。たとえばライプニッツとバロック哲学についての書物『襞』、二十世紀後期のイギリスの画家フランシス・ベーコンについての書物『感覚の論理学』などがある。『哲学とは何か』では、ガタリは名前だけは共著者とされている。これらの書物はすべて、芸術と哲学は思考と創造が同時に行なわれる営みでありながら、しかも明確に異なるものであることを示そうとしたものである。

本書の構成

本書では、ドゥルーズのこうした哲学の時間的な発展の順を追って検討したい。第一章ではドゥルーズの初期の思想を考察する。第二章から第四章までは、ドゥルーズとガタリが共同で進めた哲学的な営みを中心とする。最後の第五章では、ドゥルーズの哲学と芸術の理論について、そしてドゥルーズの哲学が全体としてどのような倫理的な意味をもちうるかについて検討する。お分かりのように本書は、とくに中期に焦点を合わせて、ドゥルーズの知的な発展を追おうとするものである。ドゥルーズの知的な発展を検討するときに重要なのは、哲学の方法論にかかわる問いである。ドゥルーズはどのように思考したのだろうか、ドゥルーズの思考の方向を定めた思考の戦略と原則と方法はどのようなものだろうか、そしてその他の思想体系とどのような関係にあるのだろうか。

ドゥルーズ哲学の特徴

ドゥルーズの初期の仕事は、「内在」の原則にしたがう発生論的な方法を提案し、理論として提示し、その有効性を証明するものである。ドゥルーズとガタリとの共同作業はこの発生的な方法から出発するが、心的なものと社会的なものの関係についての唯物論的な考え方を、この方法と組み合わせようとするのである。本書でいずれ詳しく検討するように、ドゥルーズとガタリは、形式的でも宇宙論的でもない、もっと別の方向に向かって、発生的な方法を発展させたのである。大切なのは宇宙的な現実のうちで、心がどのようにして生まれるかを理解することではない。むしろ無意識的な心が、そして性的な欲望を処理する心的なものが、社会的な現実と政治的な現実のうちでどのようにして形作られるかを理解することが重要なのだ。

この議論を展開するうちに、ドゥルーズとガタリは歴史にまつわる問題に遭遇したが、わたしはこのことが二人の思想において決定的な意味をもったと考える。二人の著作の力と独創性の多くは、これによって生まれたのである。歴史を系譜学的に理解するニーチェの哲学に鼓吹されて、ドゥルーズとガタリの『アンチ・エディプス』は、心的なものがいかにして身体の政治学《ボディ・ポリティックス》の一部を構成するようになったかを、系譜学的に説明しようとするのである。『千のプラトー』は、この方法をさらに精緻なものとしながら、複雑に展開しようとする。本書で提示する議論の構造は、発生的な方法から系譜学的な方法へと展開した二人の営みによって決定されているのである。

本書の主題的なテーマ

本書では主題的なテーマとして、ドゥルーズの仕事において展開されてきた〈主体〉の問題を追跡する。初期の哲学史の著作では、デカルトとカントの〈意識の主体〉という概念を批判し、これに代わって情動、記憶、そして力の表現としての心的な活動の哲学を提案している。『アンチ・エディプス』と『千のプラトー』は歴史的および記号論的な観点から、主体を特定の文化的および社会的に構成されたものとして提示する。そして文化的および社会的に構成されたこの主体を、マージナルな主体の位置に置かれた精神分裂症の患者やノマド（遊牧民）と対照させ、さらに一般的には「生成」の主体と対照させる。この〈生成の主体〉は、みずからの欲望と、時間的な経過を特徴とするものであり、社会的な統合から逃れ去る主体である。

ドゥルーズ哲学を分析する三つの視点

ドゥルーズの仕事はさまざまな視点から考察できるが、主として次の三つの視点から検討することができるだろう。第一に、ドゥルーズがみずからのうちに取り入れたり、批判のまなざしを向けながら取り組んだりした伝統的な哲学の支配的な理論と対比して考えることである。第二は、マルクス主義、精神分析、構造言語学など、その当時に人文科学と社会科学で利用されていた理論や方法と対比して考えることである。第三は、ドゥルーズについての学問的な研究との対比で考えることである。

本書ではまず、伝統的な哲学におけるドゥルーズの仕事を分析しながら、ドゥルーズの哲学の思弁的で批判的な方向を明らかにしたい。次に『アンチ・エディプス』『カフカ』『千のプラトー』について考察した章では、ドゥルーズとガタリが発展させようとした新しい社会的で「記号論的な」理論という視点から、二人が精神分析、マルクス主義、構造主義の意味の理論について、どのように考えていたかを分析する。

第三の視点である学問的な研究についての考察が興味深いのは、ドゥルーズの思想の性格と方法について、学者のあいだで意見が分かれているからである。こうした研究を考察することで、ドゥルーズの哲学のうちに存在するいくつかの曖昧な点が明らかになった。その曖昧さは主として、現実と心についての一般的な概念と、その概念の実践への適用にまつわるものである。本書ではこれらの問題については中間的な立場をとっている。ドゥルーズの哲学が、実践的な意味を喪失するほどに抽象的な哲学であるとは考えないし、科学的な理論のように、経験に直接に「適用できる」哲学であるとも考えないのである。

哲学の伝統という視点から

ドゥルーズの初期の哲学は、哲学の伝統のうちでも主流の哲学者を批判的に考察することで発展してきた。とくに心的な活動が現実のうちでどのように位置づけられるかに、強い関心をもっていた。だからドゥルーズの仕事にきわめて強い影響を与えたのは、この問題を考察した哲学者たちである。ドゥルーズが対話を交わした哲学者たちはさらに、この問題についてある共通の見方をしている。すなわち人間の心を、宇宙や世界を全体として構成する力やエネルギーの大きな集合の内部で展開された活動とみなしているのである。人間の心についてのこの考え方の何よりも重要なところは、人間の心的な活動は、世界の一部として理解すべきであり、世界から分離されたものと考えてはならないという批判的な視点である。心は、たんに世界を写す〈画面〉のようなものではないのである。心的な活動とは、心の外部にあるものの「表象」を作りだすようなものではない。心を取り囲む力に対応して展開される活動なのである。人間の心についてこのような見方をする哲学者としてドゥルーズは、スピノザ、ライプニッツ、ニーチェ、ベルクソンをあげている。(1)

精神分析という視点から

ドゥルーズは初期の著作において、意味作用または「意味」の一般理論を構築している。ガタリとの共著では、この意味の理論は欲望や心的なものの政治的および社会的な理論と統合されている。この新しい理論によると、心的なプロセスや性的な欲望は、たんに個人のうちに存在するものではなく、社会的および政治的な現実の重要な部分を構成するものである。心的なものについてこのような視点をとることで、精神分析が批判的に検討されることになった。とくに、ジャック・ラカンの精神分析の理論が批判された（ガタリはラカンの分析をうけている）。ラカンによると心的なものは、主として言語という媒体を通じて、世界および自己とかかわるのである。『アンチ・エディプス』が提示する記号論的な理論は、言語を媒体とするこのラカンの理論に代わる理論を提示しようとする。

精神分析学者との議論をつうじて構築されたこの記号論的な理論に基づいて、ドゥルーズとガタリは、その後に刊行した『カフカ』と『千のプラトー』において、心的な活動と文化的な実践について、記号論的な一般理論を提示した。この一般理論は、社会の現実についての同じような一般理論の一部として構築されたものであり、既存の西洋の思想体系を転覆するという野心的な目標によって展開される。既存の認識論的かつ記号論的な体系とは、日常的な経験とも矛盾しないもので、哲学の伝統の主流となっている体系である（アリストテレス、デカルト、カントの体系）。ドゥルーズは初期の著作において、この認識的な体系を「表象」の体系と呼ぶ。

表象と内在

ドゥルーズの初期の仕事と、ガタリと共同で進めた中期の仕事には、ある一貫性がみられる。どちらもこの表象の体系を批判するものであり、さらにどちらもドゥルーズが「内在」という概念で表現する哲学的な計画を遂行するものだからである。「表象」の体系と「内在」の哲学は両立せず、しかも相補的に定義される一組みの概念である。〈表象〉の体系は、「個人にとっての客観」という概念を中心とした論理的なモデルのフィルターを介して、世界を考えようとする。この体系は、日常の経験において世界が個人にどのように現われるかを考察する。これに対して〈内在〉の哲学は、現実が〔外部から〕個人にどのように現われるかを考察するのではない。現実が独自の発生的なプロセスにしたがって、個人の内部から展開されてゆくと考えるのである。

ドゥルーズ解釈の視点から

一九六〇年代にドゥルーズが展開した哲学史と形而上学の分野での仕事と、一九七〇年代にドゥルーズとガタリが共同で発展させた社会的で記号論的な理論は、その目的においても方法においても共通するところがあるが、ドゥルーズの仕事をどう解釈するかについては、まだ大きな解釈の余地が残されている。ドゥルーズの哲学は、ほんらいは形而上学的なものであり、たまたま社会的な手段に適用された（あるいは適用することができる）にすぎないものなのだろうか。それとも反対に、そもそも社会的な理論であり、背後にある一般的な原則にたまたま依拠しているだけなのだろうか。

ドゥルーズの仕事を批判的に検討した研究書では、この問いにどう答えるかについても、ドゥルーズの哲学の基本的な性格、その目的、中心的な問題点がどのようなものであるかについても、大きな違いがみられる。そのためたとえば、存在についての哲学である存在論と、人間の心が現実とかかわる方法についての理論である認識論との関係についても、論者の意見が対立したままなのである。『差異と反復』に示された心の理論と、『千のプラトー』にみられる人文科学についての議論は、存在論的な性格のものなのだろうか。それとも『差異と反復』で示された心の理論は、わたしたちが現実にあるものについて思考すべき方法について、きわめて抽象的な次元で考察した〔認識論的な〕ものなのだろうか。あるいはこれらの議論から、人文科学や社会科学の方法論のようなものを取りだすことができるのだろうか。

ほかのさまざまな問題についても、論者の意見は鋭く対立している。ドゥルーズは政治哲学者と呼べるだろうか。ドゥルーズの哲学は、特定の種類の政治分析と政治行動につながるものであり、ドゥルーズは政治哲学者だと考える論者もいる。一方ではこれを否定し、ドゥルーズの存在論は、いかなる政治的な行動をもたらすものではないと主張する論者もいる。ドロシア・オルコウスキーのように、この二つの観点をまとめて示す論者もいるのである。

言い換えると、変化についての理論は、現実の変化から作られた概念と、変化を現実のものとする概念を必要とする。また、持続と主観性を含めた生命を、流動のイメージによって理解

しなければ、主体と宇宙における変化の概念を実現することはできないのだと、わたしは主張したいのである。(2)

オルコウスキーは、ドゥルーズの時間と変化についての存在論は、政治的な行動の理論の土台となると主張するが、別の論者たち、とくにフランスの論者たち（バディウ、ベルジェン、ズーラビクヴィリ[*1]）は、ドゥルーズの存在論の実践的な意味よりも、形式的で抽象的な性格を強調する傾向がある。バディウなどは、ドゥルーズの思想は政治においては具体的な意味をもちえないと主張するほどなのである。

これと関連して、ドゥルーズの存在論から生まれる世界の新しい見方についても意見が分かれる。ドゥルーズの哲学では、意識して思考し、行動する人間を、独自の生命と経験の中心から外して、人間をもっと大きな力の戯れの場で起きている力の相互作用として提示する。そのため、思考し、感じ、選択するこの「わたし」、この人間としての主体はどうなるのかという問いを招くのである。

ここでとりあげた三つの議論、すなわち存在論と認識論の対比、存在論と政治の対比、存在論と主観性の対比の問題は、たがいに結びついたものである。ドゥルーズの存在の哲学は、人間の営みや活動から遠く離れた視点から提示されているが、わたしたちの行動や、政治や科学の問題とはまったくかかわらないものなのだろうか。

2　プログラム

内在の原理

本書では、ドゥルーズの哲学の中心となるのは「内在」の原理であると考えている。伝統的に「内在」とは、「超越」と対比された形而上学の概念である。内在は、スピノザの「神的な自然」の哲学にみられる神学と宇宙論の特徴でもある。スピノザの哲学体系では、神は現実の外部に、自然を「超越」して存在するものではない。スピノザにとって存在する唯一の神は、神的な自然に固有であり、この自然に内在する創造の原理である。ドゥルーズはスピノザの内在の原理についての研究書『スピノザと表現の問題』（一九六八年）を発表し、この書物でライプニッツの「表現」の概念を借用して、スピノザの内在の原理を解釈している。スピノザにとっては、自然のうちに神が内在し、神のうちに被造物であるすべての有限のものが内在することは、万物のうちで神的な自然がみずからを〈表現する〉ことだ、とドゥルーズは指摘する。この〈表現する〉関係のうちには、特別な原因の概念が含まれる。表現の原理は、有限な存在のうちでみずからを表現するのだから、有限な存在の〈原因〉である。ただし、物理的な原因とは違って、この〈原因〉は経験のうちで可視的なものにはならないのである。この〈表現因〉は内的なもの、いわば「発生的な」原理なのである。

スピノザからとりだされたこの内的で発生的な原因という概念は、ドゥルーズの哲学の原動力となる。ドゥルーズはこの発生的な原因という概念を最初の神学論的な枠組みの外で利用することで、「内在」の概念そのものの意味を敷衍する。この内在の概念は、現実の特性というよりも、ドゥルーズの思考の原理となるのである。

内在の原理とは肯定的な意味では、発生的に思考すること、すなわち思考のなかで、対象を生みだした発生的なプロセスを再現することである。否定的な意味では内在の原理は、結果からその可能な原因や理由へと遡行して推論しようとする思考を否定する方法として定義される。この〔遡行する〕推論の方法は、あるものがどのようにして経験のうちに現われるかを考察することで、そのものの理由、意味、原因をみいだそうとするものである。すなわち行動の理由、夢の意味、出来事の原因を経験のうちに探しだそうとするのだ。

表象の哲学

ドゥルーズはこのように、経験から〔原因に遡って〕推論する手続きを「表象」と呼ぶ。これが表象（＝再現）と呼ばれるのは、表象とはある対象が〔人間にとって〕対象として知覚される方法であり、人間はこの表象の方法をモデルとして推論を始めるからである。ドゥルーズは、一方ではアリストテレスの論理学に基づいて、他方ではデカルトとカントが提示した認識の理論に基づいて、表象の理論とはどのようなものであるかを、細かに描きだす。伝統的な哲学史ではアリストテレスの理論体系は、デカルトやカントとの理論体系と対比される。アリストテレスの考えでは、主体が思想（と言語）を語る構造に、対象の構造および物理的な現実のうちでの対象の特性の関係が、言語や思想としてそのまま写しだされていると考える。これに対してデカルトやカントは、人間の思想と知識の対象は、物理的な現実から一段階だけ離れているとみなす。わたしたちは理念（デカルト）や現象（カント）について考えるのだが、この理念や現象が世界の実際の構造を必然的に写しだしたものかどうかは、誰にも語りえないのである。

しかしドゥルーズからみると、アリストテレスの哲学体系と、デカルトおよびカントの哲学体系に共通する原理が存在する。それは思想というものが、経験のうちに与えられたもの、表象されたもの、すなわち客観、理念、現象とともに始まるものであると考える原理である。そうすると思想は経験から始まり、経験のうちに根拠をもつ推論のプロセスということになる。だから思想と知識についての〈表象の哲学〉の役割は、この推論の活動の構造を、そしてそれが経験とのあいだで結ぶ関係を明らかにすることにある。ドゥルーズが「表象」と呼ぶのは、思考、経験、知識についてのこの全体の構図（認識論）であり、これが内在に対比されるのである。

思考についてのこの〔表象と内在という〕二つの方法の基本的な相違点は、哲学における「客観」という概念にかかわるものであり、この方法が現実において占める場の違いもまた、客観にかかわる。ドゥルーズの哲学においては「客観」とは、内的な発生因をそなえたもののことである。表象の哲学にとって客観とは、経験の内部で表象されるもののことである。ドゥルーズにとって思考とは、現実の内部で行なわれる活動である。他のさまざまなプロセスのさなかで展開される一つのプロセスなのだ。ドゥルーズからみると思想の最高の形式は、内在のプロセスを発生的に関連づけることである。これに対して表象の哲学にとって思想とは、経験のうちで〈表象〉としてすでに与えられているものを関連づけること、あるいは明晰にすることである。ドゥルーズが求める発生的で内的な認識は、経験のうちに土台をもたず、この発生的な認識の客観は、経験的な客観と必ずしも似ているわけではない。

ドゥルーズの存在論

ドゥルーズの最初の形而上学的な直観はごく単純なものだった。思考のうちに働く生の力は、秩序づけ、濾過するシステムによって強い制約をうけていて、このシステムは、確定的な論理構造を現実に押しつけようとするというものである。もしもわたしたちが現実について考えるために、表象の外部に十分に抽象的な思想を生みだすことができれば、この論理構造を乗り越えることができる。〈存在とは何か〉についての一般的な理論、すなわち彼の「存在論」は、人間の生について、意識の経験とは矛盾するような観点をもたらすのである。ドゥルーズはさらに、この意識の主体に代わるもっと別の主体を立てようとする。この主体の特徴は、時間のうちに存在すること、情動を経験する能力があること、主体そのものの意識的な経験ではなく、潜在的な可能性を作りだすことにある。

このように本書ではドゥルーズを、ある種の逆説的な反プラトン主義者として描きだそうとしている。哲学について、プラトンと数多くの考え方を共有しながらも、プラトンを批判する反プラトン主義者である。プラトンとドゥルーズに共通するのは、常識や日常的な経験よりも遠くまで進むことのできる哲学を、そして経験のうちに世界が提示される方法とは異なる世界の見方を提示する哲学を作りだそうとする野心である。そのためにドゥルーズは、思想と現実について近代哲学の伝統のうちで生まれた多くの考え方を否定しようとする。とくにドゥルーズは、これまでとは異なる「主体」の概念を示そうとする。これまでの主体の概念は、個々の人間の心を、知識と行動の自己意識の中核として構成しようとするものだったが、こうした主体の概念を否定しようとするのである。

〈他なる主体〉

しかしドゥルーズの哲学には、さらに異なる主体や主体の概念の萌芽がひそんでいる。この〈他《た》なる主体〉は、自己意識と合理的な心的な能力を土台とするものではない。人間がみずからの生活の場において、さらに狭い意味では思考と執筆の場において経験する、創造的な時間を土台とするものである。この〈他なる主体〉の地図を描く作業は、内在の原理をもっとも具体的に適用し、実現するものである。〈他なる主体〉は、自己認識によってではなく、みずからの行動のうちに内在することによって定義される。ドゥルーズはこの〈他なる主体〉をまず、萌芽的な主体（シュジェ・ラルヴェール）と呼び、次に「ノマド的な主体」と呼び、最後に『カフカ』と『千のプラトー』では、「生成」と呼ぶ。

ドゥルーズの思想においてこの〈他なる主体〉の概念を形成するための出発点となるのは「情動」の概念である。ドゥルーズによると、情動とは心的な活動の基本的な構成要素である。この情動の概念は、主体による自己認識の概念を含むものではない。情動の概念を理解するには、これを力として、特別な種類のエネルギーとして理解する必要があり、このエネルギーは自己意識を想定するものではないのである。そしてこの情動について問うべきなのは、「さまざまな情動はどのように組み合わされるのか」、「心にはどのような情動がありうるのか」、「情動はどのような思想を生みだすのか」という問いなのである。この哲学的な観点からは、心は意識の中心であるよりも、思想が生まれる場である。これらの思想は、誰かが「それはわたしの思想だ」と言えることによって定義されるものではない。すなわち思想は、主体への帰属によって定義されるものではないのである。ヒューム、ニーチェ、スピノザについてのドゥルーズの書物は、この情動の心理学の特定の側面を発展させたものであり、デカルトやカントの哲学に示された主体の概念の特定の次元を攻撃するものなのである。

3　歴史的な背景

ドゥルーズの仕事は、一九五〇年代の半ばから一九九〇年代の初めにいたる四〇年の期間にわたるものだった。ドゥルーズが哲学者として活動を始めた頃にフランスの哲学界を支配していたのは、ヘーゲル、フッサール、ハイデガーなど、新たに発見されたドイツの哲学と、フランスに固有の哲学史の流派だった。ドゥルーズが哲学者として仕事するようになった頃にもっとも強烈な影響をうけたのは、このフランスに固有の哲学史の流派だったのである。

この流派によると、哲学史の目的は、過去のそれぞれの哲学体系に固有の真理を明らかにすることにあった。それぞれの哲学体系をできるかぎり好意的な視点から考察し、必要な場合には、体系の内的な一貫性を強化しようとした。哲学史家の任務は、ある哲学者がどのようにして特定の概念や問題を作りだしたかを説明することではなく、その哲学者の哲学体系が合理的で妥当な体系にみえるように解釈し、必要であれば体系を再構成してでも、その哲学の前提にできるだけふさわしくみえるようにすることだった(3)。この哲学史の流派の代表は、たとえばマルシアル・ゲルー、ヴィクトール・ゴールドシュミット、ジュール・ヴュイエミンなどである。これらの哲学史家は、さまざまな哲学者に関心をもち、異なった時期と運動の哲学者について著作を発表していた。ドゥルーズもこのやりかたを採用することになる。

ドゥルーズはこの歴史的な流派の一人として哲学者の経歴を始めたが、ヘーゲル、フッサール、ハイデガーの解釈が主流となっていた当時のフランスの哲学界の雰囲気に無関心だったわけではない。そのためドゥルーズがごく初期に発表した文章には、ハイデガーの伝統をうけつぐ実存哲学と心理学の著作についての書評が含まれている(4)。しかしドゥルーズの初期の哲学は、一連の短い研究書として発表されたものであり、そのうちの三冊は、ヒューム、ベルクソン、ニーチェを考察したものだった。これらはヘーゲル、フッサール、ハイデガーなどの哲学の知的な風土に含まれる哲学者たちではなく、彼らとは異なるプロジェクトを推進していたのである。ドゥルーズはさらにスピノザとカントについても著作を発表している。この二人の哲学者は現象学ともヘーゲルの哲学とも直接に結びつくものではなかったが、フランスの哲学界の伝統で知られていなかったわけではない。ただしフランスの哲学界では十九世紀以降というもの、スピノザもカントも哲学的な理性の縮図のように考えられていたのである。この時期にドゥルーズはさらに小説家のマルセル・プルーストとザッヒャー・マゾッホについて、一冊の本になるほどの長い文章を発表している。

これらの研究ではドゥルーズは、テクストを再構築するフランス流の解釈を展開しながら、精緻で独創的な哲学史の研究者としての力量を発揮しているが、同時に独特な形でフランス流のやり方に手を加えている。ドゥルーズは自分の議論とその展開方法を極端にまで凝縮してしまうので、ドゥルーズの哲学がどこから始まるのか、解釈がどこから再構築になるのかがわかりにくいほどだ。それでもこれらのすべての仕事においてドゥルーズは、彼の固有の概念を構築することに専念しているのであり、これらの概念は後にドゥルーズの哲学の一部となるのである。やがて一九六〇年代の後期に発表した二つの並行した著作『差異と反復』と『感覚の論理学』においては、独自の哲学を語りだすようになるのである。

フランス的な現象学の課題

一九五〇年代には、フランスの哲学界で二つの非常に異なる流派の思想が交差していた。現象学と構造主義である。古くから流行していたのは現象学である。一九三〇年代から一九五〇年代にかけて、フランスの哲学界を支配していたのは、ジャン＝ポール・サルトル、モーリス・メルロ＝ポンティ、ガブリエル・マルセルなど、実存主義的で現象学的な思想家たちだった。この世代の思想家は、ヘーゲル、キルケゴール、フッサール、ハイデガーなど、たがいに結びついた哲学者たちの影響のもとで、いくつかの共通する哲学の問題にとりくんでいた。すなわち哲学とは、人間の実存という基本的な事実に直面すべき営みであり、たんなる合理的な営みではなく、人間がどのように実存すべきか、どのように生き、どのように死すべきか、人間をとり囲む世界に、どのように直面すべきかなどの問いに答えるべきだと、誰もが考えていたのである。

それまでのフランスの伝統的な哲学は、科学史と哲学史の考察そのものに重点を置いていたが、実存主義的な現象学は、こうした伝統とは一線を画すものだった。そして次の世代の哲学、すなわちミシェル・フーコー、ジャック・デリダ、ジル・ドゥルーズなどは、ある意味ではこの伝統的な哲学の流儀に戻るものであるが、一方で実存主義的な現象学との批判的な対話のうちで発展してきたこの世代の哲学者たちは、哲学は倫理、美学、政治の問題に答えるべきだという〔実存主義的な〕考えをひきついだのである。

現象学そのものは、哲学の一つの分野として、十九世紀末にドイツの哲学者のエドムント・フッサールが創始した学である。現象学が課題としたのは、さまざまな科学的な命題の妥当性を検査し、評価すること、とくに論理学と数学という形式的で純粋な学が示す命題の妥当性を検査し、評価することだった。フッサールはカントにならって、これらの学問の命題の妥当性には、特別な根拠づけが必要であること、これらの学問そのものは、こうした根拠づけを示すことができないこと、この根拠づけを示すのは哲学の役割であることを確信していたのである。このため哲学は、他のすべての科学の学であり、いわば上位に立つ学とみなすべきだとされたのである。この上位に立つ学が目的とするのは、真理と妥当性である。というよりも、真理と妥当性の意味を示すことである。たしかに論理的な推論の妥当性は、論理学の規則によって示すことができるだろう。しかしそれが妥当するということには、どのような意味があるのだろうか。

この問いに答えるためにフッサールは、わたしたちが真理を経験するとはどのようなことかを分析した。真理を経験するときにわたしたちが心的にどのような行為をしているかを詳細に分析すれば、真なる知識を生みだす命題の普遍的な特性を理解できるに違いないと考えたのである。そして心的な行為を吟味するうちにフッサールは、研究分野を次第に拡張するようになり、何かが意識に現われる束《つか》の間の感情から形式的な命題にいたるまで、存在しうるすべての異なる種類の意識的な経験について、考察するようになったのである。こうして現象学は意識的な経験を記述するための新しい方法を構築するようになった。フランスでフッサールから学んだ哲学者たちが採用したのは、この方法だったのである。

フランスの現象学はこの方法を心理学的な方向に発展させ、異なった種類の意識の行為と行動のあいだには、具体的にどのような違いがあるかを明らかにしようとした。この方法には、人間のすべての行動を、そしてすべての社会的な現象を、意識の経験のうちに現われるものとして理解する必要があるという考え方が含まれていたのである。

新しい世代の哲学者たちによる現象学批判

フーコー、デリダ、ドゥルーズの世代の哲学者たちは、次の三つの次元で、フランスの現象学の実存主義的および心理学的な流派を攻撃した。実存主義的な現象学は、語彙、方法、モットーの三つの次元で構成されていると考えたのである。〈語彙〉としては、「意識」「実存」「主観性」という用語を中心とするものだった。その〈方法〉は、主観の意識的な経験という観点から、心理学的な現象、言語、芸術を考察するものだった。その〈モットー〉はヒューマニズムとして知られるようになった(5)。

新しい世代の哲学者たちは、これらの三つのすべての次元で現象学を攻撃した。〈語彙〉については、主観的な経験にまったく依存せず、言及もしない新しい哲学の語彙を作りだす必要があると考えた。哲学の語彙は、新しい哲学的な探求の方法で作りだされることになるが、この探求の〈方法〉は内省とも、心理学的な記述ともまったく無縁なものになる。こうして哲学は、「人間中心主義的な」観点とも、ヒューマニズムという〈モットー〉とも完全に手を切るものになる。新しい世代の哲学者たちは、ヒューマニズム、すなわち心、言語、現実の全体についての人間中心主義的で個人主義的な観点を攻撃しようとしたのである。そのためには、主観的で個人主義的な観念に依存せずに、形式的な構造の分析と構築を実行する必要があると考えた。

新しい語彙のうちでも中心となる用語は、この時期の文学批評の議論のうちから生まれた。それは記号という概念である。記号という用語そのものにはそれほど重みはないものの、この概念は文学と言語についてのまったく新しい研究方法を代表するものとなったのである。「記号」の概念は古いものであり、さまざまな哲学者が考察してきたが、それまでは哲学の問題や課題の中心となる概念としてとりあげられることはなかったのである。

構造主義とヒューマニズム批判

二十世紀の初頭に、スイスの言語学者のフェルディナン・ド・ソシュールが記号の概念にもとづいた言語学の理論を提唱していた。ソシュールは記号を戦略的な概念として利用することで、科学的な言語の理論を構築することができたのである。そのためには意志の伝達において利用される言語（パロール）と、言語の「体系」（ラング）を分離した。そうしなければ、言語学が言語に完全に内在する意味を明示する学問となることはできないと考えたのである。

この内的な意味をソシュールは「意味作用《シニフィカシオン》」と呼んだが、これは音響的なイメージ（シニフィアン）と概念的な意味（シニフィエ）との関係である。記号は、シニフィアン、シニフィエ、意味作用で構成される。記号は、外部の対象を指し示すために使うことができるが、記号がその〈意味する力〉をうけとるのは、外部の対象のように、言語の外部に存在するものによってではない。記号は、言語の体系の内部において、他の記号との差異によってその意味作用をうけとるのである。

文化人類学のクロード・レヴィ＝ストロースと精神分析のジャック・ラカンは、一九四〇年代から一九五〇年代にかけて、このソシュールの着想を採用し始めた。一九六〇年代にはレヴィ＝ストロースやラカンのテクストが、フランスの人文科学と社会科学の多くの分野で強い影響力をもつようになり、その時代の文化的な雰囲気を作りだす原動力となった。

ソシュールの方法は、たがいに関連した二つの異なる分野で利用されるようになった。一方では、文化のさまざまに異なる実践活動において、みずからのうちで閉じた形式的なシステムを記述することが試みられた。このシステムは、こうした実践活動を支配している無意識的な規則であると考えられるようになったのである。この一般的な傾向が後に「構造主義」と呼ばれるようになった。他方では、ソシュールの記号の理論は、「記号論」と呼ばれる研究プログラムを生みだすようになったである。

記号論の理論と研究計画は、意志の伝達システム、とくに文学を研究することを目指したものであり、繰り返し姿をみせる語り（ナラティヴ）のパターンなど、文化的に不変な要素を研究するものだった。ソシュールは、個々の話し手が言語を利用する可能性を定義するのが言語の体系（ラング）と考えたのだが[6]、それと同じような意味で、こうした文化的に不変な要素が、文学のテクストの語りの可能性または意味論的な可能性を作りだすと考えられるようになったわけである。

一九六〇年代におけるフランスの文化的な雰囲気のうちで、構造主義と記号論を組み合わせることは、きわめて有望な試みと感じられていた。無意識の形式的な規則にしたがって、すべての文化的な実践を研究する展望がえられたのである。この研究方式は科学的に厳密であるために、形式的で抽象的な構造に依拠していた同時代の実験的な文学にもふさわしいものと感じられた。意識的な経験を中核としない文学作品を書くことができれば、そして抽象的な芸術的な記述のパターンを作りだすことができれば、個人の意識的な経験に言及せずに、言語、文学、映画、無意識を記述しようとする人文科学の営みと歩調を合わせることができると考えられたのである。マルグリット・デュラスやアラン・ロブ＝グリエの小説は、こうした目標を実現しようとするものだった。形式主義的な分析方法という観念において、科学的な研究や文学作品の創作のうちに、科学と実験的な文学が収斂していったのであり、これによってヒューマニズム的な主体の概念は余分で、時代遅れのものとなるはずだった。

こうして、科学と文学が収斂する場でヒューマニズムを克服するという、さらに根本的かつ一般的な哲学的な展望が開けてきた。思想と行動の意識的な〈核〉としての〈人間〉という観念そのものを破壊できるのではないかと考えられたのである。デリダ、フーコー、ドゥルーズを含むこの世代の哲学者たちは、こうした哲学的な反ヒューマニズムを抱懐していた。逆説的な解放の情念《パトス》に駆られながら、主体の破壊を祝ったのである。この解放のプロジェクトを理解するためには、主体の観念そのものと、その「批判」の可能性についてさらに詳細に検討する必要がある。

4　ポスト構造主義と「主体」の批判

ポスト構造主義という概念について

フーコー、デリダ、ドゥルーズなどの哲学と、一九七〇年代にロラン・バルトたちが作りだした文学理論は、英語圏では「ポスト構造主義」と呼ばれることがある。この用語は理解を助けると同時に、誤解を招くものでもある。これらの哲学者たちは、構造主義者ではなくポスト構造主義者と呼ばれたが、それは構造主義とは、人文科学に厳密な形式的な基準を導入することを目的とした研究プログラムであり、これらの哲学者たちはこうした目的には強い関心を抱いていなかったからである。さらに時間的な意味でも、構造主義の後（ポスト）になって登場したのだった。

たとえばフーコーとドゥルーズの著作を調べてみれば、一九七〇年頃に研究方法と研究の方向が変化したことを確認できる。ドゥルーズの『プルーストとシーニュ』（一九六四年）とフーコーの『言葉と物』（一九六六年）はまだ形式的な体系を重視していたが、一九六八年「革命」をきっかけとして、こうした形式的な体系よりも、政治的なテーマを重視する傾向が生まれた。それはフーコーの『監獄の誕生』（一九七五年）とドゥルーズ／ガタリの『アンチ・エディプス』（一九七二年）にはっきりと感じられる。

「ポスト」構造主義の第三の意味は、「構造」という用語そのものにある。ドゥルーズもデリダもすでに一九六〇年代から、この構造という用語に疑問を表明していた。この言葉からは、合理主義的で形而上学的な秩序の観念が感じられるのであり、彼らはそのことを疑問としたのである。これに代わってデリダが提示したのが「エクリチュール」という概念であり、ドゥルーズが提示したのが「セリー」という概念である。どちらの概念も、閉じた「構造」の概念のうちに含めることのできないプロセスや関係を指していた[7]。

しかし同時にこの「ポスト構造主義」という呼び名には問題がある。これらの思想家の類似性を強調しすぎるし、同じモットーのもとに集まっているかのような印象を与えるからである。たとえば彼らが哲学界の実証主義的な姿勢を攻撃するプロジェクトを進めているとか、哲学とは何かについて同じ考え方をしているという印象を与えかねないのである。しかしこれらの思想家は、同じ原則や、同じ基準的なテクストの研究にもとづいたポスト構造主義的な「学派」に属しているわけではない。

たとえばフーコーは科学史と宗教史の伝統をうけついでいるし（カンギレムとデュメジル[8]）、デリダはハイデガーの哲学に依拠しながら研究していたし、ドゥルーズはストア派、スピノザ、ライプニッツ、ベルクソン、ニーチェのように、宇宙論的で形而上学的な伝統をうけついでいるのである。

主体の概念の批判

これらの三人の哲学者たちは、だれもが「主体の批判」を試みているが、この主体の批判という概念そのものが、彼らが攻撃する主体という概念によって定義されていることに注意が必要だろう。この主体という概念は最初は認識論的な性格のものだった。それは意識する心そのものが、みずから生みだす観念や判断を批判的に吟味するプロセスによって、観念や判断の正しさが評価できるという原則であり、これはデカルトにもカントにも共通する考え方である。このようにしてデカルトとカントは、認識論的な問題を、自己の省察という空間のうちに位置づけたのである。

こうして主体の哲学は特別な方法として定義されることになる。この方法を始めたのはデカルトであり、カントはこれをさらに精密なものとしたが、この方法はフッサールにおいてその頂点に達するのである。これらの哲学者はみな、たんに心理的な性格のものではなく、組織的な自己の省察のための方法を提示した。このように主体の哲学を構成するのは、デカルトの観念分析、人間の諸能力についてのカントの超越論的な分析、そして意識の行為についての〔フッサールの〕現象学的な分析である。

主体と啓蒙

ドゥルーズにとっては、この認識論的な主体は、キリスト教の世界のうちで発達し、ニーチェが分析した広い意味での道徳的で文化的な主観性に依拠するものだった。ニーチェが指摘したのは、キリスト教は道徳的な自己評価の観念にもとづいて、新しい種類の内的な生命を作りだしたのであり、この道徳的な意識の空間において、みずからの行動に価値を割り当て、こうした価値について省察するようになったということである（とドゥルーズは解釈した）。英語では意識（コンシャスネス）と良心（コンシャンス）という言葉で区別しているが、フランス語では意識も良心も同じ語（コンシャンス）で呼ばれる。キリスト教の主体においては、意識と良心が強く結びついており、すべての人間の心のうちに、みずからの思考と行動を精密に吟味する道徳的な裁判官を据えているのである。(9) このように主体という概念には、認識論的で技術的な定義と、キリスト教における文化的で道徳的な広義の定義があるが、さらに啓蒙の合理主義的な哲学のもとで、第三の意味を与えられている。

啓蒙の哲学では、個人として、そして政治的な共同体のうちで、理性と自己省察と自己意識による責任を生みだすことのできる人間の能力が、無知と社会的な不正という重荷を克服する手段になると考えられていた。啓蒙の主体は、慣習と権威によって支配されるのではなく、自分の生をみずから構築していくことのできる自律的で、道徳的で、政治的な責任を負う個人である。このように啓蒙の主体は、特定の種類の歴史的な進歩が実現するための条件とみなされた。祖先からうけついだ社会的および文化的な規範を吟味する批判的で合理的な主体が、理性と正義を進歩させると考えられたのである。このため「主体への攻撃」は、自己省察についてのデカルト、カント、現象学の全体の計画にかかわるだけでなく、自己の吟味を求めるキリスト教的な道徳性にも、そして批判的な理性主義のもとで政治的な進歩が実現されると信じる啓蒙のプロジェクトにも、直接にかかわるものだった。

ニーチェ、バタイユ、ブランショ

主体の概念のこれらの三つの次元のうちで、ドゥルーズの世代のフランスの哲学者たちがもっとも直接的に攻撃したのは、啓蒙の合理主義的なプロジェクトだった。このプロジェクトへの敵意は、それ以前の世代の哲学のうちにすでに芽生えていた。とくにフリードリヒ・ニーチェ、ジョルジュ・バタイユ、モーリス・ブランショの思想に根差すものであり、これらの三人の思想家は、一九六〇年代にフランスの哲学者たちに強い影響を与えたのだった。

ニーチェとバタイユは人間の生は、人間の意識に中心的な役割を与え、啓蒙のプロジェクトと結びついていた主体の哲学とはまったく異なるものだと考えていた。ニーチェとバタイユが示した考え方は、意識の分析に依拠するものでも、科学的な進歩と文化的な進歩についての啓蒙の概念と結びついたものでもない。意識の経験、個人の行動、個人的な生の時間的な次元から生まれる見方とはまったく異なる視点から、文化、心理学、科学、政治を検討しようとしたのである。たとえばニーチェにとって人間とは、文化と歴史的な力によって条件づけられた動物である。またバタイユは、近代のブルジョワ社会の生のうちには、もっと深い霊的で性的なエネルギーが潜んでいて、これが究極的には社会の土台となっていると考えたのである。

ニーチェとバタイユは、次の二つの点で啓蒙の哲学者たちと異なる。まず二人ともに現代の科学と民主主義の時代を、はるかに長期的な歴史的な観点から眺めることで、科学と民主主義の恩恵を相対化しようとした。次に二人とも、現代の合理主義的で民主主義的な社会を好ましいものとは判断していない。この現代という時代に疑問を表明し、現代的な主観性と合理性が、実存、生のエネルギー、セクシュアリティや死など、もっと直接的な経験を覆い隠すことで、人間の内的な世界と政治的な文化を支配するようになったと考える。ギリシア悲劇やある種の儀礼では、こうした直接的な経験が生きられていたはずなのである。この直接的な経験においては、自己と個人的なアイデンティティが過剰になるか喪失される。そしてこうした経験は、合理的な自己意識をもつ主体の地位を危うくするものであるために、現代社会では抑圧されているのである。(10)

このようにニーチェもバタイユも、啓蒙と近代化のうちに失われたものがあると主張する。ニーチェが「悲劇」と呼び、バタイユが「内的な生」と呼ぶものは、道徳的にも、政治的にも、科学的にも、いかなる合理性によっても保護されていないような世界を経験する方法なのである。人間にとって本質的な実存の次元が存在するのに、それが覆われているか、接触できなくなっているため、この次元を取り戻す必要があるというこの考え方を、フーコーもドゥルーズもうけいれた。しかしこの実存の次元は、「実存主義」哲学の用語で考えてはならない。実存主義は、不安や選択の自由など、主観性のカテゴリーで考えようとするからである。自己を意識する主体に言及せずに、この実存の次元を取り戻すべきなのである。

ドゥルーズにとってもフーコーにとっても、この〈他なる実存〉の次元が表現されている領域が二つあった。セクシュアリティと現代文学である。そして、この二つの領域が重なることも多かった。フーコーは『言葉と物』の重要な一節をマルキ・ド・サドの作品に捧げているし、ドゥルーズはザッヒャー・マゾッホとピエール・クロソウスキーの二人の作家のエロティックな作品を分析した二つの長い文章を発表している。フーコーもドゥルーズも、文学とセクシュアリティにおいて、人間が特殊な経験をすることができると考えたわけだが、ここでもバタイユの影響は大きい。バタイユは、性的な経験という舞台においては、主体が自己からずらされ、方向感覚を失い、世界にいたる別の入口が開かれるという考え方を提示したのである。

　ただし文学において近代的な合理性を超えた運動をみいだそうとする試みは、セクシュアリティの表現や行為だけにかぎられるものではない。たとえば別のフランスの思想家であるモーリス・ブランショは、主観の喪失は文学の内容そのものであると考えた。文学は、道徳性、理性、主観的な自己制御などの外部にある空間を定義するものだとブランショは考えたのである[11]。文学のテクストは、理性的な透明な実存から、「中性的なもの」(ル・ニュートル)へと向かう運動そのものが演じられる場である。この中性的なものは、理性的な分割と区別によって定められた存在様式ではない。ドゥルーズは『意味の論理学』でこの中性的なものという概念を敷衍しながら、独自の概念を提示しているが、これは彼にとってもきわめて重要な概念だったのである。

自由の理念

フーコーとドゥルーズはそれぞれ、〈内的な生〉を自己の喪失と考えるバタイユの伝統と、〈中性的なもの〉とは区別も差異も失われた圏域だと考えるブランショの伝統をうけつぐことで、独自の自由の理念を作りだした。フーコーはこの自由を外の空間と呼ぶ。〈外〉とは、理性によって制御できない外部を指す。ドゥルーズとガタリはこの自由をさまざまな名前で呼んでいるが、もっとも有名なものを二つあげてみれば、「精神分裂症」と「逃走線」がある。『アンチ・エディプス』では精神分裂症は、理性的な差異のシステムの「外部」にあるあり方とされている。『千のプラトー』では、この自由は「逃走線」と呼ばれている。逃走線とは明確に確定された社会的な集団と行動から始まり、未知の方向に向けて離陸し、まだ地図が作成されていない領土に向かって、すなわち意識による企図の外部にあり、これまで価値が知られていない領土に向かって、進む運動である。

ドゥルーズとガタリの哲学の中心的な批判的な原動力は、日常的な経験から得られる人間中心的な思想の地平の彼方へと進みながら、他なる観点を探求しようとする試みである。人間とその意識的で心的な活動を現実の中心に置くのではなく、人間の生と政治的な現実を考察することのできる他なる観点を模索するのである。この「他なる」観点のためには思弁的な飛躍と、経験を超越した思想の内部での移動が必要となる。これは人間の生についてきわめて抽象的な視点をもたらすものである。ドゥルーズは、意識の主体と異なる主体の探索と、意識に依存しない創造的な発展の記述が、自由の問題とどのようにかかわってくるかという批判的な問いを展開したのである。

もちろん英語の自由（フリーダム）とフランス語の自由（リベルテ）という語は、〔ドゥルーズが模索する〕経験の無意識的な層という観念を示唆するものではない。政治的な自由が存在しないところで、政治的な自由が希求されるときに、この自由ははっきりと目に見える形で認識されるものである。また個人的な責任という概念には、自由の法的で道徳的な概念が含まれているが、ここには観察できる社会的な世界の内部で、行為する者とその行為との関係がかかわってくる。ある行動の原因となる人物とその行動が、疑問の余地のない形で関連づけられたとき、その人はその行動の責任を問われるようになる。こうした政治的な自由と法的な自由の概念の背景には、意識の自律と「意志の自由」についての厄介《やっかい》な形而上学的な問いが控えているのである——ある行動を、意識的な決定の直接の帰結と考えることができるのかという問いである。

ドゥルーズの哲学は、自由についてのこうした政治的、道徳的、形而上学的な問題を考察するものではないが、創造的な逃走線としての〈生成〉の概念には、明確に定義されていないとしても、自由の問題が含まれているのである。この自由の問題は、本書のさまざまな場所で検討することにしたい。

第一章　内在と主観性

1　内在と表象

内在の概念

本書では、ドゥルーズの哲学には中核となる概念が二つあると考えている――「内在」と「表象」である。これらの用語はいわば、ドゥルーズの思考の戦略的な概念であり、彼の思想を構築する素材となるブロックなのである。

内在は、哲学にとって望ましいもの、哲学の課題と目標を示す概念である。だから内在はまず何よりも、思考の方法である。しかし内在的に思考するとはどのようなことだろう。これについて考えるには、肯定的に定義するよりも否定的に定義するほうがたやすいだろう。まず超越的な神の視点から考えないことである。哲学史においては、スピノザのような形而上学的な体系を説明するために「内在」という概念が使われてきた。スピノザの体系では、神は現実と同一であり、現実の内部にあり、現実の「うちに内在する」のである。しかし内在を超越と対立させるこの古典的な考え方とは違って、ドゥルーズは〈内在〉の概念を、外的な観点や超越的な観点によらずに思考するすべての方法と定義している。そのためこの内在という概念の意味は、文脈によって異なるものとなる。

たとえば心の存在論の分野で〈内在〉という概念が意味するのは、心が現実の一部であり、全体としての現実の力場の内部で働く活動として展開されるということである。自然の因果系のシステムの外部にある主体のようなものは存在しないのである（たとえばカントの哲学における経験の「超越論的な主体」のようなものは存在しないのである）。ニーチェとベルクソンの哲学をとりいれたドゥルーズの哲学では主体を、具体的な時間的プロセスの主体として、すなわち生成（ベルクソン）として、あるいは能動的な情動と自己肯定の主体（ニーチェ）として定義しようとする。

また認識論、すなわち適切に思考するとはどのようなことか、そして思考が対象とどのようにかかわるかを考察する学問において、〈内在〉という概念が示すのは、思考はたんにそれが把握しようとする現実を写しだす営みではなく、現実とともに機能するプロセスを展開するという考え方である。思考は対象の世界をそのままで写しだす画像のようなものではなく、思考の現実のうちで、異なる種類の現実が展開されるのである。

〔さらに倫理学の分野では〕わたしたちが内在の概念をどのように〈生きる〉かによって、倫理と道徳が対比されることになる。ドゥルーズの〈倫理〉（エシックス）はスピノザからうけついだものであり、能動的で喜びに満ちた自己肯定と解放に、そして運命という観点から自分の生を眺める視点を獲得することにかかわるものである。運命という観点から眺めるというのは、力の内在的で不可避な変化として、自分の生を眺めることである。これに対して〈道徳〉（モラリティ）とは、行動を評価しようとする判断の体系である。倫理というドゥルーズの視点に立つと、このような道徳的な判断の体系は、それが表現する力の体系から孤立した行動にほかならない。

三つの領域

本書では、これまで検討した三つの領域の相互的な関係を追跡することにしたい。すなわち、自生する体系としての現実を記述する〈存在論の領域〉、現実の内部でどのようにして思想が生まれるのか、思想は現実を概念によってどのように組織することができるのか、さらに組織すべきなのかを問題とする〈認識論の領域〉、そして時間のうちに存在する個人として、現実のうちにある自分の位置をどのように考察するかという〈倫理の領域〉である。

表象の概念

内在のこの原則から、ドゥルーズはさらにヒューマニズム的な観点、すなわち人間中心的な観点への批判を展開する。ドゥルーズは思想と言語を宇宙論的な観点から考察する。このはるかに大きなプロセスである宇宙論的な観点からみると、人間の生は、それほど重要でないプロセスのようにみえてくるのである。そもそも人間の知性が宇宙を完全に理解するなど、決してありえないことである。

ドゥルーズはこの宇宙論的で反ヒューマニズム的な観点を、人間中心主義的な思考の概念（ドゥルーズはこれを「表象」と呼ぶ）と対立させる。〈表象〉における人間の知的な活動は、常識と日常的な意識の経験に奉仕する。ドゥルーズによると、思考についてのこの常識的な概念を重視する主な哲学者としては、アリストテレス、デカルト、カントがいる。これら三人の哲学者は、経験や思想が何によって構成されているかについては、それぞれに異なる概念を採用しているが、人々が共有している意識的な経験と常識に依拠することで、思弁的な思考のもつ野心を制限しようと試みることでは一致しているのである。

この批判的な方法で使われた「表象」という用語はドイツ哲学に由来するものであり、それ以前の伝統的な哲学の理論を批判したヘーゲルの観念論的な哲学とハイデガーの存在論から採用したものである。ヘーゲルは、カントが論理的なカテゴリーを形式的で抽象的な形で構築したために、思考の生におけるアクテュアリティが失われることになったと批判した。カントは、アリストテレスからうけついだ主語と述語のモデルに閉じ込められていて、限られた数の論理的なカテゴリー(悟性、すなわちフェアシュタントの論理)だけに依拠しているために、理性(フェアヌンフト)としての思考の生を把握することができないと、ヘーゲルは非難したのである。[1]

ハイデガーによると、西洋哲学の伝統では、存在一般を特定の種類の存在と同じもの、すなわち人間の心の前に示される物理的な対象と同じものとみなされてきたために、存在の真理がずっと覆い隠されてきたという。このために現実を客観的なものとして理論化するような概念が生まれたのだった。そのことを明白に示しているのが、アリストテレスの主語と述語の論理学であり、物理学的な性格をそなえたデカルトの数学の理論だという。

このように哲学によって現実を理解しようとするヘーゲルもハイデガーも、理性とは、思考の生そのものであり、存在とは、科学による客観化の外部において、みずからを開示するものとみなすのである。そして哲学は、いわばフィルターのように人間と世界のあいだに差し込まれるかのような思考の形式、すなわち限定され、限定するだけの思考とは違うものだと考えるのである。ドゥルーズも表象の概念について、同じように考えるのである。

表象と差異

ここでドゥルーズが表象を定義するもっとも重要な文章を調べてみよう。そこではドゥルーズは二つのテーマを接続させている。人間は現実を間接的で「媒介された」形で理解するという考え方に、論理学を道具として利用することで、対象を分類し、特定するというアリストテレス的な考え方を結びつけるのである。ドゥルーズは、存在するもののあいだのもっとも基本的な関係である〈差異〉の関係を使って、表象を定義しようとする。差異を直接的に把握するのでも、差異を差異として把握するのでもなく、分類の論理的な枠組みにおいて差異を媒介された表象として把握するのが、表象の営みなのである。

この〔差異の把握にみられる〕哲学の方法で何よりも重要なのは、存在のもっとも基本的な特徴は何かという存在論的な問いである。「存在すること」が、「物」としてあること、特定の種や類の事物に所属することであるならば、あるものが現実性を獲得するには、こうした分類にしたがっていることが決定されればよい。言い換えると現実が定義できる事物に分解されるものであり、こうした定義できる事物がたがいに秩序づけられた関係にあるのであれば、人間がさまざまな事物を分類し、比較することで、世界に〈押しつけた〉秩序と、世界で現実に存在する秩序のあいだには、鏡像のような厳密な対応関係が存在することになる。

この鏡像のような対応関係は、存在論の用語では「規定」という言葉で表現される。ある事物は、わたしたちが思考のうちでその事物が何であるかを決定するときに利用する関係にしたがって、存在者として規定されるのである。哲学における表象の伝統を理解するためには、この鏡像のような対応関係における規定の概念がきわめて重要なものとなる。表象は、アリストテレスの哲学で最初に示された形式では、個別で物理的な事物の概念を軸として、思考と言語と世界のあいだに鏡像的な関係が存在すると想定するものだった。規定はこのモデルに対応する。〔鏡像関係にしたがって〕事物が思考のうちに表象されるのと同じ方法で、事物に概念が適用されるのである。

アリストテレスの定義のモデル

これらの概念はそれだけではたんに抽象的で一般的なものにすぎない。特定の対象を指し示すことはないのであり、未規定なのである。規定すべきものが規定されたとみなされるのは、ある特定の種に属するものとして規定されることによってである。もっとも一般的なものからもっとも個別的なものにまでいたる種類の階層のうちで、この種は類（ゲヌス）のうちに位置づけられる。たとえばこの〔個体としての〕犬は、特定の〈犬種〉に属するものであり、さまざまな〈犬種〉は犬という〈種〉に含まれる。さらに犬という〈種〉は、哺乳類という〈類〉に属するものであり、さまざまな哺乳類は、動物というさらに大きな〈類〉に属するものである。このようにして階層を上ってゆくと、もっとも一般的な類、すなわち最終的な規定可能性に到達する。ある個々の事物が一つの種に所属することが確定されると、その事物に本質的な特徴とそれを定義する特性を列挙することで、その事物は定義される。これらの特性が、事物の規定である。事物はこのように、識別し、分類し、定義するという運動によって定義されることで、完全に規定されたものとなる。

未規定な概念から始まり、規定すべき対象を規定する特性を確認することで、規定可能な一般的な〈種〉や〈類〉に到達するこの運動は、すべてを同時に特定し、固定し、位置づけることに役立つものであり、世界の大きな分類方式のうちで、そしてこのシステムのさまざまな部分のあいだの関係のうちで、事物の固有性と他の事物との差異が完全に合理的なものとして理解できるようになる。この思想の分類と規定のシステムは同時に、思想の内部において、分類システムのさまざまな部分のあいだの関係を作りだすものである。これらの形式的な関係が、合理的な思考の基本的な対象を構成するのである。

これらの合理的で基本的な関係としては、同一性（これは事物の種類を定義する概念による）、類比（これはもっとも一般的で抽象的な項のあいだの関係である）、対比（これはたがいに排除しあう特性であり、同じ類に含まれる二つの種のあいだの境界を定める）、類似（同じ種類に属する個々の事物に観察できる類似性である）をあげることができる。

さてここでドゥルーズが規定のプロセスと、それが対応する差異の表象の体系を要約している『差異と反復』の凝縮された描写を読んでみよう。

「理由」としての表象の要素には、四つの主要なアスペクトがある。未規定な概念の形で示される同一性、最終的な規定可能な概念の関係としての類比、概念の内部の諸規定の関係における対比、概念そのものの規定された対象における類似である。これらの形式は、媒介のいわば四つの頭、あるいは四つの絆のようなものである。同一性と対比、類比と類似という四つの〈根〉に差異を服従させることができるかぎりでは、差異とは媒介されたものと呼べるだろう。(2)

ドゥルーズの〈他なる道〉

分類による媒介と規定というアリストテレスのモデルから逃れるためには、哲学の思考はまったく異なる道筋をたどるしかない。対象を特定し、対象について判断する心的な行動こそが、心の原型的な操作であると考えない方法を探すべきなのだ。ドゥルーズの哲学は、哲学の思想のこの〈他なる道〉を理論化すると同時に、実際にその理論を使ってみせる営みなのである。

この〈他なる道〉としては、「判断」の概念のうちに暗黙的に含まれる「志向性」または方向性の概念を問い直す営みがある。これは、思考がつねに規定された対象を必要とし、こうした対象と相関的な関係にあると想定する概念なのである。ドゥルーズは、哲学の思想は思考の内部から理解されるべきだと考える。思考と対象との関係は、思考の内部で構築し、「作りだされる」べきものなのである。ドゥルーズは、思考に内在するこうした対象を「問題」と呼ぶ。問題は、考えることができるだけで、決して知覚することのできないものである。この思考方法には、高度の抽象が求められる。これはドゥルーズのもっとも核心的な主張の一つである。

ドゥルーズにとっては、主語と述語の論理につきまとう制約から脱出するための道は、ある種の直観や感情のうちにあるのではなく、反対に過剰なまでの〈抽象の形式〉のうちにある。これは思考が、主語と述語のモデルの場合よりもさらに形式的で、抽象的なものとなった状態なのである。それでなければ、分類の表象構造に依拠せずに、差異の関係を直接に組織化することができないからである。ドゥルーズはこのように抽象を重視することで、プラトンの形而上学的な観念論に近づくことになる。

2　プラトン哲学と反プラトン哲学

プラトン哲学の「転覆」

現実について完全に抽象的な観点を獲得しようとするドゥルーズの哲学は、プラトンの形而上学的な観念論の軌道に入ることになる。プラトンもまた思想と現実について、経験から生まれたものではない観点を確立しようとしていたからである。同時にドゥルーズは自分のことを、プラトンと直接に対立する哲学者と考えている。ドゥルーズはいわばプラトンを〈仮想敵〉として、完全に否定的な鏡像として選んだかのようである。そしてみずからの哲学をプラトンの哲学と対比することで、主観性と意識の経験から逃れる道をみいだせたのである。

　というのも、内在の概念は、表象によらずに現実を把握する方法として定義されているだけでなく、「プラトン哲学」との関係においても定位されているのである。ドゥルーズはプラトンの哲学の理論を、みずからの哲学と正面から対立した哲学として語ることが多いが、〈プラトンの哲学〉

として否定的に語られる理論とドゥルーズの哲学の関係は両義的なものであることも、自覚している。ドゥルーズは「現代の哲学の課題は、プラトン哲学の転覆にあるとされてきた。しかしこの転覆がプラトン哲学の理論の多くを保存するものであることは、不可避であるだけでなく望ましいことでもある」と語るのである。(3) ドゥルーズは、現実を表象によらずに記述できる抽象性の次元に到達しようとするために、プラトン哲学のいくつかの特徴をみずから反復することになる。表象はたんに分類の論理的なプロセスであるだけでなく、感覚的な経験のうちに宿るものでもあるからだ。

表象という概念には、感覚的な経験には独自の論理的な構造がそなわっているという考え方も含まれる。(4) 論理的な思考と感覚的な経験のうちには、必然的な結びつきがあるために（ドゥルーズはこの結びつきをカントにおける心的な能力の調和と呼ぶことがある）、思考はみずからの営みを制限せざるをえなくなるのである。しかし哲学の目的はすでに述べたように、「他なるもの」を実現することにある。わたしたちが自分の経験を外挿する際に、ごく自然に、そして自発的に取り入れる観点とは違って、現実についてのはるかに抽象的な観点を作りだすことが、哲学の課題なのである。

この考え方は、当時の構造主義や記号論の運動と対応するものであるが、抽象についてドゥルーズは、たとえばレヴィ＝ストロースやフーコーとはまったく異なる考え方をしている。ドゥルーズが関心をもっていたのは、現実の生成を説明することのできる形式的な原則を確認することではなく、現実に内的なものとみなされる原則をとりだすことだった。これは当時の構造主義やポスト構造主義の哲学者たちのやろうとしたことと比較すると、はるかに形而上学的な性格のものだった。

この形而上学的な性格のために、ドゥルーズの哲学はプラトンの伝統に近いものとなった。

　プラトンの哲学は、「表象」のうちで生まれる思想に、みずからの営みを制限させるものでも、制限することを求めるものでもなかったからである。プラトンの思弁的な哲学は、感覚的な経験を真理の尺度とするものではなかった。そしてドゥルーズもまた、思弁的な哲学者だったのである。このようにドゥルーズはプラトンと同様に、わたしたちが感覚的な経験と日常的な言語の使い方に信頼するときに生まれてくる見方とはまったく異なる視点から、思考という道具の力だけで現実を理解しようと試みるのである。しかしドゥルーズの思弁的な哲学の視点は、プラトンの理性主義的な観念論とは鋭く対立するものだった。

プラトンの二元論

　プラトンにとって現実とは、すなわち現実とみなされるものは、〈理性によって叡智的に認識することで〉知ることができるものだった。知識とは、現実と完璧に一致するイデア的な構造を、心のうちに所有することである。思考が現実を適切に描写することができるのは、現実がすでに安定した〈知ることのできる〉形式をそなえたものとして定義されているからであり、この形式にもとづいて哲学的な描写が可能になるのである。すると現実がそのイデア的な記述と一致するためには、現実はどのようなものでなければならないかという問いが生まれることになる。プラトンはこの問題を対話篇『パルメニデス』でとりあげている。この対話篇でプラトンは、一連の理念的で永遠なるイデアの知識に基づいた現実の哲学的な記述は、わたしたちが現実において出会うすべてのものを含むものなのか、それとも物質的な世界を作りだすものとしてわたしたちが経験するものだけを含むものかを問うたのである。

　はたしてソクラテス、これらのものども、実際、滑稽なものであるとさえ思われるだろうようなものども、たとえば毛髪や泥や塵や、あるいはその他の何か非常に賤しくてくだらぬものについても、君は困難を感じているのか、これらのものどもにまでもそれぞれのエイドスが別に、何かわれわれの手にするようなものとは異なるものとして、他方で、あると主張しなければならないか、それともないと主張しなければならないか、と。(5)

　この難問に対処するためにプラトンは、現実そのものは、抽象的で理性が理解することのできる構造をそなえている〔叡智的なもの〕であり、わたしたちが経験のうちで出会う世界〔感覚的なもの〕そのものとは異なると主張する。プラトンは、理性によって〔叡智的に〕理解できる構造というこの考え方から、現実そのものは静的なものであると結論する。変化しつつあるものは、イデアで記述するにはそぐわないからである。これとは対照的に、イデア的な現実は変化しないものであるから、完璧に認識することができるというのである。

　存在と思想についてのドゥルーズの理論の出発点となるのは、プラトンのこの〔叡智的なものと感覚的なものという二元論的な〕対立を、その反対の極で解決することだった。「現実が〔思考によって〕認識されるためには、現実はどのようなものでなければならないか」と問うのではなく、

「現実が絶えず流動し、主としてプロセスで構成されるものであるならば、思考はどのようなものでなければならないか」と問うのである。

ドゥルーズの存在論の三つの概念

ドゥルーズの哲学を全体として検討してみると、ドゥルーズは現実を記述するために三つの基本的な用語を使っていることが確認できる。これらは現実がどのようなものであるかを規定する存在論的な概念であり、差異、多様性、生成である。これらの概念はどれも、プラトンの定義を裏返して定義されている。プラトンのイデアは完璧で理念的な同一性をそなえていたが、ドゥルーズの概念はこの同一性を否定するさまざまな方法を示しているのである。

まず差異は、存在するものの主要な特性である。というのは現実に存在するものは、何か新しいものでなければならず、それが存在するようになる前に存在していたものとは異なるものでなければならないからである。だから差異は同一性に先立つものであり、同一性とは、同一化の刻印と差異の刻印を定義したあとで、現実をどのように名づけ、表象するかによって決まるものにすぎないのである。差異は、わたしたちが思考において現実を理解するための特徴ではなく、現実そのものの特徴であり、こうした区別のための刻印には依存しない。

多様性の概念はドゥルーズにとっては、主として単一性とかかわるものである。ドゥルーズは、最初は多様性として分散していたもののうちから単一性が生まれると考えるからである。最後に生成の概念は、主として静止の概念とかかわる。現実とは、それを構成するさまざまなプロセスそのものであって、生成は現実のこの実際の性格を示している。静止は、ある種の表象やイデア的なモデルの形式の内部での対象の性格にすぎないからである。

プラトンを批判するこの哲学的な思考の道筋によって、ドゥルーズは反プラトン主義的な思弁哲学の計画を確立できた。プラトンと同じような形而上学の世界、独自の多様性と流動性をそなえた世界が構築されるのである。この世界もまた〈内在〉という視点から考えられている。世界を合理的な理念に基づいて、あるべき姿で哲学的に説明するのではなく、あるがままの姿で説明するからだ。もちろん同時に、この説明は哲学的なものとならざるをえない。表象とプラトン哲学を批判するためには、経験において使われているカテゴリーをそのまま利用することはできないからである。

3　心、主体、客体、情動

カントの認識論

一九五〇年代から一九六〇年代の初めまでの時期、ドゥルーズはヒューム、ベルクソン、ニーチェ、カントについて、四冊のたがいに結びついた研究を発表している。これらの研究のうちでドゥルーズは心の情動と活動という概念を作りあげた。心は、その環境から絶えず触発されているために、情動の束となる。さらに心は活動でもあり、この〔外界との〕相互作用の圏域の範囲だけに限られるものではない。わたしたちは、自分で経験する以上のものを考えることができるのである。ドゥルーズのこれらの研究は、心を基本的に受動的なものと考える経験論の考え方と、心が独特な種類の活動を作りだすと考える形而上的な考え方のあいだに、独自な哲学の道を拓こうとするものである。この心の哲学を構築するにあたってドゥルーズは、カントの認識論、すなわち「理性批判」のやり方を一貫して批判してきた。

　カントの理性批判の哲学は、人間は何を認識することが妥当であり正当なのか、言い換えれば、理性的な存在としての人間は何を知りうるかを分析するものである。人間は時間と空間のうちに存在しており、感覚器官によって世界を知覚するために、知覚によって世界を認識せざるをえないという制約をうけている。この世界は現象としての世界であり、人間の感覚的な経験に現われるかぎりでの世界である。カントによると、ライプニッツなどの合理主義的な哲学者たちは、この事実を十分に認識していなかったのである。ロックやヒュームなどの経験論の哲学は、人間が周囲の物事から受動的に感覚的な印象をうけるという受動的な認識の理論を土台としていた。しかしわたしたちは〔受動的であるだけではなく、同時に能動的に〕こうした感覚に、カテゴリーと概念を適用するのであり、たんに受動的な存在ではないのである。カントはこのことから、経験はほんらい合理的なものであると主張する。

　カントは人間の経験とは、たんに人間が現象的な現実から受動的に刺激をうけることとは基本的に異なるものだと考えるのである。事物が人間に事物として現われるためには、すなわち事物が特定でき、分離でき、計測でき、区別された対象として人間に現われることができるためには、人間がまずこうした事物を特定し、分離し、計測し、区別する必要がある。経験がまず人間に事物を与え、そのあとで人間が事物について推論するわけではないのである。人間が知覚する際に、秩序づけるための規則として、数や単一性などのカテゴリーを適用しながら感覚的な印象を組織するからこそ、事物が人間に〈事物〉として現われるのである。だから経験はたんに印象だけで構成されるわけではないことになる。経験は知的で感覚的な活動の場であり、ここで個別の感覚的な印象が一つの構造を獲得する。わたしたちはこれによって世界を、対象で構成されたものと考えるようになるのである。経験が〈ほんらい合理的なものである〉というのは、こういうことである。カントは、このように合理的に秩序づけられてないものは、経験としてうけとることができないと考えた。

経験における合理性を究極の形で表現するのが自己意識である。カントは自己意識〔統覚〕を経験の統一性を保証するものと考える。これは、人間にそなわる秩序づけの概念が、感覚的な印象に適用されると語るためのもっとも基本的な根拠づけである。ドゥルーズのヒューム、ベルクソン、ニーチェの研究書は、このカントの自己意識による合理的な経験の特定の次元を攻撃するものである。

ヒュームの主体論

ドゥルーズのヒューム論は、一九五〇年代と一九六〇年代にドゥルーズの思想を導いていた二つの問題系、すなわち主体の問題系と、心における情動の役割の問題系にかかわるものである。これらの二つの問題系はどちらも、人間の心を自己意識と合理性の中核となる〔ような能動的な〕ものと考えるのではなく、情動が発生する受動的な場所として考えようとする思想から生まれたものである。

心は印象をうけとり、この印象からあるいは単純な観念から、複雑な観念を形成する。これが可能となるためは、心は単純な観念に、〈構造を定める力〉を適用しなければならない。ヒュームはこうした〈構造を定める力〉として、観念連合の規則を考えた。ヒュームによると、こうした観念連合の規則は、それ自体では合理的な活動ではない。ヒュームは心の働きを研究するが、心が作りだす信念を正当化することを目的としてはいない。カントとは違ってヒュームは、哲学の役割は経験のうちに合理的な原則が含まれていることを示すことではないと考えている。わたしたちが合理的な原則とみなしているものが、たんなる慣習や心の習癖であることを暴くのが、哲学の役割なのである。心が特定の信念を抱くようになるのは、規則的に、そして習慣的に触発されるからである。心はこうした信念を正当化するために、いかなる普遍的で合理的な原則もひきあいにだすことはできない。心がとりだすことのできる原則というものは、〔反対に〕こうした心の習慣から生まれたものだからである。

ドゥルーズはカントのカテゴリーの概念とヒュームの観念連合の規則を対比させる。カントのカテゴリーは合理的な規則であり、知識の正しさを示すものである。これにたいしてヒュームの観念連合の規則はほとんど機械的な原則であり、単純な印象から複雑な観念を作りだすものであるが、こうした観念の正しさを示すことはないのである。

だからドゥルーズのみるヒュームは、カントの経験を統一するような合理的で自己意識的な主体とは、まったく異なる主体の概念を提起しているのである。ヒュームの主体は、過去の感覚的な経験に基づいて信じる根拠がないものまで、信じることのできる主体である。わたしたちは明日も太陽が昇ると考えるが、そう信じる根拠はまったくない。たんに過去の経験からの帰納によって、明日も太陽が昇ると信じるだけである。明日も太陽が昇ると断言するとき、心はこれまでうけとった印象からは知りえないことを主張していることになる。直接に知覚した証拠がなく、感覚的な印象に起源をもたないものを断言しているのである。

カントにとって主体は、合理的で自己意識的な経験の統一体であり、経験と経験的な知識の究極の根拠となるものである。これとは対照的にヒュームの主体は、知識の根拠づけには役立たない。主体が、知を超越した信念の行為の結果として定義されているからである。このようにドゥルーズはヒュームの哲学を利用することで、カントの合理的な主体の概念に、根拠を示すことのできない活動から自発的に生まれてくる主体の概念を対立させることができたのである。根拠づけの原則ではなく、独自の活動に内在するこの主体の概念は、ドゥルーズの哲学のすべてを貫く縦糸のようなものである。とくに『アンチ・エディプス』では、この主体はノマド的な主体として表現されるようになり、心的な活動の内部の独自な営みから分離できないものとされている。

ベルクソンの心の理論

また十九世紀の哲学者のアンリ・ベルクソンの研究において、ドゥルーズは心的な活動について、ヒュームとは異なる形而上的な概念を提示することができた。そしてこの形而上的な哲学を通じて、カントを別の角度から攻撃できたのである。ドゥルーズはベルクソンの哲学から、心的な活動は現実的なものであり、現実のうちに確固とした地位を占めるものであるという原則と、活動として展開される心は、固有の統一性をそなえているという考え方をとりだした。『時間と自由』においてベルクソンは、心の形而上的な現実が、意識の経験のうちでどのように現われるかを示している。また『物質と記憶』では、意識的な経験のうちで、知覚と記憶がどのような関係にあるかを考察している。

ドゥルーズはベルクソンの哲学のうちに、カントの超越論的認識の哲学に対立し、挑戦するような心の分析方法をみいだしたのである。カントにとっては、経験的な知識が成立するためには、理性、悟性、感性、構想力という人間の能力が協力する必要があった。この超越論的な方法は、知識が成立するために必要な条件を決定しようとするものであり、人間のこれらの能力を、現実において実際に働く心理学的・形而上的な活動として分析するものではない。これらの能力は論理的または形式的にあらかじめ想定されたものなのである。

これとは対照的にベルクソンは、心の営みを現実として、明確に区別されながらもたがいに混じりあった活動として考察するのである。このためベルクソンは、人間の通常の経験において、知覚と記憶がつねに混じりあっていること、知覚と記憶はそれぞれ固有の性格をそなえた明確に異なる活動として展開されるのであり、たがいに重なり合うことはないと主張する。だとすると、経験を構成する要素を理解するためには、意識の経験はまったく不適切なものだということになる。

言い換えると、経験にはみずからを解明する力はないのであり、経験そのものを検討しても、経験を理解することはできないということである。経験を理解するには、心的な行為をそれぞれに固有な性格にしたがって分離する厳密な方法を採用する必要がある。この方法は、経験において実際に与えられたもの（ドゥルーズはこれを現実性と呼ぶ）と、こうした現実性において与えられる心的な行為の現実の性格を区別するものである。こうした現実の性格は、仮想的にしか存在しないのである。

この現実の仮想的な性格は、経験にあらかじめ想定された形式的または論理的な前提にすぎないものではなく、現実的なものである。ただその現実性の性格がかなり特異なのである。これは人間がふつう経験する現実の外部にある存在領域であり、この〈他なる現実〉が人間のすべての経験の条件になるのである。現実の経験は、仮想的で自然な知覚と記憶の性格の複合体だからである。

カントによると人間は、物理的な性格のものは空間と時間の内部で知覚し、わたしたち自身の内的な状態は時間の内部だけで知覚する。だから人間の内的な状態は〔内的な〕現象として、物理的な性格のものは一連の〔外的な〕現象として現われる。人間の「内的な知覚」の現象も「外的な知覚」の現象も、時間のうちに広がっている〔内的な〕ものとして、あるいは空間と時間のうちに広がっている〔外的な〕ものとして、その出現の条件とは独立した形で、「それ自身としては」知覚することができない。

わたしたちは自分の印象は、ある意味で外的な対象が原因となって作られたものであると想定するが、この因果関係は、人間が合理的に知覚し、経験することのできないものである。経験においては原因という概念は（少なくとも物理学で使われる直接的な物理的な原因の概念は）、空間のうちに現われる現象の継続だけにしか適用することができない。だから経験の領域のうちでは、自分の心的な活動を現実のものとして（心を形而上的な状態または魂として）理解することができないし、自分の周囲の世界または世界の全体に因果的に関連したものとしても、理解することができないのである。

ニーチェの二つの存在論

この心の営みとわたしたちの周囲の世界のあいだに因果関係を確立するにはどうすればよいかという問題を考察し、新たな問題として作りかえたのが、ニーチェだった。ニーチェにとって心は、力が演じられる〈劇場〉のようなものであり、この劇場に心的な観念がさまざまに仮装して登場する。そして道徳的な役柄、心理学的な役柄、文化的な役柄などを多様に演じ分けるのである。こうして心は、個人的な心理学だけではなく、文化的な歴史の一部を構成するものとなる。ここでの観念、情緒、議論の展開は、個人の心の内部だけで演じられるものでも、各人がそれぞれの舞台で演じるものでもない。その個人が所属する文化的な歴史のうちに起源をもつものなのである。

ドゥルーズによると、心理学的な現象と道徳的な現象を分析したニーチェの文化的かつ歴史的な分析方法は、力についての特殊な存在論を根拠としたものである。この力の概念は両義的である。力はたんに物理的または機械的な量であるだけでなく、意味作用として表現された半ば形而上的なエネルギーだからである。心が劇場であるのは、個人を通過する力と、個人に外部から影響する力が、心のうちで記号として表現されるからである。ニーチェはこのように、記号の理論、すなわち記号論を構築するのであり、この記号論は、力についての一般的で宇宙論的な理論に基づいたものである。心は世界と同じように力のシステムだから、世界の一部なのである。

この力の理論はさらに、ニーチェが「力への意志」と「同一者の永遠回帰」と名づける存在論的な理論に依拠している。力への意志は、力の反射的で動的な構造であり、この力はみずから成長しようとするものである。永遠回帰は、個人の生と家族の歴史の時間的な範囲の外にある世界について、さらに国家の文化的な歴史の外にある世界について、周期的な見方をしようとするものである。ドゥルーズのニーチェ解釈は、この二つの概念によってニーチェの存在論を再構成するものである。この読解によってドゥルーズは、ヒュームの経験論の哲学やベルクソンの形而上的な哲学よりもさらに深い場所で、カントの哲学と対立する問題を提起することができた。この深い次元とは、生成的な存在論と認識論であり、ドゥルーズはこれをニーチェから学んだのである。

ドゥルーズの生成の哲学

この生成の哲学は、アリストテレスの判断の表象のシステムとも、これをさらに精密にしたカントの判断の表象のシステムとも対立する。アリストテレスやカントが示した判断の表象のシステムでは、人間の心は対象を特定し、判断を通じてこれを規定することによって、そしてそれぞれの対象が他の対象とどのように異なり、どのように関連しているかについて、論理的な基準を適用することによって世界とかかわるのだと、想定している。

ところが生成する思想のシステムでは、わたしたちの知識にも、わたしたちが経験する世界の記述にも先立つある存在論的なプロセスから、さまざまな力を区別する可能性をとりだすのである。この存在論的なプロセスは、表象するために必要な構造を使わずに、みずからのうちに差異を生みだす。だからこの存在論的なプロセスは、人間が〔規定に基づいた〕判断の体系のうちで差異を特定する方法とはまったく別の方法で、差異を生みだすのである。

この存在論は、力への意志の概念と永遠回帰の概念によって表現される。力への意志は、差異の最初の原則である。これは力がたがいに関連するための原則であり、成長することを目的として選択するプロセスをつうじて表現される。さまざまな力のうちから特定の力を選択するとき、力への意志は選択や区別の基準にしたがわない。この選択はみずからを定義するプロセスであるが、力への意志はこのプロセスの主体ではないのである。力への意志は、みずからを選択として表現するのであり、判断や主体として、選択の外部にとどまるものではない。また永遠回帰は、変動の宇宙論的なサイクルであり、ここで不変なものの集まりが、歴史を通じたさまざまな組み合わせのうちで再循環され、選択され、組み合わされる。こうして表面的には異なる歴史的な時代や個人の生が生まれるのである。

認識論の出発点を判断ではなく、差異の生成の原則に置くと、判断の表象の体系のように、差異が均《なら》されて併存する場があって、この場においてそれぞれの差異が論理的な基準にしたがって正確に規定されると想定する必要はなくなる。

ニーチェは、人間がみずからを力への意志として肯定するところから始めて、表象の均質的な場の内部において、思想をみずから制限するようになるまでの道筋を、独特な系譜学的な方法で説明してみせた。この系譜学は、ソクラテスの像と、ソクラテス以前の哲学者であるヘラクレイトスの像を対立させるものである。ヘラクレイトスは心を、現実と一体になることとして理解した。心のうちで起こるものは、外的な世界において発生する物理的な出来事と基本的に異ならないと考えたのである。心も世界も、絶えず継続される宇宙的な変動の同じプロセスの一部だからである。わたしの一生は、遠くにみえる山の一生と比較すると、きわめて短いものに思えるかもしれない。しかし私においても山においても、同じ火が燃えているのであり、これが存在を構成するのである。ヘラクレイトスは次のように語っている。

この秩序立った世界、万人に同一のものとしてあるこの世界は、神々のどなたかが造ったものでもないし、人間の誰かが造ったものでもない。それは、いつも生きている火として、いつでもあったし、現にあり、またありつづけであろう——一定量だけ燃え、一定量だけ消えながら。

魂にとって水となることは死ぬことである(6)。

他方でソクラテスは、思想を世界と対立させる。思考の内部で勇気そのもの、智恵そのものなど、本質的な道徳的な特性を規定しようとするのである。ソクラテスはこうしたすべてを包括するプロセスの外部に、心のための空間を作りだす。このすべてを包括するプロセスは、世界そのものと、世界のうちのある人間の思想を含むのである。この空間は、判断と評価の位置と、共通の定義にしたがった、個々の「事例」と「範例」を比較することで形成される。

思考を判断とみなすこのソクラテスの概念は、わたしたちをカントにつれ戻すことになる。ドゥルーズはカントを、自己意識的な主観性の哲学において、判断の哲学の頂点にある哲学者とみなしているからである。ドゥルーズはカントを考察した書物において、カント哲学の判断の内的な構造に特に注目している。人間が個々の対象を特定し、認識することができるのは、カテゴリーを適用することで、感覚的な印象を総合することによってである。ドゥルーズはこの判断の特徴を次のように表現している。「認識を構成するものには、たんに多様なものを総合する作用だけではなく、表象された多様なものを一つの対象に関連づける作用もある（すなわち再認のことである。これはテーブルだ、これはリンゴだ、これはこれこれの対象だ……）」[7]。

このようにドゥルーズは、カントにおける対象の指示の問題に着目する。これは、どうすればわたしがもっている一連の印象を、特定可能な個々の対象を指示するものになしうるかという問題である。そしてカントの哲学においては、特定の個別を指示しうるためには、カテゴリーを使って印象を総合するだけでは不十分であることを、ドゥルーズは指摘する。判断の一般的な形式、すなわち判断の相関物である対象の形式とみなした対象の統一性と、意識の統一性（統覚）のうちにカントは鏡像関係があると考えているのであり、この鏡像関係なしでは対象を指示することはできないのである。この鏡像関係は、表象的な思考のもっとも完璧な姿である。これにはいくつかの異なる原理が含まれるとドゥルーズは考える。

一　思考は主として、個々の対象の形式として認識できるものにかかわる。
二　客体の形式は、さまざまな種類の対象の区別に先立つものであり、経験の場の均質性の刻印である。

三　客体の統一性は、意識の統一性を意識している自己意識の統一性から分離することができない。

この表象モデルは、主体（経験の自己意識的な統一性）と客体（判断一般の客体の形式）のあいだに、強い相関関係を作りだすものである。ドゥルーズは、主体の問題のうちでもっとも重要なのは、この主体と客体の相関関係であると考えている。だからドゥルーズが〈他なる主体〉を作りだそうと試みるときには、経験の主体の極と客体の極を分離して、意識の経験の外部にある存在論的な次元で、この両方をふたたび関連させようとするのである。

このように、ニーチェの書物で提示された思考のヘラクレイトス的なモデル、すなわち思考が宇宙的なエネルギーと一体になるモデルは、こうした主体と客体の分離の最初の初歩的なモデルとなる。思考の活動は、その内容によって、あるいはそれがかかわるものによって評価されるのではなく、そのなかで働いている力によって評価されるのである。だから思考と世界の関係は志向性の関係ではなく、一体化の関係である。ここでは世界を構造づける力が、意識の舞台においても同じように働いているのである。これが明確に示されるのは、『千のプラトー』において、このような形で現実と思考の関係が説明されるようになってからのことである。そこでは思考はその対象によってではなく、その周囲の力との相互作用によって定義されるのである。

4　スピノザと内在の原則

存在の一義性

ドゥルーズが対話した哲学者のうちでもっとも重要なのは、おそらくスピノザだろう。ドゥルーズはスピノザを研究することで内在の原則を作りだしたのだった。ドゥルーズが『アンチ・エディプス』においてフェリックス・ガタリと共同で構築した社会理論のさまざまな要素は、この内在の原則を軸としているのである。ドゥルーズはスピノザ研究ではさらに、スピノザの同時代の哲学者であるデカルトの哲学に含まれている主体の哲学も批判している。

スピノザについての長文の考察である『スピノザと表現の問題』の主要な目的は、スピノザの哲学の基本的な形而上学的な構造を解釈し、次にスピノザの哲学思想そのものを説明するために、この構造がどのような意味をもっているかを示すことにあった。このスピノザの思想の説明と並行して、ドゥルーズはスピノザがデカルトの主体の哲学をどのように批判してゆくかを分析する。デカルトは、思考の出発点を自己意識に置く哲学的な方法を採用していたのである。

このようにドゥルーズがスピノザの体系を分析する際に検討する問題には、哲学的な思考の性格にかかわる問題と、存在の構造にかかわる問題があったのである。スピノザにとっては存在することとは、自然に属することである。すべてのものは自然に属する必要があるが、この自然とは神的な無限の実体なのである。この実体に属するということは、自然のうちで自然によって作られるか、発生するということである。実体そのものは、自己原因であり、神的なものである。自己原因であるというのは、みずから生成するということである。ドゥルーズにとっては、実体（これは無限である）を支配する構造と、実体から作りだされたもの（これは有限である）を支配する構造が同一であるということが重要だった。こうして有限のものと無限のものの区別が、存在のうちに不連続性や断裂をもたらすことがなくなったのである。

「存在」という語の意味が同じであることは、「存在の一義性」と呼ばれるが、これがスピノザの内在の原則にとって決定的な特徴となる。存在の一義性とは、神を含めたいかなるものも、世界の現実の彼方にある超越的な領域のうちには存在しないことを意味している。わたしたちはこの超越的な領域については考えることができるだけであり、間接的な用語や象徴的な用語でしか語りえないのである。後にドゥルーズとガタリがフランツ・カフカの作品を分析するときには、超越的な言語または象徴的な言語の利用を避けようとするこの試みが、重要な意味をもつようになる。それまでカフカは、象徴的な書き方をする作家、不在の神に向かって書く作家として、解読されることが多かった。ガタリとの共著の『カフカ、マイナー文学へ向けて』においては、カフカのテクストに描かれるすべては内在的なものであり、現実を超越し、現実とは異なる平面では、何も起こらないことが指摘されている。『アンチ・エディプス』で描かれた唯物論的な欲望の理論もまた、内在的で一義的な構造として提示されたのであり、そこには機能の仕方を除いて、いかなる秘密も隠されていないとされたのである。

実体とその様相

スピノザの神聖な実体の重要な特徴として、その独特な機能があげられる。この実体には、有限な「様式」を無限に作りだすという特徴がある。人間の身体と心、ならびにそのすべての活動は〔こうした実体の〕様相であり、この実体の一部である。これらは、実体が作りだす特別な意味において一部なのである。人間に固有の様相とは、思考と延長という「属性」のもとで存在するということだ。これらの属性は、人間の現実を分割し、定義するものであり、同時に実体の属性でもある。実体だけが無限の属性を作りだすことができるのである。

この生成のプロセスを通じて実体は、それが作りだす様相のうちに、独自の創造的な力を表現するとドゥルーズは考える。人間のうちではこの力は、ある基本的な欲望（コナートゥス）を通じて表現される。コナートゥスとは、みずからの存在を持続し強化しよう、すなわち肯定しようとする継続的な努力である。そして人間が自分の観念をどのように考察するかという認識論的な側面については、スピノザはこの生成と表現の原理にしたがって、人間は実際には、省察するという形で観念を考察するのではなく、現実の内部で生みだされた様相として理解していると考えるべきだと述べているのである。観念に内在する発生的な原因にしたがって、コナートゥスの特定の力として、観念をいわば外側から理解すべきだということになる。

わたしたちは正しい順序で推論するには、原因から結果に進まねばならないし、発生因または表現因にしたがわねばならない。思考についてのこうした考え方によって、スピノザの著作で定式化された認識論的な原則は、ドゥルーズのその後のすべての著作に影響するようになる。わたしたちが対象を理解したと言えるのは、それを作ることができるようになったとき、心の中でその対象を再現できるようになったときである。「説明することは、事物にとって外在的なものである知性の操作を示すものではない。説明とは、事物が人間の生のうちで、そのものとして生まれてきたプロセスを示すことなのである」[8]。これは発生的な方法であり、現実の生成的なプロセスの全体のうちで何かが生みだされたプロセスを、心のうちで再現することなのである。この発生的な方法は、論理的な関係と分類の体系にしたがって現実の地図を作成し、表象するという方法を乗り越えているのである。現実が作りだされる原則と、原則を通じて生みだされる現実とが、直接にかかわり合うのである。

デカルトの主観主義的な方法

ドゥルーズは、内的な原因についてのスピノザの発生的な理論と、デカルトの哲学における主体の概念を対決させることで、スピノザの哲学を説明しようとする。まずドゥルーズは方法論の次元で、スピノザとデカルトを対比する。スピノザの発生的で思弁的な方法は、現実を全体として考察してから、人間の心と身体の分析へと進む。これにたいしてデカルトの哲学は、心において意識される観念の分析から始めるのである。デカルトは個人という観念から、哲学の分析を開始するのであり、この個人は正しく推論する方法を学ぶ必要があるのである[9]。

デカルトは、人間の観念の多くは複雑で混乱したものであり、単純で、判明で明晰なものは少ないと主張する。正しく推論するためには、こうした混乱した観念と、明晰で単純な観念を区別できる方法をみつける必要がある。この方法は、論理的な構成と認識論的な起源という観点から、人間の観念を吟味するものである。感覚や想像から生まれる観念は、理性から直接に得られる観念ほどには明晰ではない（これが認識論的な起源による吟味である）。基本的な原理や最初の原理を含む観念は、こうした原理の組み合わせによって生まれた観念よりも明晰である（これが論理的な構成による吟味である）。さてこの方法の重要な特徴は、少なくとも最初のうちは、自分のうちにある観念に基づいて分析できることだ。デカルトによると、それぞれに固有な特徴にもとづいて、観念の真理性を判断することができるのである。デカルトはさらに、この批判的な方法の利点を活用して、すべての形而上学的な問題を処理することを提案するのである。こうして哲学の主観主義的な計画が策定されることになる。

スピノザの発生的な方法

ドゥルーズは、スピノザの演繹的で発生的な方法は、この主観主義と対立すると指摘する。デカルトが主に関心をもっていたのは、人間はどうすれば真なる観念を獲得することができるかという認識論的な問題だったが、スピノザの認識論は、現実の構造のうちで人間の心とその活動が占める位置をどのように決定するかという問題を中心とするものだった。この問題を考察するための出発点となるのは個人の心ではないし、自分の心を吟味する主体でもない。現実を全体として記述すること、現実を無限で、すべてのものを包含する実体として記述することから始める必要がある。次に、この神的な実体の形而上学の枠組みのうちで、人間の心を分析するのである。

現実を全体として考察するという観点から、発生的な方法で思考することは、内在の原理に含まれた理念である。内在的に思考するということは、現実を作りだし支配する生成の力を、思考のうちにおいて、できるだけ直接的に表現するように試みるということだ。やがて検討するように、この内在的で発生的な原理が、『アンチ・エディプス』と『千のプラトー』の考察を導く方法論的な原理となるのである。

5 仮想性、差異、感覚

〈仮想的なもの〉

スピノザの発生的な方法につきものの難点の一つとして、現実に示される秩序と諸関係を適切に説明できないという問題がある。スピノザは、それぞれの様式には独自の独特な本質があると主張する。これはアリストテレスの分類方式を否定することだ。アリストテレスの方式では、ある事物の本質とは、同じ種類の他の事物と共通する特徴である。この特徴が同一性を判断する基準となり、それによってその事物が現実において占める特定の場所が明らかにされ、他のすべての事物との関係が確定されるのである。これに対して発生的な方法は分類によっては進まないのであり、秩序の問題は解決されないままに残るのである。実体が生みだした様式は、どのようにしてすべて同一のものとならないのだろうか。

ドゥルーズは、ベルクソンの心の形而上学にかんする書物で、同じ性質の問題に直面している。ベルクソンの生の概念を再構成しながら、それが現実の層を分離し、構成する手続きによって、内在的な差異を形成するプロセスであることを示したのだった。これらの層は現実的なものだが、物理的なものではない。ベルクソンの心の形而上学には、論理学の規則のように、たんなる形式的な原理でもないし、同時に物理的な性格のものでもない現実の次元が存在することを、ドゥルーズは確認したのである。この現実の次元をドゥルーズは「仮想的なもの」と呼ぶが、これが秩序づけの原理となって、そこから現実を規定するのである。この条件づけの原理は現実に内在するものであるが、それでも現実において観察できるものではないのである。

この仮想的なものは、思考と存在の両方を条件づける秩序の次元である。思考が秩序を、そして差異化を必要とするプロセスであるかぎりでは、思考はこの仮想的なものによって可能になるのである。さらに現実は存在の差異化された場として、仮想的なものによって可能になる。『差異と反復』は、仮想的な秩序づけのプロセスを、現実の内在的な発生原理として考察する精緻な理論を展開した書物である。『意味の論理学』は、仮想的な秩序づけのプロセスが、思考、言語、現実の三つの次元を分離し、調整する境界であるとみなして考察する書物である。

この二冊の書物はどちらも、思考と現実を条件づける仮想的なプロセスから出発するが、取り組もうとする形而上学的な問題が異なるのだ。『差異と反復』で分析された問題は、同一化と分類のシステム（表象のシステム）では捉えることのできないような規定方式を、どうすれば一般的に説明できるかという問題である。

この発生的な説明の目的は、あるものが何であるかを規定するプロセスは、発生的で仮想的な原理であり、この原理が同時に、そのものが他のすべてのものと異なる理由を示すことを明確にすることにある。そしてこの差異を純粋な差異として、分類の体系の外部にあるものと説明するのである。

『意味の論理学』はもっと異なる道筋で〈表象〉の批判を展開する。ストア派の論理学に戻りながら、新しい言語と思考の理論を提示することで、言語が世界との志向的な関係であると考える表象的な思考方法、とくに現象学的な思考方法に挑戦しようとするのだ。この表象的な思考方法では、言語の利用を志向的な方向性によって定義する。まず心理学的に〈表象された像〉から始めて、次に一般的な概念的な内容を考察し、そして物理的な参照物または理念的な参照物にいたるのである。この志向性の原理に対立するものとしてドゥルーズが提示するのが、「意味」の原理である。〈意味〉は仮想的な秩序づけのプロセスであり、これによって言語が可能になるのである。意味は特定の話者に属するものではなく、使用された言葉が指し示す（参照という）価値に依存するものでもない。反対に意味によってこそ、個々の話者は特定の対象を指し示し、意味のある文を語ることができるのである。

この二冊の著書で語られていることは、一見すると非常に異なるものにみえる。『差異と反復』では存在論の問題が語られているし、『意味の論理学』では言語と思考の問題が語られている。しかしどちらの書物も内在の原理という視点から表象的な思考を批判しているのである。個人がどのように規定されるか、それは分類の論理学的な枠組みを媒介としてではなく、むしろ規定が生まれてくるプロセスの内部で理解する必要があるのだ。言語が想定している秩序づけのプロセスは、個々の話者や、話者が語る世界など、「意味」の平面の外部にある何ものかを指し示すことによってではなく、この平面の内部で理解すべきなのである。次にこの二冊の〈双子〉の著書を順に検討してみよう。

6　差異の規定

発生的な規定

『差異と反復』では二つのことを語ろうとしている。まずこの書物は、思考がどのようにして〈抽象〉の能力を作りだすことができるか、そしてこの能力によっていかにして表象を乗り越え進むことができるかを示そうとする。さらにアリストテレスの論理的な〈規定〉のモデルに依存せずに、現実のうちに発生的な秩序づけの原理があることを示そうとする。まず発生的な秩序づけという第二の議論から考察してみよう。

ドゥルーズの議論の枠組みとなっているのは、カントが提示した理性の超越論的な哲学と、この哲学において提起されたいくつかの問題点である。カントの超越論的な哲学のもっとも基本的な問題は、人間が思考において現実をどのように認識できるかということだった。そこから発展して、人間が現実を妥当で普遍的な形で正しく認識することができる純粋に理性的な学であるはずの「形而上学」の性格と範囲が問題とされたのだった。

カントの超越論的な哲学の基本的な原理の一つは、人間はみずからの思考と感覚的な経験を通じて、世界を認識するということにある。だからわたしたちには自分の思考と判断の他に、特別に有利な手段はもちあわせていないのであり、みずからの思考と判断が、たんに経験的な現象の世界と一致するだけでなく、真の意味で普遍的なものであるかどうかを判断する手段としては、この思考と判断しか与えられていないのである。わたしたちは、現象として現われる世界を〈世界〉として経験することから独立して、自分の判断が真の世界についての判断なのかどうかを、決定することはできないのである。

この最初の原理から生まれる第二の原理は、人間は世界を、感覚的な経験によって理解するしかないし、空間と時間のうちに広がる現象として理解するしかないということ、言い換えると何らかの形而上学的な知を獲得することはできないということである。こうした形而上学的な知は絶対的なもの、すなわち感覚に依存しないものであるはずである。この知は、感覚を利用しない知性だけがもつことのできる知である。カントはこのような知は、それぞれのものが何であるかを、そのあるがままに規定する条件についての完全な知であり、包括的な知であると考えた。

ということは、プラトンのイデアの知の考え方とは異なり、カントにとっては形而上学的な知の特徴の一つは、現実に存在する個物を理性的に認識することにあったということである。個物を形而上学的に認識するということは、個物をたんに空間と時間のうちに位置づけられる現象として認識することではない。たんに一般的な自然法則に適合するだけでなく、それを個物として規定する条件の土台となるものを認識しなければ、個物は形而上学的に認識されたことにはならないのである。

ライプニッツのモナド

完璧な形而上学的な知が、個物の知であるというこの理念は、カントの発明ではない。カントに先立ってすでにライプニッツが提示していた理念である。カントの超越論的な哲学は、個物の完全な知識というライプニッツの理念にたいする応答だと考えることもできよう。ライプニッツは、形而上学的な議論と論理学的な議論を通じて、この知についての理念に到達していた。ライプニッツは、あるものについて知りうるすべてのこと、すなわちそのものについて正しく語りうるすべての述語は、ある意味ではそのものにすでに内在していると考えていた。これは、ある述語はそれが真であるならば、「分析的」なものであることを意味する。この述語はそのものに何も新しいものをつけ加えることはなく、そのものに含まれていたものを分析によって示すだけなのである。

この知と述語の考え方に基づいた形而上学的な体系では、万能で遍在する神は、みずから創造することを選択した世界について、すべてのことを知っていなければならない。ということは、神は世界を構成するあらゆる存在者について真であることを、すべて知っていなければならないということである。これはさらに、神はこれらの被造物に起こるすべての出来事を知っていなければならないことを意味する。被造物について真であることは、その被造物に実際に起こることであり、こうした出来事は、その被造物の生涯にわたって発生することだからである。

このようにライプニッツが作りだしたのは、完全に決定された体系であり、そこではすべての出来事は、神の創造の一部として、あらかじめ決定されているのである。これらの出来事が、個物に割り当てることのできる述語となるのであり、これらの個物は心的な実体として、「モナド」である。そしてライプニッツの体系では現実はこれらのモナドで構成されるのである。その場合、これらのモナドについて真であると語ることのできるすべての出来事、モナドの生涯を構成するすべての出来事、モナドについて語ることのできるすべての述語は、あらかじめ定められているのだから、すべての個物は完全かつ包括的に規定されていることになる。個物は、それを特定し、分類することによって規定されるというアリストテレスの〈規定〉の原理に基づいて決定されるよりも、はるかに深い形而上学的な意味で決定されていることになるのである。ライプニッツの体系では、規定されるのは個物そのものだからである。個物は特定の種類のものとして規定されるだけでなく、精密に規定されたものとして、その生涯のすべてにわたって規定されているのである。

カントは、存在する個別者が包括的かつ現実的に規定されているというこの理念は、わたしたちにとってたんに望むことができるだけで、持ちえないものと考えていた。カントは個物をこのように包括的に規定できる知識のことを、〈理性の理念〉と呼んでいる。この理性の理念という概念は、わたしたちが決して知ることのできない規定について考えさせる。この規定についての知識をもつためには、空間と時間の条件の外部で、現実について認識する必要があるのだが、人間が知ることができるのは、空間と時間のうちに現われる現象にすぎないからである。こうして理性の理念は、人間の経験から独立して、物自体として存在する個物という観念と、直接に結びつくのである。

マイモンの哲学

カントのこの考え方をひきついだのが、ザロモン・マイモンで、ドゥルーズはこの哲学者をきわめて重視している[10]。マイモンはカントと同時代の哲学者で、カントが人間の感覚的な知識や経験は、個物と現実の規定についての神的な知識（カントはこれを、〔人間には到達できない〕理性の理念にすぎないと考えた）とは、まったく異なるものと考えたのはやりすぎだと批判する。マイモンは、理性的な知識と感覚的な知識をカントのように分離することは拒んだが、世界を絶対的に認識することはできないこと、すなわちすべての個物を包括する規定についての知は持てないことではカントに同意していた。しかしマイモンは、ライプニッツがそれぞれの個物の充足理由律と呼んだもの、すなわちそれぞれの個物が何であるかを規定する包括的な規定〔の認識の可能性〕までを否定するのは正しくないと主張する。わたしたちはこの充足理由律の理念を抱くことができるのであり、この理念は個物についての人間の経験から完全に分離しているわけではない、とマイモンは主張する。人間はむしろ、自分の知識の限界において、この理念に接近するのだという。

　この理念は規定の原理に直接に対応するものであり、それがそれぞれの個物をそのものにするのである。この規定の原理は、個物の発生的な原理である充足理由律である。マイモンは、この発生的な原理を、数学の微積分における曲線の傾斜を表現する方式のアナロジーで、微分の原理と呼ぶ。数学の微分の原理は、曲線を作りだす充足理由律であるという意味で、曲線を表現するものである。それと同じように、それぞれの個物の微分的な理念は、その個物を完全な規定のもとに作りだすだけの充足的な発生の原理を含んでいるというわけである。

　このようにマイモンは、近代哲学におけるある種の〈革命〉を最後までやりとげたのである。この〈革命〉は、微積分とデカルト的な〔解析〕幾何学の発明によって、数学で始まったものである。

近代数学は、ある対象を決定するための発生的な概念を作りだしたが、この発生的な概念は、分類を通じた古いアリストテレス的な規定のモデルとは完全に異なるものだった。この発生的な規定の理念が哲学の世界に登場すると、まず定義と知識についての理論に影響を与えた。

ホッブズやスピノザなどの十七世紀の哲学者は、ある対象を理解し、定義するということは、それを分類することではなく、作りだすことだと考えた。次にライプニッツの決定論的な体系が、この知識の発生的な概念を維持し、さらに根本的なものにした。神の心のうちに発生的な原因があり、すべての被造物は創造される前から、それがどのようなものになるかは決定されていたと考えたのである。幾何学者は、座標を示せば像を描くことができるが、神は発生的な原理または原因を知っていて、それぞれの個物を作りだすことができるのである(11)。

マイモンは、この原理が存在論の伝統にもたらす帰結を明確に示したことで、この伝統の頂点に立つことになる。規定が発生的なものであり、個物にかかわるものであれば、もはや分類によるアリストテレスの規定の原理は無効になる。少なくともマイモンの微分の哲学から、ドゥルーズはこの結論をひきだすのである。『差異と反復』は、カントとマイモンの中道を歩もうとしているのであり、思考の条件と限界についてのカントの超越論的な哲学と、個物の包括的な規定についてのマイモンの哲学(暗黙的にはライプニッツの哲学)の中道を進もうとしていると読めるのである。マイモンの哲学は、人間が世界をどのように経験するか(カント)とは独立して、また世界を種に分類する一般的な分類方法(アリストテレス)とも独立して、構築されたものである。

発生的な思考の可能性

このように『差異と反復』の二つの中心となる概念、すなわち「問題」と「規定」は、思考のこれらの極を指示しているのである。〈問題〉は、経験を超えたところに到達し、理念的な規定を認識しようとする試みに対応した思考の対象である。〈規定〉は、それぞれの存在者の客観的な個別原因であり、すべてのものを個別に説明するための発生的な原因である。この説明は、わたしたちがこの規定をどのようにして知るようになったかとは、独立して行なわれるのである。

表象の方法は個別性を認識することができるだけであり、〈差異〉は種や質などの一般的な概念を媒介として把握できるだけである。しかし実際の個別性が発生的に決定される道筋が、一般的な概念によって主語と述語を結びつける作業とまったく共通するところがないのであれば、個別性と差異を認識することは、一般的な概念の内容には依存しない方法で思考することを意味するはずである。ということは、わたしたちは現実における実際の規定のプロセスと並行して、発生的に思考することができるということである。すべてのものについて充足理由律を実際に知ることはできないとしても、わたしたちはこの発生的なプロセスを構成する要素と同等なものを思考のうちにみいだすことで、こうした知識に近づけるだろう。『差異と反復』が目指すのは、まさにこの課題にとりくむことである。まず、この問題を考えることができるような形で（それぞれの事例で認識することはできないだろうが）、発生的な規定を記述する語彙をみいだす必要がある。次に、心がどのようにして、この規定のプロセスを考えうる抽象の次元を作りだせるかを示す必要がある。

仮想性と可能性

ドゥルーズによると、発生的な規定は、仮想的な平面において、「選言的な」可能性の対《つい》（むしろ「仮想的な可能性の対」と言うべきだろう）のうちで選択を行なうことから始まる。ドゥルーズはここでは仮想的なもの《ヴィルテュエル》を、「可能的なもの《ポシーブル》」と明確に異なるものとして区別している。この「可能的なもの」は、潜在性（デュナミス）という形で、アリストテレスの形而上学で語られていたものである。この潜在性は、ある事物にふさわしい可能性として、その事物の定義のうちで表明される。たとえば人間が理性を働かせるのが可能であるのは、理性的であることが人間の本質的な可能性であり、人間はこの可能性によって定義されるからである。この場合には、可能的なものは同時に述語として語ることができるものであり、将来に起こりうることは、すでに現在において潜在性として含まれていることになる。

ところが仮想的な選択肢における「可能性」は、このアリストテレス的な〈可能的なもの〉とはきわめて異なるものである。現在のうちのいかなるものによっても、わたしたちは将来を予測することはできない。将来はそれぞれの瞬間において、根源的に開かれているのである。現実となった仮想性のそれぞれについて、同じように可能であった別の仮想性は現実のものとならなかったのであり、現実とならなかったこれらの仮想性は、どの瞬間にも選言的な選択肢としてつねに与えられているのである。ということは、現在とは分岐の起こる現場であり、世界があの方向ではなく、この方向に動いている選択の瞬間だということである。あの方向は、同じように可能であった別の将来へとつながるのであり、それは選択されなかった将来なのである。この仮想的な選言の哲学では、宇宙は時間的な連続体とはみなされず、瞬間またはごく短い間隔の時間のつながりとみなされる。宇宙のそれぞれの時間において、一つの選言的な可能性の対が選択されているのである。すべての瞬間またはごく短い時間的な間隔は、新しい仮想的な可能性を選択し、現実のものとすることで、宇宙が構成されている組み立ての全体を開くのである。

ドゥルーズはこの仮想的な構成と連続、予測できない現実化という理論を使うことで、スピノザの決定論や、ライプニッツの形而上学的な合理主義とは異なる独自の哲学を提示する。この仮想的な選言の論理学は、神的な自然のうちに宿る発生的な法の観念〔スピノザ〕とも、世界の進みかたについての神的な予見の原理〔ライプニッツ〕とも一致しないものだからだ。

ドゥルーズはこれによって、ベルクソン論と、ニーチェの「力への意志」を説明する際に利用した偶然と未規定の原理を保持することになる。力への意志が何を選択するかについて、理性的な根拠づけは行なわれない。ドゥルーズはベルクソンが、還元することのできない開かれた宇宙の形而上学を構築していることを指摘する。この原理は『差異と反復』にもあてはまるのである。

7　反復から〈問題〉へ

四つの反復の概念

規定および仮想的な構成の問題と〈双子〉の関係にあるのが、思考と現実の関係の問題である。思考は、そして心的な活動一般は、宇宙においてどのように展開されるのだろうか。仮想性と発生的な規定を理解するのにふさわしい内的な構造を、思考はどのようにして作りだすのだろうか。
ドゥルーズは心の理論を提示するための〈導きの糸〉として、「反復」の哲学的な概念を利用している。その際に四つの反復の概念、すなわちヒューム、ベルクソン、フロイト、ニーチェの反復の概念を利用する。ヒュームからは習慣の反復という概念を、ベルクソンからは記憶の反復という概念を、フロイトからは強迫的な反復という概念を、ニーチェからは「永遠回帰」の〔反復の〕運動という世界の形而上学的な理論をとりだすのである。

これらの反復の理論には共通するところがある。どの理論でも反復はあらかじめ、心的な活動の並行したプロセスまたは付随するプロセスを想定しているのである。ある観察者が太陽は明日もふたたび昇ることを主張するためには、総合の活動が必要である（習慣）。過去において発生したものを心の中で反復するには、別の種類の総合が必要である（記憶）。さらに同じ選択されない行為に向かって何度でも進むことができるのは、無意識的な反復だとしても、心だけである（強迫）。さらに、このプロセスを宇宙的な反復として認識することができるのは、生と存在の全体性に直面している心だけである（永遠回帰）。どの場合にも特定の種類の心的な活動が必要であるが、これらのすべての場合に同じ同一の心的な活動が必要とされているのかどうかは、明確ではない。

反復と現在——感覚と快楽の享受

ドゥルーズは現在、過去、未来に対応して、心的な活動の三つの次元で反復の概念を考察する。〈現在〉は、生物学的な存在の枠組みのうちにある心の生である。ベルクソンは、哲学は自然で実用的な枠組みで心がどのように働くかを理解するとともに、心がその一部である現実の秩序を理解しようとするときには、この枠組みから脱出できる必要があると主張しており、ドゥルーズもこの見方を採用している。ベルクソンは『創造的進化』では、「しかしこれらの〔思弁的な哲学の〕困難や矛盾が生じてくるのは、われわれの知的活動の働きが及ぼされてはならない対象、したがってわれわれの手持ちの枠がそれのために作られているのではない対象に、われわれの思考の習慣的な形式を適用するからである」[12]と指摘しているのである。

ドゥルーズにとってはまず、ごく基本的な秩序づけの活動においてわたしたちの自然の「勤勉さ」が明らかになる。これは反復運動の二つの極をたんにまとめるだけの総合である。すでに身体はこのような総合と創造の行為を実行しているのであり、それによってわたしたちはさまざまな感覚を結びつけて統合しているし、それが反復されたときには再認しているのである。人間の発達のこの原初的な段階において心は、活動しながら生の継続的な現前のうちにまとめて保持するさまざまな感覚から、快楽を享受する。心の生の現前は、身体の独自の習慣の継続性のうちに基礎づけられているのである。この段階が、心的な生の最初のナルシシズム的な次元を構成する。

反復の概念の戦略的な役割

ここで一歩下がって、ドゥルーズが心的な活動の理論を構築するためにどのような哲学的な方法を採用しているかを調べてみよう。すると反復という概念が、二つの異なる戦略的な役割をはたしていること、そしてこの役割は近代哲学において発生したごく基本的で、しかも根の深い問題に関連していることが分かるだろう。

反復の概念がとりくんでいる最初の問題は、人間の認識的な能力が発達する際に、身体的な活動と心的な活動はどのような関係にあるかという問題である。ドゥルーズはほぼベルクソンにしたがいながら、心はまず生物学的な器官のうちで活動を開始するが、この土台から継続的に発展しつづけ、やがては（これから検討するように）ある思想の次元に到達すると考えている。思想は、身体と生物学的な環境においてどのような位置を占めるかにかかわりなく、心の産物であるとしか説明できないものである。

このように心の説明は身体から始まり、まったく身体的でない活動、功利主義的でない心的で「精神的な」活動で終わるのである。ドゥルーズは同じくベルクソンにほぼそのまましたがいながら、功利主義的な合理性と実践的な合理性、そして直接に知覚される対象や当面の問題に集中する営みを、人間のもっとも基本的で土台となる生物学な能力と結びつけるのである。だから思考が登場するのは、この知覚と実践的な必要性という直接的な文脈を超えたところまで進めるかどうかにかかっている。

反復の概念がとりくむ第二の問題は最初の問題とかかわりがあるが、それほど形而上学的な性格のものではない。心と身体の関係にかかわるのではなく、意識と世界の関係、「主体」と「対象」の関係にかかわる問題である。反復という概念は、戦略的にも巨大な利点と重要性をそなえているが、それは対象との志向的な関係とはまったく独立して、人間の心的な活動と認識能力の発展を説明できるからである。反復の「主体」というものがあるとしても、それは超越論的なものではない。

これは経験的な世界のうちに対象を決定する判断の体系に対応した表象の中心ではないのである。

心的な活動、思考、言語を志向性から分離しようとする傾向は、ドゥルーズの初期の哲学に一貫してみられるテーマである。このテーマは、『アンチ・エディプス』と『千のプラトー』では、機械とリゾームという概念が登場するために背景に退く。この二つの概念は、思考と世界のある種の関係を想定するからである。しかし後期になると、ライプニッツ論とシネマ論で、このテーマがふたたび浮上する。ドゥルーズにとってベルクソンは、内在と心的な活動の場を同じものとみなす観念論の誘惑、すなわち主観的な観念論の誘惑を体現した哲学者だったのである。唯物論的な傾向の強いガタリがこの誘惑を弱めていたが、後期のライプニッツとシネマの議論では、美的な形式でこの誘惑がふたたび姿をみせるのである。

反復と過去——思考と記憶

『差異と反復』における心の発生的な説明に戻ると、心的な活動の第二の次元は、最初の次元とは不連続なものとなる。第一の次元は、感覚に現前する世界と連続したものである。原初的なナルシシズムの次元では、心は無や不在を考えることができず、そのために関係や差異を考えることもできない。心が、連続する現在のこの閉じた圏域から離脱するためには、過去へと開かれる必要があるのである。この過去は、現在の観点からみた過去であるだけではなく、存在の独立した領域としての過去であり、知覚の直接的な現前の圏域を乗り越えなければ、この過去の次元に到達することはできないのである。

ドゥルーズが「純粋な記憶」と呼ぶ過去との関係においては、過去は存在の仮想的な領域としてあらわにされる。ドゥルーズは、過去の仮想的な領域を開示することのできる記憶と、現在を思考する知覚と意識の心的な活動を、明確に分離する。ベルクソンの分析する記憶は知覚とはまったく異なる活動であり、完全に異なる心的な活動の構造をそなえているが、ドゥルーズもこれにならって、もっとも純粋な形式の記憶は心のうちに、仮想的な過去という異なる存在領域をもたらすだけでなく、異なる思考の次元をもたらすと考える。この思考の領域では、組み合わせの形式的な操作と、差異の抽象的な関係が営まれている。この組み合わせと関係は、人間が目の前に実際に存在するものを認識し、それに関係づけることができるにすぎない現在の原初的な圏域だけについて考えることができるものである。

さらにこの仮想的な存在の理論が意味しているのは、現在の主観そのものが分割されており、内的にも仮想的にも二つの時間的な次元で構成されているということである。一つの次元は、現在の時制、これは今であり、もう一つの次元は過ぎ去ってゆく動きである。この過ぎ去ってゆく動きは、現在にとってはそれが認識される瞬間からすでに過去に属することを意味する。それでなければ現在と過去はまったく断ち切られて、結ばれることができないはずである。このように現在は仮想的に現在であり（第一の総合）、過ぎ行く瞬間である（第二の総合）。この第二の総合は、現実と過去を総合する能力であり、しかも過去という観点から総合するのである。思考にとってはこれは、第二の総合における心的な活動が、目の前で起こることを記録するだけではないことを意味する。

心はこの仮想性に開かれることで、同じ現在のうちに、並行したセリーが仮想的に共存していることを認識できるようになる。ドゥルーズはこの仮想的に並行したセリーという観念が、現代小説のうちで展開されていることに気づいた。たとえばアルゼンチンの小説家のホルヘ・ルイス・ボルヘスの哲学的な小説においてである。ボルヘスは、さまざまな物語の可能性が一つの時間では一つしか実現されず、実現された可能性が実現されなかった他の可能性を排除するような物語を語っているのである。実際に物語のすべての可能性は、仮想的な構成のもとでは共存しているのである。

反復と未来

〔現在はすでに述べたように〕原初的なナルシシズム〔という意味をもつが、ここ〕から〔過去という〕仮想的な複雑性に移行する〈軌跡〉は、〔現実の〕知覚から〔過去を含めた〕思考への移行に対応したものである。知覚は、生物学的な習慣の第一の総合から生まれる。思考は第二の総合の仮想的な複雑性から生まれる。ドゥルーズはこの第一の総合と第二の総合の二重性を、感性と悟性で構成されるカントの経験の概念と比較している。カントにとっては、感性と悟性は、経験の場を排他的に享受するものであるが、カントはさらに、人間の思考の一部である思弁的な理性は、経験の場のうちにおいてはその対象、すなわち自己と世界全体と神をみいだすことはできないと述べている。カントの体系では、経験と思弁的な思想は明確に分離されているからである。

ドゥルーズの哲学ではこのような明確な分離はない。ドゥルーズは第三の総合を提示するのであるが、この心的な活動の第三の次元は最初の二つの次元をさらに乗り越えて進むが、それでも現在から切断されてしまうことはない。この第三の総合が抽象であり、これが哲学的な思考の条件となる。ドゥルーズは、心が経験によって与えられたものを乗り越えなければ、思考の可能性は実現することができないと主張する。このプロセスは第二の総合ですでに始まっているが、この総合はまだ経験の自然の文脈、すなわちみずからの過去の経験の「想起」のもとに埋め込まれているために、このプロセスを完了することができないのである。

この第三の総合である抽象には、四つの特徴がある。第一にはこれは未来とかかわるのであり、第二に純粋に抽象的であり、第三に習慣の生的な本能の中断によって根拠づけられており、第四に特別な種類の受容性に依存するものである。

ナルシシズムとタナトス——抽象と回帰

心が特定の意味で受容的である場合にかぎって、自然の生物学的な衝動を乗り越えて、知覚や記憶において与えられているものを認識する方向に進むことができる。与えられたものを超えて進もうとするこの動きは、思考の鍛練(アスケーシス)と呼ばれる。このアスケーシスは、フロイトの用語で表現される。ドゥルーズは精神分析の二つの段階で使われている用語を組み合わせる——自我と超自我の区別にいたるナルシシズムの理論と、後期の死の欲動〔タナトス〕の概念である。ナルシシズムとは、性的なエネルギーまたはリビドーが、ほんらい向けられるべき外部の対象から撤収されて、自己に戻ることである。このエネルギーは今や内的な対象に、その人物の理想化された自己に備給される。これは道徳的な権威を内部にとりいれた像として機能する理想的な自我である。死の欲動(タナトス)は、リビドーとはさらに明確に異なるものである。これはリビドー的な欲動の外部で、これとは独立して働くものである。リビドー的な欲動は、単純な「快楽原則」にしたがって機能するものであり、緊張と不安からの解放を求める外向きの力である。これに対して死の欲動は外向きの力よりも深い次元で働く内向きの力であり、生命のない物質に戻ることで、さらに基本的な安息と静止を求める力である。

　ナルシシズムもタナトスも、生の観念の回路との切断を意味するものであり、ナルシシズムは道徳的な自我という抽象と内部性の姿をとり、タナトスは〔無機物という〕以前の存在の段階に戻る運動である。生のエネルギーから分離した内的な抽象の構築と、現実の以前の段階に戻る運動というこの二つの着想は、ドゥルーズの思考の深い場所で共鳴している。この二つが融合されて、「器官なき身体」という概念が生まれるのである。この概念は、個人心理学の批判という枠組みで、アントナン・アルトーの実験的な演劇論で使われたものである。『千のプラトー』では、この「器官なき身体」の概念は重要な倫理的な概念となる。わたしたちはみずからのうちに社会的および政治的な力の効果を解き放つことで、社会的および政治的な抑圧を逃れるという考え方が生まれるのである。これは以前の存在段階に戻るために、社会的な自己や個性を解き放つということであり、これによって「器官なき身体」としての生の組織された水準に到達することができるのである。

　しかし『差異と反復』では、強調されるところも、その議論の内容も異なる。リビドーのエネルギーとの断裂の概念は、抽象的な思考の条件を説明するために使われるのである。わたしたちが自立的な思考する存在となることができるのは、激しい鍛練（アスケーシス）を実行して、みずからの内部に、器官なき身体という抽象の平面を構築できる場合にかぎられる。この抽象の次元の特徴は、記憶という第二の総合で可能であったよりもさらに明確な形で、わたしたちの結合能力を実践的な必要性から分離することにある。ドゥルーズはこの分離を時間的な用語で表現する。この能力は、わたしたちが経験のうちで出合う出来事の継起の順序から、経験の条件としての時間を分離することのできる能力として提示されるのである。

思考を獲得したり、思考をひとつの生得的なものとして行使したりすることが問題なのではない。思考そのもののうちで、思考するという行為を生みだすべきなのだ。それもナルシシズム的な自我へのリビドーの逆流をもたらし、同じ動きにおいてタナトスをエロスからひきだし、すべての内容から時間を抽象して、純粋な形式を分離させるのだ[13]。

思考はみずからのうちから知覚と実用的な必要性という内容を捨てて浄化することで、表象の合理的なモデルを乗り越えて進む。この浄化そのものが一つの抽象である。この場合、ドゥルーズにとって思考とは、たんにわたしたちがすることではなく、わたしたちのうちで起こることである。それでは、第三の総合にかかわるのが心ではなく身体であるのはどうしてか、と問うこともできよう。それは現在と現実を超えて、純粋な抽象に向かう運動は、心だけではなく身体にも影響するプロセスだからである。わたしが原初的なナルシシズムの現在につなぎとめられているのは、身体とその反復を通じてだからである。

この鍛練（アスケーシス）に到達する世界との関係は、問題の提起である。思考は現実に与えられているものを表象することではなく、連続的な問題の提起なのである。〈問題〉とは、思考の対象であり、これは事実とも事物とも一致することは決してない。どんな状況でも、もっとも基本的な状況でも、問題を提起することができるのである。こうした状況はわたしたちを問題に直面させる。だから問題とはたんにわたしたちが作りだしたものではなく、みずからを明らかに示すために、特定の答えを要求するものである。

〈問題〉に答えることが、思考の基本的な能力である。これは一次的な総合のうちに発生する。何かをある別のものの記号として把握するのは、一次的な総合だからである。想像力が雲の観念と雨が降るという観念を結びつけるとき、雲の観念からある記号を作りだすのである。この記号は雲と同じものではないが、特定の意味で眺められた雲、あるいは問題として提起された雲である。第二の総合は、同じ因果系列のうちに根拠づけられていないセリーの相関関係から生まれるはるかに複雑な問題を提起することができる。第三の総合は、いかなる経験的な内容にも制約されない思考の関係の外挿として、問題を解放するのである。

8　語りうるものと考えうるもの

ドゥルーズの言語のモデル

『意味の論理学』は、『差異と反復』の発生的な理論と並行した議論を展開する。この書物では、現象学の「志向性」または意識の方向性という概念と対立する形で、言語、思考、世界についての

〈関係〉を提示する。現象学では、心的で概念的な「内容」を媒介として、心、言語、世界を意識の行為によって調整されたものと考えるが、ドゥルーズの提示する〈関係〉においては、世界においてて語りうるものと考えうるものを分離し、調整する観念の境界という外的で存在論的なものから考察される。この境界は、いかなる意識の行為にも、主観的な経験にも依存しない。またこれから検討するように、たんなる形式的で構造主義的な体系や記号論の体系とも異なるものである。

『意味の論理学』でも現実のうちから思考が生みだされるが、それは特定の種類の活動として生みだされるというよりも、思考の内容である考えうるものには独自の現実性があるために、生みだされるのである。この現実とは世界の観念的または論理的な表面である。この表面の上で思考は、言語を通じて世界と出会うのであり、こうしたさまざまな関係が結ばれ、会話が必要とする言語的な操作が可能になるのである。この表面は現実的なものであり、世界の存在に関連した特定の存在様式をそなえているが、同時に世界とも心とも異なるものである。

表象は個々の対象を指し示すことで、思考を表現する。表象的な思考方法では、言語表現を個々の話者、語られる物事の状態、対象とその特性が特定される意味作用または概念的な内容という三重の関係で考える。この言語の考え方の背後には、いくつかの形而上学的な想定がひそんでいる。第一に、個々の話者が言語で表現する以前に、こうした話者と個別の対象の世界が、現実のうちに一つの構造として与えられていることを想定する。第二に、この観念に基づいて、言葉とその意味が、個別の話者と世界の個別の対象という二つの個別者を結びつけることに役立つのは当然のこととみなされている。この見方によると言語とは、人間が世界のうちで進むべき方向をみいだし、他者と世界の事柄についての内容を伝達しあうために使える道具だということになる。

しかしドゥルーズは、このような個別の事物が一次的な存在として与えられていることを前提としない。『差異と反復』では、「個別的なもの」という語は、「個別化される場」の内部での差異の現実化を意味するものと主張されていた。『意味の論理学』でも、言語の意味作用の能力が、こうした固定された個別者に依存しているとは考えない。ドゥルーズは言語の三つの次元、すなわち話者、参照物、意味を三つの言語学的な機能と考える。それぞれを提示（話者）、指定（参照物）、意味作用（意味）と名づけるのである。そしてこれらの機能がたがいにどのように組織されるのかを問うのである。

表象のモデルではこれらの機能は、心から世界へといたる志向性の軸の上に存在するためにたがいに対応する関係にある。「これは木である」という命題は、最初は〔話者の〕心的な表象である。次に命題の参照物として、知覚の個々の対象を特定するために、「木」という概念が利用されることになる。

ドゥルーズの言語哲学は、言語の利用を知覚に依存させるこのモデルとは対立する。ドゥルーズは三つの言語的な機能は、意思の伝達における言語の利用とは独立して、意味の作り出す表面の上で内在的に組織されると主張する。このため〈意味〉はこれらの言語的な機能のあいだを調整する圏域であるだけではない。〈意味〉は、そこに含まれる機能を作りだす構造的で発生的な全体性なのである。提示、指定、意味作用という三つの機能は、発言を意味のあるものとする三つのアスペクトを示すものとなる。発言が意味をもつのは、誰かが〔話者の〕言葉を語るからであり、何ごとか〔参照物〕について語るからであり、言葉そのものに意味がある〔意味作用〕からであるが、これらのどの機能も単独では働くことができない。これは意味の第四の次元に依存するのである。

言葉が語られる前に、何ごとかについて語られる前に、そして意味作用をもたらす前に、まず何かが〈意味のあるもの〉として現われることができるのは、この意味の次元だけだからである。この言語の原初的な水準は、同時に思考を言語にもたらすものである。意味は、語ることができ、考えることができるものの論理的な媒体である。これが、思考において形成され、語ることができるすべての関係の媒体なのである。これらの関係がいわば〈語りうるもの〉と〈考えうるもの〉を作りだし、言語と心の一次的な内容を形成するのである。

この論理的な媒体は、『差異と反復』で時間の仮想的な構成がそなえていた存在論的な地位と同じ地位を占める。これは数学のように完全に形式的なものではないし、わたしたちがどのようにして考えるかという心理学的な特徴でもないし、経験から生まれるものでもない。〈意味〉は、わたしたちが考え始める前から、特定の対象について具体的な思考を抱く前から、思考の可能な対象を構成するのである。思考の対象は、まず〈考えうるもの〉によって構成されるからである。〈考えうるもの〉は、人間が形成しうる抽象的な関係の総体である。意味が作りだす〈表面〉が思考にその可能な対象を与えるのであり、その発生原理は、曖昧な形而上学的な地位をそなえている。思考と言語を物理的な世界から隔てる境界もまた、これらを調整するからである。差異と秩序の関係を表現することができるのは、この意味の作りだす〈表面〉の上でだけなのである。

それでは、この意味の作りだす〈表面〉と独立して、世界に関係が存在すると言うことができるのはどのような意味においてだろうか。この疑問は、ある種の観念論の可能性を提起するものであり、この観念論では意味が世界そのものを作りだすのである。ドゥルーズの次の文章が提起しているのも、この可能性である。

偶然な点と特異な点、問題と問い、セリーと転位を組織することで、意味は二重の意味で発生する力をもつようである。まず規定されたいくつかの次元（提示、指定、意味作用）をそなえた論理的な命題を生みだす。さらにこの命題の客観的な相関物も生みだすのであり、これは最初は存在論的な命題として生みだされたものである（提示されたもの、指定されたもの、意味されたもの）[14]。

ここで考えられている観念論は、主観的なものというよりは客観的なものである。これは『差異と反復』における運動のように、世界における志向的な相関物から心的な領域を分離する観念論ではない。もっとプラトン的なシナリオが描かれているのであり、差異化された全体性として世界を表現する際に、形式的で理念（イデア）的な構造に依拠しているのである。そしてこの構造は、世界のうちに存在するものからは、作りだすことができない。ドゥルーズはこの観念論の思考をその結論にまでは押し進めない。『意味の論理学』では、わたしたちが知覚において観察し、思想と言語において表現する関係が、言語、思想、知覚とは異なる起源をそなえていることを強調するだけである。この起源はそれ自体が伝統的な論理学的な区別には〈中立的〉なのである。

ブランショからうけついだ〈中立的なもの〉〔ル・ニュートル〕という考え方は、「非人間性」という概念、人間の実際的で実存的な関心とは無関係な現実の次元という概念を含むものである。「命題様式一般に関連して、意味の中立性は複数の観点から現れる。量の観点からは、意味は特殊なものでも一般的なものでも、普遍的なものでも個人的なものでもない。質の観点からは、肯定とも否定ともまったく関係がない」(15)とドゥルーズは語っている。

ストア派の概念

本書の序文においては、ブランショの〈中立的なもの〉という概念によって、ドゥルーズは人生について「非人間的で」主観的でない観点をとることができたこと、その意味で重要な概念であることを指摘した。『意味の論理学』では、意味の理論において構築されたこの観点を利用して、一つの倫理学が構築される。これは人間の通常の経験の外部にある視点からみた生の哲学である。ドゥルーズはストア派の哲学に依拠することで、言語から論理学を通過して倫理学へと移行する。ストア派の哲学者たちも、哲学を物理学、論理学、倫理学に分類し、最終的にこれを統合するという方法を採用したからである。

　意味とは〈語りうるもの〉であるという考え方も、ストア派のレクトン（これは通常は〈語りうるもの〉と訳される）という概念を発展させたものである。有名な断片においてストア派は、言語の要素として三つの要素を区別したと伝えられる。第一が音声または発言であり、第二が言及し、知覚できる何かである。そして最後の第三の要素は、音や事物のような物理的なものではなく、発言が語ろうとする事態である。

ストア派は思考を定義するために、真偽は「意味作用」と呼ぶものに割り当てられると主張したが、この意味作用は、次の三つの要素の関係に依存すると考えていた。

これらは「表示されるもの」「表示するもの」「〔感覚器官に〕出会うもの」である。表示するものとは音声のことであり、たとえば「ディオーン」〔という人名〕である。表示されるものとは、表示するものによって明らかにされる事態それ自体であり、われわれが「思惟との関連が存立するもの」として捉えるものである。……また出会うものとは、外的に指示するもののことで、たとえば、ディオーンその人がこれに該当する。これらのうちで二つのもの、すなわち音声と出会うものは物体であるが、表示されるものである事態またはレクトンは非物体的なものであり、これが真または偽となる。(16)

「事態」を非物体的なもの、または非物理的なものとして定義することで、ストア派は言語と思考は、事物を列挙したり、明示したりするかのように、世界に直接に関連づけることはできないと主張しているのである。思考は、因果関係など、つねに何らかの関係を確立するものである。これらの関係は、事物のように観察できるものでも、物理的なものでもない。ところがこの思考され、語られるうるだけの非物体的な圏域もまた現実的なものである。ドゥルーズは『意味の論理学』でこのストア派の原理をさらに発展させるのである。

ストア派は、原因と因果的な決定についての独創的で宇宙論的な理論を通じて、〈語りうるもの〉の理論を発展させた。ストア派は二種類の因果関係を区別する。宇宙は全体として相互作用する因果のすべてを包括する体系である。この因果の秩序は人間には把握できない。これにたいして、わたしたちが通常の言語利用において事物を記述するために使う述語と、経験のうちで知覚する因果関係は、すべてを包括する体系には対応しない。わたしたちは述語によって、事物が宇宙の秩序において占める位置を把握することはない。わたしたちが経験において特定する原因は、宇宙の秩序の内部にあって、出来事の背後で実際に動かしている原因とは異なる準・原因なのである。

ドゥルーズはこの区別を借用して、仮想的な構成または原因として考えられた宿命の理論と組み合わせる。この理論によると、人間の生、人間たちが現実に送っている人生は、原因の構成を変様し、反復するものであり、わたしたちは仮想的にはこうした原因なのである。この仮想的な構成と実際の変様と反復のあいだの運命の関係は、線的で連続的な経験の秩序とは一致しない。経験の秩序では、わたしの一生を作りだす出来事は、時間において決定された場所を占めるものであり、それにはある決定された原因が割り当てられる。出来事Aのあとで、出来事Bが原因となって、出来事Cが発生する。わたしたちは人生をみずからこのように表象する。しかしこの線形的な秩序と因果関係は、たんに言語で表現された現実をそなえているのにすぎない。わたしたちがここで語る原因と述語は、実際には現実の因果的なプロセスを指し示すものではないのである。人間の生活の特徴となる実際の因果的なプロセスは、発生的で構成的なもの、すなわち内的なものであって、経験的な因果関係ではないのである。一人の人間とは、反復と変様を通じてみずからを表現する仮想的で発生的な構成にほかならない。人間の一生の内容を作りだす出来事は、この反復と変様が表現されたものである。

この発生的な表現の秩序では、出来事は表象の線形的な時間のうちに位置をもたない。わたしたちがこの発生的な水準で出来事について考えることができるならば、それは直接的な因果関係の文脈、すなわちわたしたちが表象と意識的な経験のうちで出来事に割り当てる「準・因果関係」の網の目から、外れてみえるだろう。

わたしの生とは、この反復と変様を維持するものでしかありえないのだとすると、わたしたちはこの反復と変様のパターンがある種の宿命や運命を構成すると主張することができよう。その意味では、出来事は運命とほとんど分離できないものとなる。それぞれの出来事は、わたしという存在を構成する仮想的な変様と反復の総体が特別な形で表現されたものなのである。

この運命についてのネオ・ストア派的な考え方が、ドゥルーズの文学についての思考の出発点となる。文学はこれらの仮想的な関係と、こうした関係の組み合わせを、わたしたちの通常の言語や思考よりも、はるかに巧みに表現することができる。だからドゥルーズがフェリックス・ガタリとともに作りあげた政治哲学について検討する前に、ここでドゥルーズの文学の理論を調べておくのはごく自然なことだろう。実際にドゥルーズが『差異と反復』と『意味の論理学』で構築した形而上学的で発生的な哲学から、記号を中心として新しい種類の哲学に進んだのは、文学批評の領域においてだったのである。

ドゥルーズは記号と意味作用の問題を探求するなかで、初期の形而上学的な体系と、ガタリとともに実践する社会科学の問題の議論と政治的な関心のあいだを〈架橋〉することができたのである。

次の章では、ドゥルーズの記号の理論を研究することで、形而上学から政治理論および社会科学の認識論への移行がどのように行なわれたかを点検してみたい。

第二章　文化の記号学

1　文学と『意味の論理学』

モダニズム文学の力

一九六〇年代末からはドゥルーズの仕事は二つの方向に分岐する。一つは存在論的な方向であり、生産と発生プロセスの一般理論を構築することを試みる。もう一つは超越論的な方向であり、言語と思想、そして社会的および文化的な活動の土台となる諸関係を分析する。

『意味の論理学』は、思考と言語の超越論的な条件を分析した書物であるが、前記の二つの方向を組み合わせて、意味の存在論的な理論を提供しようとする。この意味の存在論に基づくと、文学は〈意味の論理学〉の表現として概念化することができ、思想をそのうちに体現したものと考えることができる。このため特定の文学作品は、ある特定の意味関係を表現したものであり、特定の思想の形式を構成するものである。

意味の一般的な存在論の次元でみると、〈意味の論理学〉は、意味が作り出す内在的な表面に思考の形式が体現されたものとなる。文学、とくにモダニズムの物語文学は、これらの思考の形式を特別な形で表現するものだ。だから意味の表面における思想の形式は、超越論的な機能、すなわち世界について思考するために役立つ基本的な関係を提示するという機能をはたすのである。[*1] 文学作品は特定の思考の形式を表現しながら、特異な形式的な関係の集まりを示したものと考えることができるのである。

文学のテクストにおいては、こうした形式的な関係は、時間、身体、言語、行動を有機的に構成したものとなる。テクストは、こうした形式的な関係が作りだす有機的な構成の効果を発揮することで、人間の生についての特定の観点を示すことができる。ドゥルーズがとくに関心をもつのは、モダニズムの物語文学である。こうした文学は、わたしたちが日常的に経験する世界についての観点に挑戦するかのように、人間の生についての独特な観点を提示することができるのである。だからモダニズム文学は、十九世紀の物語文学の規範、すなわちリアリズムの規範に挑戦するだけでなく、経験そのものに挑戦するのである。こうした作品は、生についての新しい視点を提示する——すなわち人間を欲望をもった存在、時間のうちで生きる存在、言語を利用し、世界と身体的に相互作用する存在とみる視点を示すのである。そしてこれらの視点を実用的な日常的な実践についての配慮や、自己意識による経験と調和させようとはしないのである。

ドゥルーズはこのように、モダニズムの物語文学は主観的な経験について、人間中心主義的でもヒューマニズム的でもない視点を表現することができるのであり、倫理的で形而上学的な問題を提起できると考える。この観点は「意味の論理学」に対応しているだけではなく、時間と生と運命についてのドゥルーズに固有の考え方にも対応したものである。ドゥルーズは、個人の生の時間を、線形的で段階的な継起とみなすのではなく、反復と変様の構造とみなすのである。

ドゥルーズ好みの作家はフィッツジェラルド、ゴンブローウィチ、クロソウスキーなどであり、[*2]これらの作家の作品は、筋書きや人物の個性や行動などとは異なる原理にしたがって構成された物語である。伝統的な物語の原理においては、物語を先に進める力があるのは、意志にしたがった行動であると想定する。ところがこれらのドゥルーズ好みの作家たちは、意志的な行動から外れ、あるいは意志的な行動とは異なる原理を重視しながら物語の内容を作りだすことで、人間の生を、行動や実際的な主観性とは異なる観点から眺めようとするのである。この〈異なる観点〉はフィッツジェラルドでは運命という観点である。ゴンブローウィチでは奇妙に重複する性格と出来事であり、どこにも位置づけることのできない性的な緊張がその背景で鳴り響くのである。クロソウスキーでは神学的なエロティシズムであり、性倒錯と悪魔主義が組み合わされることで、特定の欲望の構造のうちでは不可避にみえる行動が生まれるが、この欲望そのものは謎に満ちているのである。

胎生的な主体とセリー

こうした文学は、自己意識こそが経験のうちで調和を作りだす中心的な核であるという考え方とは異なる視点を提示する。『差異と反復』でドゥルーズはこのような新しい主体の概念を提示し、それを胎生的な主体（シュジェ・ラルヴェール）と呼んだ。この「主体」は、特定の方法で世界との関係と心的な活動を発展させるプロセスのもとにあるかぎりで、「わたしという人物」となるのである。『意味の論理学』ではこの新しい主体の概念をさらに精緻なものとするために、わたしの経験の地平である〈世界〉の現象学的な概念に、世界の論理的または「セリー」的な概念を対立させる。この〈世界〉は、すべての特定の出来事と共存する出来事の集合なのである。この〈世界〉にふさわしい主体は、個人の人生を作りだす出来事と、個人の「運命」を構成する「テーマ」の反復と変様として表現される仮想的な潜在性で組み立てられるものであることは、すでに指摘したとおりである。この胎生的な主体の概念と、構成された〈世界〉という概念を組み合わせると、世界は胎生的な主体がそこに含まれる仮想的な構成となり、一つの構成が他の構成を含みこむものとなる。この構成的な形而上学では、人間の生は意識的で主観的な経験という観点ではなく、外的で宇宙論的な観点から眺められることになる。ドゥルーズによると、二十世紀の実験的な文学が提示しているのは、まさにこの外的な観点である。

ドゥルーズの記号論の二つの目的

このように文学は哲学的な理念を表現しているのである。さらに文学作品が、文学としての独自の地位と機能の理論を含むこともある。ドゥルーズは文学作品を、独自の意味作用を理論化したものとみなす。こうしてドゥルーズの記号論の研究には二つの目的がある――構成的な目的と批判的な目的である。構成的な側面では記号論は、唯物論と観念論という二つの哲学の中道を進むための手段となる。記号とその意味作用は、完全に物質的でも、直接的に理念的でもないものとして理論化されることになろう。

批判的な側面では、中道を求めるこの記号論の研究のうちで、人間の経験を考察しながら、主体の新しい概念を構築することができるようになる。記号論の用語を利用することで、主観的な観点に依拠せずに、意味と意味作用の次元で、経験、社会、認識、文化の構造を記述することができるようになるのである。

ところでドゥルーズは、主観的な観点を実証的な観点に置き換えるだけで、この目的を実現しようとするわけではない。科学史で使われる説明のパラダイムによって、経験と認識と文化を、いわゆる「背景となる物質的な原因」に還元したりはしないのである。記号論による説明は、還元に頼るものではない。人間と社会の現実のすべての側面において、意味のリアリティを維持し、尊重しようとするのである。ドゥルーズにとって記号論の批判的な次元は、「表象」を批判する役割をはたすものであり、主観性も実証性も、批判すべきこの表象の二つの顔にすぎないのである。主体は、表象の自己意識の核であり、実証主義とは現実を、いわゆる「事実」の総体として表象できるものとみなすものなのだ。こうしてドゥルーズは、科学的な表象と主観的な表象の双方への攻撃が、文学作品そのもののうちで展開されていると考える。そしてマルセル・プルーストの小説『失われた時を求めて』（一九一三～二七年）の中心的な問題点は、「表象」の特別な相貌としての「客観的な幻想」にあると考えるのである。

2　プルーストと客観的な幻想

ドゥルーズの分析の新しさ

一九六四年に初版が刊行されたドゥルーズのプルースト論では、表象の問題が一貫して複雑な形で議論されていることが分かる。これはこの小説そのもので理論化された問題なのである。ドゥルーズのプルースト論は『プルーストとシーニュ』（一九六四年）と題されているが、このシーニュ（記号）という言葉は、その理論的な意味で理解する必要がある。[1] これはプルーストの小説『失われた時を求めて』における記号の研究ではない。この小説が物語として繰り広げる理論的な問題を考察した書物なのである。

この考察は二つの異なった側面で展開される。まずドゥルーズのこの書物は、哲学の作品として書かれたものであり、思考と記号の関係を研究しようとする。またこれは文学作品を読解した書物であり、プルースト研究に貢献しようとするものである。そしてこの二つの側面はたがいに依存しあっているのである。この書物は、フランスにおけるプルーストの読解方法を根本的に変えてしまったが、それは文学的な芸術作品が思想を表現していることを分析するまったく新しい視点を提示することができたためである。

この読解では、小説の主要なテーマ、すなわちプルーストの作品の読者であれば誰でも考えるような、スノビズム、嫉妬、時間、芸術などのテーマをとりあげる。しかしドゥルーズはこれらのテーマを、テクストの表面からはすぐに見分けることのできない哲学的な問題にしたがって、有機的に構成するのである。この哲学的な問題とは、意味作用の性格、意味と時間の関係、特定の種類の意味作用を表現する際に芸術がはたす主要な役割などにかかわるものである。ドゥルーズはこれらの問題を展開するために、この小説に独自の内的な記憶の理論に基づいて、その頃に主流となっていたプルースト読解の方法と対決するのである。

『失われた時を求めて』と記憶

小説『失われた時を求めて』は、枠物語の構造をそなえている。まず外枠としては、ある中年の男性が、特別な方法で自分の過去を想起するようになったことを物語る。この小説の中心を占める〔内枠となる〕のは、こうして想起された過去の出来事であり、語り手の幼年期に始まり、青春期から青年期を経験し、成熟し、やがて『失われた時を求めて』という小説を書き始めるところで終わる語り手の一生である。この語り手の人生の物語を貫く〈糸〉は、語り手がどのようにして『失われた時を求めて』という小説の作者になったかという問いである。この虚構の内部において、この小説がどのようにして書かれるにいたったかという虚構の内部において、ある特殊な経験が核心的な役割をはたしている。語り手には突然に閃くようなさまざまな記憶があり、これが自分の意志で過去のすべてのことを想起しようとする場合よりもはるかに力強い形で、語り手を過去へと直接に運び去るかのように思えるのである。プルーストはこの種の想起を「意図しない想起」と呼ぶ。この意図しない想起は語り手に、特別で特権的な自分の生涯への〈入口〉を提供するものとみなされている。この心理的で美学的な理論によって、プルーストは語り手としての自分の位置を示し、その手腕を発揮するのである。

プルーストの研究文献の多くでは、テクストを解釈するための鍵となるのは、物語の枠構造と記憶の理論だとされている。ドゥルーズはこの解釈の原則に異議を唱えるために、物語の枠構造のうちで語られる物語が、実際に時間的にどのように展開してゆくかに焦点を合わせる。この物語と時間的な展開によって、『失われた時を求めて』には時間を線形的でない形で示す能力があることを証明しているのである。さまざまな人物が、その生涯の異なる時点で、異なった視点から描かれるのであり、プルーストは伝統的な物語の継続性の原則を破るのである。ドゥルーズはこの不連続性の原則を、時間的な複雑性の表現であると解釈する。このため人生の時間は線形的でも、連続的でもない。ある人物の発達の異なった方向性と異なった側面がつねに共存しているのである。これらはその人物の内部に「包み込まれている」のであり、「折り畳まれている」のである。

　この線形的でない時間性は、記憶の内省的な表象からえられるのではないし、物語の枠構造のうちでの語り手の経験から生まれるものでもない。むしろ反対にこの小説では、時間の秩序を理解するためには、語り手が人生のいわば〈徒弟期〉を経験する必要があることを強調しているのである。この〈徒弟期〉は、さまざまに異なる段階を通過するが、それぞれの段階は特定の種類の記号、すなわち愛の記号、社交辞令の記号、時間の記号、芸術の記号などを特徴とするのである。最終的にはこの〈徒弟期〉は語り手が作家になることで終わりを告げるが、それはこれらの記号を経験という観点から解釈するならば、すべての種類の記号に共通した基本的な幻想を克服する作業でもある。

　ドゥルーズはこの幻想を客観的な幻想と呼ぶ。これは記号の意味を、それが指し示すと思われる対象と混同する幻想である。愛する者は、「愛のジェスチャーが、それを作りだした人物にかかわる」と信じ込む。パーティに招かれた客は、目撃した社交辞令が現実の情緒を伝達するものと思い込む。想起する主体は、記憶が過去の特定の瞬間や経験によって規定されているものと考えたがる。芸術作品の愛好家は、芸術が人生の理想的な鏡であり、再現であることを期待する。しかしそのどの場合にも、記号の論理は単純な再現よりも複雑なものなのである。

記号が意味を運ぶのは、記号が指し示すものとは独立した内容を作りだし、発展させるからである。愛、社交辞令、時間、芸術はどれも、記号の経験に依存したものであるが、これらの記号は特定の経験から生まれたものではないのである。だからこそドゥルーズがプルーストの作品から読みとる記号論的な理論においては、芸術の記号がもっとも高度な意味作用の形式となるのである。この記号の自律的な論理を捉えることができるのは芸術だけ、特に小説という芸術だけだからである。小説『失われた時を求めて』という芸術の究極的な目的は、記号と人生が時間的で仮想的な複雑さをそなえたものであることを示すことにある。

3　記号、主体、権力

スピノザ論における言語論

『アンチ・エディプス』と『千のプラトー』は、意味作用の次元における主観主義と発生的な方法の対立をさらに押し進める。この意味作用の理論そのものは、発生的な原則に導かれているのである。

　すでに指摘したように、ソシュールの記号論は、言語における意味作用と（これは言語体系の内部での記号の差異的な価値に基づくものである）、発話で意図された意味、会話（パロール）の圏域のもとで語られた文の参照の機能を明確に分離していた。言語はたがいに定義しあう語の秩序として内在的なものであり、これが意味の理想的な空間を構築する。この空間で記号がシニフィアンとシニフィエを結びつけることで、意味作用を作りだすのである。ドゥルーズはこの記号論的な観念主義を批判する。ただし、まだ意志伝達の重要性を強調することによってこれを批判するのではない。この方向に進んだのは、ガタリとの共著『千のプラトー』であり、この書物では言語による意志の伝達について独創的な理論を提示するのである。一九六〇年代にはドゥルーズは形而上学的な観点から記号論にとりくむが、具体的にはスピノザの読解から入るのである。

『スピノザと表現の問題』(一九六八年)では、ドゥルーズはシニフィアンとシニフィエの二元論的な理論と対比しながら、独創的とも言える三項的な表現の理論を提示する。[2] スピノザの形而上学では、属性は神的な実体の本質、すなわち力を表現する。この表現の関係においては、本質、すなわち表現されるものは、その内容、すなわち意味、意図、シニフィエと同一ではない。さらに本質は物でもない。実体の力は、実体(物)そのものと同一ではないし、実体の「内容」とも「意味」とも同一ではない。この表現されたものが、指し示された対象から独立したものであるという考え方は、ドゥルーズに固有の新ストア派的な意味の論理学と、構造的にも一致するのである。意味の概念は、物理的な対象の世界とも、特定内容や意味とも異なるものである。これは〈語りうるもの〉と〈考えうるもの〉の論理的な領域を構築するのであり、この領域は世界の物理的な秩序からも、経験からも導くことはできないのである。[3]

この表現の三項的な概念は、言語の内在性について、ソシュールの二元論的な観念よりも精密な考察を含むものである。意味の秩序、考えられるものの秩序、表現された本質の秩序は、つねに本質を運ぶものに依存するのであり、言語はそれが最終的に表現しようとする現実、すなわちスピノザの実体とストア派の現実の原因の秩序に依存するのである。すでに指摘したように、ストア派にとっては語りうるものは、非物体的な現実であった。この非物体的な現実は、相互作用する物体で構成された「宇宙」の物体的な現実と対立する。だから意味が非物体的なものであると主張することは、意味が何か別な物体的なものと関連しているか、こうしたものに依存していることを主張することである。

　この意味の相対的な性格、意味がもっと別な物体的な次元の現実に依存していると考えることは、形而上学的にも記号論的にも深い意味がある。それは言語の内在性がそれだけでは決して完全なものとはならないことを意味するからだ。言語を記号論的に説明するならば、ソシュール的な観念論を採用することはできない。言語はそれだけで完全に自己充足した領域を構成することはないのである。

　ドゥルーズがこのように観念論を否定する立場を示したことは、ドゥルーズと同じくポスト構造主義者と呼ばれたラカンやデリダとの違いを、しかも方法論的にも形而上学的にも決定的な違いを生みだすことになった。ラカンやデリダは言語を、内的な組織原理に支配された自己充足的で内在的な領域にすみついているものとみなした。ドゥルーズにとっては反対に、言語の内在はつねに物質的な世界に関連したものであり、言語はこの世界のいわば表面なのである。

　しかしこの三項的な原理のために、ドゥルーズは初期の段階においても、純粋な哲学的な唯物論者ではなかったのである。唯物論者であれば、思想や文化、あるいは自律的で内在的な地位をそなえているようにみえるすべてのものは、実際には物質的で物理的な、あるいは経済的な構造やプロセスから派生したか、生成したものであることを主張するだろう。しかしドゥルーズは初期の段階においても、この派生や生成という唯物論の主張をうけいれたことはない。たしかにドゥルーズは、思想や文化は内在的な発生の秩序（意味のセリー的な秩序）として、構造的に自律したものであることを主張する。しかし同時に、この発生的な秩序が、その外部にある物理的な秩序に依存したものと考えるのである。このため意味は自律していると同時に依存している逆説的なものなのだ。

唯物論的な意味の理論

しかしフェリックス・ガタリと出会うことで、ドゥルーズの思考のうちで強調の置き方が変わってくる。ガタリは精神分析の観点から、欲望における権力の関係を考察することに関心を抱いていたからである。このため政治を精神分析の観点から分析することで、二人の精神分析についての考え方が変わってきたのである。

二人は政治の分析という枠組みから、唯物論的な原則に基づいた新しい精神分析を考案するようになる。ガタリとの協力作業をつうじてドゥルーズは唯物論に近づき、意味の領域は物体的な世界に依存しているだけでなく、物質的なプロセスによって生成するものであると考えるようになった。

ドゥルーズとガタリが共同で作りあげた意味の論理学において重視するものは、マルクスなどの純粋に唯物論的な哲学とは異なる。マルクスにとって問題なのは、基本的に社会経済的なシステムのうちに、意識と文化を位置づける方法である。そして人々の思想と行動を階級関係（たとえばブルジョワとプチブルなど）と、生産様式（たとえば封建主義的な生産様式と資本主義的な生産様式）によって定義しようとするのである。

しかしガタリとの協力作業のうちでドゥルーズにとって問題となったのは、これとは非常に異なる性格のものだった。ドゥルーズの発生的な方法を使って、〈考えうるもの〉の生成を政治的な文脈で説明するにはどうすればよいかが問題となったのである。政治の世界では〈考えうるもの〉は、特定の社会的な現実と同じものとなるのである。

社会の現実を、人間の社会的なカテゴリーを構成するものとして考察し、文化的な実践の内容を、〈語りうるもの〉と〈考えうるもの〉によって作りだされる表面として考えるこの方法は、マルクスのイデオロギーの理論とも、文化的な記号学の理論ともまったく異なるものだった。イデオロギーの理論では、社会的に存在する〈語りうるもの〉は、現実を不適切に表象したものとみなされるが、ドゥルーズの社会的に存在する〈語りうるもの〉は、特定の表現形式における現実なのである。

文化的な記号論では、語りうるものや考えうるものは、テクストやイメージなどの意味作用のシステムから生まれるものであるが、意味の作りだす表面は、特別な存在論的な層を構成するものであり、これは特定の意味作用の媒体などと比較すると、はるかに深い現実の次元なのである。

この記号論的な理論を利用することでドゥルーズとガタリは、人文科学と社会科学が提起する主張を真剣にうけとめることができるようになり、社会をまとめあげる「象徴的な」現実の圏域を認識できるようになった。しかもこの「象徴的な」現実についても、まったく新しい理論を提示できたのである。これは象徴的な現実を何ものかに還元するのではない。この理論は還元することを拒むことで、もはや象徴的なものや意味するもの（シニフィアン）を記述するのではなく、表現するものとなることができたのである。この理論は現実を意味として表現するのである。

新しい記号論の理論

『アンチ・エディプス』の記号論的な理論では、意味は二つの物質的な力、すなわち心的な力と政治的な力の相互作用を通じて、社会の現実のうちに生まれた存在論的な領域となる。この二つの力は、「欲望する生産」と「社会的な生産」と呼ばれる。この二つの力はたがいに作用しあうことで、意味の社会的な次元を作りだし、政治的および社会的に〈考えうるもの〉を構成するのである。この社会的な次元が物質的なプロセスによって政治的に生み出されたものであること、そしてそれにもかかわらず、これは独自の自律的な意味する現実性をそなえていることを強調するために、ドゥルーズとガタリはこの社会的な意味の次元を「刻印の表面」と呼ぶ。刻印とは、刻印する物質的なプロセスを意味すると同時に、意味する対象の現実、すなわち刻印されたものの現実性を示すのである。

この理論では政治権力とは、刻印の社会的な表面に、〈考えうるもの〉を刻印しうる能力を意味するが、権力は欲望の協力がなければ、刻印として働くことができない。このように意味が刻印されるのは、欲望と権力が出会うことによってである。この欲望と権力の出会いが、政治システムの歴史の一部となる。権力は刻印を通じてあらわになるのであり、この歴史は同時に記号論的な歴史である。これは刻印された政治的なカテゴリーの歴史であると同時に、社会および政治的な現実のうちで、これらのカテゴリーが意味する効果の歴史である。

このため普遍的な政治史は、意味作用の様式、「記号論的な体制」の様式が変動する歴史でもある。この記号論的な体制は、性的な欲望と特別な関係にある。権力が刻印する力を行使しうるためには、社会の内部の性的な欲望の〈塊〉と相互作用しなければならないからである。これは、それぞれの記号論的な体制における刻印の表面が、欲望とのあいだで特別な関係を結んでいるということを意味する。この関係を理論化したのが「コード」と「コード化」という概念である。これは分かりにくいが決定的に重要な概念なのである。

コードとコード化

このコードという概念は言語学の分野から採用したもので、話者が意志を伝達することのできる規則の集合を示すものである。コードとは、まったく形式的なもので、すべての会話とすべての話者を支配するものと考えられる。しかしフランス語ではコードという語には法律という意味もある。ナポレオン法典はフランス語では「コード・ナポレオン」と呼ばれるのである。『アンチ・エディプス』では、「コード化する」という語は、社会的な実践の暗黙的な規則を、形式的な方法で明確にするという意味で使われている。ドゥルーズとガタリは、この語に第三の意味をもちこんだ。この語の形式的な操作を、マルクス主義の「剰余価値」の概念に含まれる貨幣の抽象的な性格と結びつけたのである。マルクス主義の経済学の理論では、資本家は工業生産によって経済的な利益、すなわち剰余価値を獲得する。剰余価値は労働者の労働によって生まれたものであるが、資本家はこれを労働者から奪うのである。労働者から奪った剰余価値を資本家は再投資する。そしてこの経済的な利益が循環過程に入って、資本になる。資本とは再投資することのできる資金であり、特定の資産や生産プロセスとは結びついていない資金である。

剰余価値がシステムから撤収される瞬間は、資本という抽象的な現実が発生する瞬間である。ドゥルーズとガタリが「剰余価値のコード」と語るときには、この抽象のプロセスのことを考えている。コードの剰余価値とは、コード化の余剰と考えるべきではない。経済的な剰余価値ときわめて類似した抽象的な現実であり、社会的に作られた意味で構成されているのである。だからコードの剰余価値は、意味の社会的な現実そのものである。これは社会的に作られた思想の作りだす表面であり、社会の内部でのエネルギーの直接的な消費のシステムから撤収されたものである。

『差異と反復』では、思考と鍛錬（アスケーシス）の結びつきが指摘され、エネルギーの回路が中断されると語られていたが、それと同じ状況がここでも発生する。抽象的な思想を生成する能力は、そのエネルギーを社会のうちでの生活から撤収し、「器官なき身体」を作りだすことによって生まれていた。これと同じように社会的に体現された思想、すなわちコードの剰余価値は、社会的なエネルギーの備蓄を示唆するものである。このようにこの発生的な記号論は、エネルギーの哲学でもあり、エネルギーが社会的に体現された思想と意味作用の体系に変換されると考える哲学である。

政治的には、意味が生成されるためには、権力と欲望という二種類のエネルギーがつねに協働している必要がある。そのため、権力の社会的な表象は、支配の特定の方向だけでは決して説明できない。欲望と権力は、一つの社会的な機械《マシン》のうちでたがいに結ばれているのである。ドゥルーズとガタリが〈機械《マシン》〉という語、〈社会的な機械〉とか〈欲望機械〉という語を使うのは、この社会的で性的なエネルギーの性格を示すためである。このエネルギーは権力を特定の方法で組織する社会関係をつうじて流れるが、権力そのものはこの流れの外には、そしてこの機能の外部には、いかなる中心も現実ももたないのである(4)。権力そのものは表象とまったく無縁なものである。王が授けたり、その臣下が渋々とうけとったりするようなものではないのである。社会体に浸透した社会的なエネルギーなのである。

この権力の考え方は、ミシェル・フーコーの規律権力の分析と似ているが、『アンチ・エディプス』はフーコーの監獄についての分析である『監獄の誕生』よりも数年前に刊行されている。だからドゥルーズとガタリはフーコーに影響されたというよりも、むしろ並行して作業していて、同じような結論に到達したと考えるべきだろう。『アンチ・エディプス』の続編である『千のプラトー』でドゥルーズとガタリは、フーコーを偉大な社会理論家の一人とみなしている。別の偉大な社会理論家としては、作家のフランツ・カフカがあげられている。

こうして社会的な記号論を考察するうちに、文学の考察に戻ることになるが、倫理的な観点とはいくらか異なる政治的な観点から文学が考察されるようになる。ドゥルーズとガタリにとっては、カフカはもっとも精密な社会理論家である。しかしカフカの生涯と作品を考察した二人の共著『カフカ、マイナー文学に向けて』では、カフカは独自の意味の体系を、すなわち記号論的な体系を発明した人物として考察されている。ドゥルーズはすでにプルーストをこうした視点から考察してきたのだった。

4　カフカの記号論的な機械《マシン》

カフカの機械《マシン》

この書物『カフカ、マイナー文学に向けて』はドゥルーズとガタリがみずからの計画を実行に移した書物であり、作家フランツ・カフカの生涯と作品という明確に定義され、限定された場に、内在の方法を適用してみせたものである。ここでドゥルーズとガタリは、カフカのテクストを支配している「記号論的な体制」、すなわち意味作用を有機的に構成する原則を提示しており、この体制が作成される枠組み、カフカの伝記、カフカのテクストの物語構造、カフカのドイツ語の使い方などを考察している。この記号論的な体制は、機械（マシン）を形成するものと言うことができよう。機械とは、その働きにおいて、たがいにまったく自律した欲望と意味作用が並行して働くものと定義することができる。機械が動作する方法を説明するためには、機械の外部の何ものも参照する必要はないのである。このように機械は完璧なまでに内在的なプロセスなのである。

カフカの機械のそれぞれの要素、すなわち物語の構成要素、その言語、物語の作成の自伝的な文脈と政治的な文脈は、機械の機能の論理または方法を構成する運動と意味作用の原則と同じ原則にしたがう。機械には、シニフィアンとシニフィエ、形式と内容、内側と外側、欲望とその対象などの区別はまったくない。それよりも機械の論理は、接続性の原則で構成されているのであり、これはこうした区別にたいしては中立的に働くのである。欲望と意味作用の運動である機械は、接続を確立することで動作するのである。

イェルムスレウの言語学の理論

ドゥルーズとガタリは、L・イェルムスレウの言語学の理論から採用した概念を適用することで、記号論的な内在という原則をとりだす[*3]。イェルムスレウはその意味作用の理論で、ソシュールのシニフィアンとシニフィエの区別から出発して、これを改善することを試みた。この区別があまりに観念論的であるために、もっと形式的な区別が望ましいと考えたのである。そこで内容の形式と表現の形式という区別を採用したのだった。ソシュールはシニフィアンとシニフィエによって構成される記号の単位が、言語のシステムの内部で対称的な関係に置かれ、この差異の関係がそれぞれの記号の意味を生成するには十分であり、それぞれのシニフィエに十分な意味を与えることができると考えていた。そのためシニフィエのうちに意味がどのように含まれるかは、詳細には検討していなかったのである。イェルムスレウは、ソシュールの理論において記号を定義するために使われた差異の原則を、言語において意味が生成される方法の分析においても採用すべきだと主張する。そのためには、音声の構成と意味の構成のあいだに並行関係を確立する必要があると考えたのである。

音声については、音声の継続体のうちで、意味をもつ特定の音声が「音素」として、それぞれの言語ごとに決定される。音素は、言語のうちで語を区別するために十分な音声の差異であり、これが意味の次元で違いを作りだすことができる。言語が音声の継続体のうちからどのようにして音素のシステムを作りだすことができるかを説明するために、イェルムスレウはあるものの表面に網が影を投げるという比喩を利用した。網そのものは、芸術的な音素の差異であり、純粋な音声的な特徴で構成される。音声の継続体の表面の上部に網が掲げられると、網は影を投げかけて、これによって音素として言語のうちに、意味のあるもの、すなわち実際の音素が特定される。この「網」は、科学的に再構成されたものであるが、このモデルにおいて網が描きだす音素のシステムは、特定の言語の実際の音声のシステム、すなわち母音と子音の完全な集合に対応しているのである。

この形式的な区別のための「網」を、イェルムスレウは「内容の形式」と定義した。音声の次元での音素の区別の「網」は、「表現の形式」と呼ばれる。こうしてこのモデルは六つの項で構成されることになる――表現の形式、音声の継続体、音素、内容の形式、意味の継続体、意味である。この六項からなるモデルは、意味論的にソシュールの記号の二元論的な体系とは異なる。言語の基本的な形成ブロックを構成するのは、もはや記号の内部にある意味と音声の一致ではなくなったからである。言語のうちで音声と意味が、音素と意味として別々に形成されなければ、音声と意味はもはや一致することはないのである。イェルムスレウはこの方法で、それまで記号の内部に閉じ込められていた意味を解放し、意味が構成される次元を、言語に根源的に内在するものとして示したのである。

欲望の論理学

ドゥルーズとガタリは、このイェルムスレウの概念を、言語学の内部の文脈から外して利用する。

『カフカ』で検討された記号論の問題は、言語においてみられる意味作用の秩序以前に、意味作用がいかに構成されるかという問題だからである。意味作用の秩序に先立つ構成の次元は、『意味の論理学』で検討された意味の発生の秩序と同じように、構造づけ、秩序づけるプロセスである。しかしこれは語りうるものと考えうるものの秩序づけではなく、人間が世界とのあいだでもちうる関係の秩序づけである。この関係は、性的なもの、政治的なもの、言語的なものであり、一般的な意味で記号論的なものである。

これらの異なる関係は、「欲望の秩序」と名づけることのできる構造化の力学にしたがうものである。欲望の論理学は意味の論理学とは異なるが、それは人間が環境と結びつく場としての情動と性的なエネルギーの次元で、この欲望が働くからだ。欲望が「論理学」のうちに編成されるのは、異なる種類の関係が、秩序立った方法で、他の関係と調和されるからである。

イェルムスレウの示した表現の形式と内容の形式の概念を利用して、この欲望の論理学の二つの極が明示される。これは欲望が環境とのあいだで確立する二つの異なる種類の関係に対応するものである。〈内容の形式〉は、身体とその周囲の環境とのあいだの空間的で情動的な関係を指す。〈表現の形式〉は、特定の瞬間に、この身体の編成が相関関係を結ぶ表象の様式（テクストまたはイメージ）を指す。

イェルムスレウの言語学の理論と同じように、この〈内容の形式〉と〈表現の形式〉のあいだには直接的な意味作用の関係は存在しない。イェルムスレウの理論では、〈表現の形式〉は音声の連続体にかかわり、〈内容の形式〉は意味の連続体にかかわるものであり、いわば「網」が「網」と直接にかかわることはないのである。同じようにドゥルーズとガタリの理論では、〈表現の形式〉と〈内容の形式〉は、意味作用の関係によって調和されることはない。この二つの形式はたんに調和しているだけなのだ。この調和が、欲望の非・意味的な論理学を構成するのである。

調和の論理学

この調和の論理学は、スピノザの形而上学における並行関係と同じような構造をそなえている。心的な実体は、延長と思考〔という二つの属性〕の並行関係のうちでみずからを表現する。この二つの属性の関係は、因果関係ではない。だからスピノザにとっては、観念や心的な表象が、物理的な行動の原因となることはできないのだ。『カフカ』では、欲望の論理学が身体〈内容の形式〉と心〈表現の形式〉とのあいだの並行した編成関係を調和させる。この二つのあいだに意味作用の関係は存在しない。この「並行関係」と欲望の論理学が解こうとする問題は、それぞれの場合で正確に一致するわけではない。スピノザは、心が身体を支配する意志の力をそなえているという常識的な考え方を批判する。ドゥルーズとガタリは唯物論的な記号論を構築しようとするのであり、この記号論では欲望が二重に論理的に表現されるに応じて、みずから意味作用や表象の対象となることなく、意味作用を作りだす。しかしこのアナロジーは啓発的である。並行関係は、経験においてわたしたちが作りだす原因と意味の実用的な関係を切断するのに役立つ戦略なのである。

この唯物論な記号論の前提に基づきながら、ドゥルーズとガタリはカフカのテクストを読解するが、テクストがその背景にある欲望の問題を意味するとも、象徴するとも考えない。むしろテクストは欲望の運動を作動させるものであり、特別な記号論的な秩序づけのプロセスを表現すると考えるのだ。このプロセスは意味作用の種類と身体の運動を、テクストにおいて調和させるのである。カフカのテクストは象徴的、目的論的、精神分析的な解釈をごく自然に呼び込むだけに、この唯物論的な記号論の読解戦略が、こうした解釈とどう対決するかが問題となる。カフカのテクストは恐怖と罪の観念を象徴するものと解釈されることが多い。カフカの父親への恐怖、結婚への恐れ、官僚制度と国家への恐れを象徴するものと考えられてきた。また罪の観念の表現と解釈できるような抑圧的な状況の描写に満ちているのもたしかである。

カフカ解釈の戦略

ドゥルーズとガタリは欲望の唯物論的な論理学によって、こうした象徴的な解釈を覆そうとする。しかしこの欲望の記号論は精神分析にごく近いものであるだけに、カフカの生涯と仕事の精神分析的な解釈との違いをごく明確に示す必要があった。伝統的な精神分析の解釈では、カフカの生涯と仕事が、父親との「エディプス・コンプレックス的な」ライバル意識を示しているという前提から出発し、このコンプレックスのために女性とのあいだで安定した異性愛の関係を構築することが困難になっていることを指摘する。こうした精神分析的な解釈では、刊行されなかった「父への手紙」には、カフカが父親を恐れていたことが詳細に語られていること、そして結婚についての不安がカフカのさまざまなテクストで長々しく語られていることに基づいて（カフカはフェリーチェ・バウアーと長いあいだ婚約していたが、ついに結婚はしない）、カフカの生涯についても、仕事についても、エディプス・コンプレックスから解釈することを裏づける圧倒的な伝記的な証拠があると主張するのである。

もちろんドゥルーズもガタリもこのことを否定するわけではない。カフカの生涯がエディプス・コンプレックスによる葛藤を示していないというわけではなく、この葛藤がカフカの生涯と仕事を説明するために役立つのか、その解釈のうえでどのような概念的な役割をはたすのかを疑問とするのである。そして〈テクスト－生涯〉という関係を重視するのではなく、これを逆転させた〈生涯－テクスト〉の関係に注目し、きわめて異なる種類の問いを立てる。カフカがこのエディプス的な葛藤を、作品の執筆の条件に変換するために、何をしなければならなかったか、と問うのである。ドゥルーズとガタリは、カフカの作品そのものの内部で、欲望の論理学によってこの創造の問題が反復されていると考えるのであり、この欲望の論理学を再構築してみせるのである。

欲望する機械

ドゥルーズとガタリは、カフカの物語ではエディプス的な欲望が記号論的な機械《マシン》の内部で処理されていることを発見する。この機械は、ある特別な欲望の論理学で構成されているものであり、内容の形式と表現の形式が特別な形で調和されているのである。内容の形式はたとえば〈俯《うつむ》いた頭〉であり、表現の形式は〈肖像画〉である。『変身』のテクストで主人公のグレゴール・ザムザは、虫に変身しており、壁に掛けられた女性の肖像画に自分の俯いた頭をくっつける瞬間が描かれている。この接続する動きによって、内容の形式（俯いた頭）と表現の形式（肖像画）が結びつくのである。

欲望が内容の形式と表現の形式のあいだの調和をつうじて循環するかぎりで、そこには「欲望する機械」が構築される。この特別な欲望する機械の内的な形式は、内容の形式と表現の形式を調和させる共通の形式的な要素であると同時に、欲望がこの機械の内部を循環する方法に影響する物質的な要因でもある。この場合には、物質的な要素と芸術的な要素は阻害または阻止の要因である。

物理的に実現される際にも(内容の形式)、記号論的な領域に入る際にも(表現の形式)、欲望は阻害され、阻止される。頭は俯き、欲望の対象である女性はたんに肖像画として、表象として手に入るだけである。このように機械は、阻害された欲望を形成するのである。欲望が阻害されるのは、父による評価や結婚などの外的な不可能性のためではない。独自の内在的な運動の内部で、内的に阻害されるのである。最初は俯いた頭として、二度目は「想像化」として阻害される。具体的な対象である他の人物に向けてではなく、想像の対象としての「肖像画」に欲望が向けられるときに、阻害されるのである。

欲望そのものはここでは接続する総合(『アンチ・エディプス』)であるとともに、逃走線(『千のプラトー』)でもある。このように阻害された欲望は、作りだされる接続であると同時に、行なわれなかった逃走でもある。この欲望の動きは、物語のうちで起こることの特徴だけではなく、カフカの生涯における執筆のプロセスを描きだすものでもある。欲望する機械という概念によってドゥルーズとガタリは、カフカの生涯と執筆の関係を、生涯の観点からと同時に、執筆の観点からも分析する記号論的な原則を確立する。しかも還元的でも、因果的でもない方法によってである。生涯とテクストは、同じ機械《マシン》が並行した形で作動したものなのである。

カフカの物語と、彼の生涯と執筆プロセスの核心にある問題は、欲望がどのようにして出口をみいだすか、欲望が阻害されたり不毛なものとなったりすることをどのようにして防ぐかということにある。これこそが、エディプス的な状況に置かれている作家としてのカフカの問題である。脅《おびや》かすような商売人の父親を、どのようにして執筆の条件に変換していくかが問題なのである。この創造的な取り込みと変換の契機は、カフカの文化的および言語的な状況そのものでもある。プラハに住み、ドイツ語を話すユダヤ人としてのマイナーな立場を、美学的な利点へと作り替える方法をみつけなければならないのである。

カフカのテクストでは、この逃走の運動は空間的なものとして描かれる。カフカの空間を支配するベクトルは、隣接性である。神、父親、国家などの統一原則に向かって象徴的な秩序を上昇するのではなく、近接した空間が隣接性の秩序にしたがって、さまざまな出来事を重複させる。別の種類の運動として、人間が動物に変身するような変換の運動がある。この変換は、生成（ドゥヴニール）の段階的な運動という特徴をそなえている。どちらの運動も、すなわち隣接した身体的な運動も、継続的な生成の運動も、内在的である。これらの運動は、その座標にたいして内的であり、運動の外部に象徴的な終点をもつ必要がないのである。

動物になることとは、それまでの規定の関係を社会的な環境に吸収し、強化することである。カフカは執筆の空間を征服することを目指して苦闘するが、これは同時に生成のプロセスでもあり、そのプロセスにおいてカフカは、目的や障害物に正面から立ち向かうのではなく、障害をもたらす状況を創造の状態へと次第に変換していくのである。父親に手紙を書き、結婚の見込みを前にしてラブレターを書きつづけることで、カフカは愛する者との距離を確保する。そして短編の形式（これはまだ閉域の形式である）から始めて、未完成の小説を書くにいたることで、外的な制限で閉ざされることのない執筆の流れに近づくのである。執筆の空間を通過して、カフカは罪と家族との関係を作り替えるのだ。このようにして内在は、撤収と吸収の運動を同時に実行することによって、その周囲との差異を作りだした場として征服されるのである。

強度

この運動はさらに記号論的な意味でも、内在したものである。これは欲望の内在の軌跡を描くものだからだ。欲望がこの軌跡に沿って何を通過するかは、強度的な運動によって決まる。何を意味することも、何を象徴することもない状態である運動の内部で、この軌跡は作られるのである。欲望がみずから進むうちに通過するこの強度は、自己の外部のものを指し示すことがない。テクストの内部で作りだされる意味は、強度としての状態で構成される。わたしたちは読者としてテクストを読みながら、同じようにこうした強度の状態を通過するのである。このように内在のプロセスが、仕事のすべての側面を吸収することになる。すなわち言語、生涯、社会、テクストの出来事、イメージはすべて、欲望の一つの運動の一部であり、この欲望には外部がないのである。

カフカのテクストが提起する問題は、倫理的なものと政治的なものを問わず、すべてこの欲望の運動のうちに位置づける必要がある。創造のプロセスが逃走線として成功するかどうかという基準は、それが自己破壊に向かう絶対的な撤収を回避できるかどうか、創造的な領域への不毛な撤収を回避できるかどうかにかかっている。〔婚約者の〕フェリーチェ宛てのカフカの手紙は、こうした欲望の行き詰まりを示すものである。他方で欲望が執筆の運動として阻害から解き放たれると、言語は表象の手段ではなく、〈強度〉を担うものとなる。強度としての言語と表象としての言語の対比によって、ドゥルーズとガタリは古典的な文学といわゆる「マイナーな文学」のあいだに、新しい美学的で政治的な区別を作りだす。

マイナー文学

古典的な作家であるためには、ある中心的な視点をもっていて、そこから社会の道徳、文化、政治構造を再現する必要がある。これとは対照的にマイナーな文学者は、社会を斜めから、そして末端的な角度から眺めるのである。マイナー文学は、その社会で支配的なカテゴリーと自己イメージではなく、社会の論理と機能を把握する。ゲーテは悲劇『ファウスト』で、中産階級の価値観とジレンマのイメージを創造した。その後の世代の中産階級の市民たちは、そこで描かれた道徳と性愛、思考と行動のうちに、みずからを再認したのである。こうしてゲーテは古典的な作家になったのである。これとは対照的に〔マイナーな作家である〕ジョセフ・コンラッドの『闇の奥』は、イギリスの植民地主義を蛮行と残酷さの地獄として描きだす。コンラッドは英語のうちで特別な強度の状態を作りだし、これを機知、優美、皮肉という伝統的な修辞学の長所から解放するのである。

じりじりと死を待っているのだ——一目見てわかった。敵でもない、囚人でもない、もはやこの世のものではなかった——ただ病苦と飢餓との暗い影、それが仄暗いこの森陰に、雑然と転がっているのだ。表面はとにかく年期契約という合法手段で、海岸のあらゆる片隅から連れてこられ、不健康な環境、慣れない食物に蝕まれ、やがて病に仆れて働けなくなれば、はじめてこの森陰に這い寄って休息を許されるのだ。瀕死の人影は、もはや風のように自由で、風のように痩せ細っていた。(5)

マイナー性の基準は二つある。言語が古典的でない強度を獲得する必要があるし、世界を独自の道徳的なカテゴリーにしたがって表象するのではなく、内在的な欲望の論理学として獲得する必要があるのである。このようなマイナー性の基準は、マイナーな民族に所属することではない。集団のアイデンティティを獲得しようとする地域的な作家は、〔マイナーな作家とみなされることが多いが〕自分と周囲の人々の共通の表象のうちに囚われてしまう危険性に、つねに脅かされているのである。ドゥルーズとガタリにとっては、この種の集団的なアイデンティティは、創造の手段ではなく、欲望を阻害する道なのである。

マイナー文学は、社会を表象するのではなく、その欲望の論理学を演じてみせる。そうして特定の政治的な枠組みで、無意識の秩序と権力構造を接続させるのである。そのためには、作家が社会の領域で循環している欲望とのあいだで、直接で表象的でない関係を構築する必要がある。そして言語が欲望の担い手となり、言語が社会体と直接の関係を結ぶためには、言語の表象の次元を破壊する必要がある。表象を破壊することで、マイナー文学は社会の現実と直接の関係、または幻視的な関係を結ぶのである。マイナー性の基準は、作家の生活にかかわるものではなく、存在論的なものである。マイナー文学は、欲望の社会的な論理学を演じるのであり、これは社会的な機械と呼ばれるのである。

5　カフカと社会的な機械

権力としての欲望

欲望の運動はそのほんらいの性格からして政治的なものである。カフカのテクストのうちで欲望は社会体を通じて、権力の回廊を通じて、法的なシステムを通じて循環するからである。権力そのものが性愛化されるのである。カフカの小説の衝撃的な特徴は、役人やその他の人物との出会いが、政治的な活動の中心でも公式的な場所でもないところ、すなわち廊下や地下室などで起こることである。こうした場所や出会いは強い性愛的な負荷を帯びていることが多く、それは裁判所や城にいる女たちのうちに体現されている。そして女たちは判事、助手、被告を誰かまわずに愛する。女たちの欲望は、政治的または司法的な制度の一部なのである。このように権力は性的なプロセスのうちに直接に関与することになり、これは判事や役人の表象的な機能とはほとんど共通するところがないのである。

ドゥルーズとガタリは、「権力の回廊」という語をきわめて真面目にうけとめる。この回廊で起こることは、権力の生なのである。この権力の生は欲望である。性的な欲望は、権力として演じられる欲望の一つの要素にすぎない。この権力としての欲望は、主として接続の運動として機能する。カフカの小説は、基本的に開かれたプロセスとしてこの運動を描きだす。この社会的な欲望の運動は、その定義からして終点をもたない。〔カフカの小説『審判』の主人公の〕ヨーゼフ・Kの運動は、個人的な欲望が裁判所の社会的な欲望のうちに入りこむ運動である。カフカが作りだす社会的な機械は、外部というものを知らない欲望する機械である。たんに私的な事柄や個人的な事柄というものは存在しえない。社会的な接続の機械がかかわることのない事柄は存在しないのである。

さて、このようにして権力を描くことは、社会を表象することではなく、同時代の社会の現実を決定している運動を吸収し、次に加速させることである。カフカの小説は、社会的な現実の要素を誇張し、これを新たな全体的なもののうちに組み合わせる。そこで権力の社会的、性的、空間的な配置が示され、やがて手に負えないものとなるのである。カフカの小説は社会を批判するのではなく、社会的な機械の内部を循環している欲望を脱線させ、脱領土化させるのである。この脱領土化の運動は、セリー化と呼ばれる秩序づけの記号論的な原理にしたがって機能する。

セリー化の原理は、『意味の論理学』では言語の意味の現象学的な概念に適用されていた。『カフカ』ではこの原理は、自己同一的な個人の主体という概念を攻撃するために使われる。主体という概念がリアルなものであるのはそれが実際に体現されている場合にかぎるが、それが実際に体現されるためには、一つの自己同一的で永続的な個人として存在している必要がある。物語の秩序では、これは物語の中心となる安定した人物を構成することを意味するが、この人物が物語のうちで行為者として、テクストの世界を眺めるまなざしとして機能するのである。エディプス化は同じように、特定の個人的な同一性と関係の安定性を必要とする。〈パパ、ママ、ぼく〉は、少なくとも子供の心のうちでは、かなり安定した地位を占めているのである。セリー化は、この物語の自己同一性の原則と、エディプス的な地位の構造的な安定性という原則に抗して作動する。カフカの小説『城』にはK、『審判』にはヨーゼフ・Kという固定した中心人物がいるが、これらの人物を取り囲む他の人物は、そのセリー性のために、固定して安定した関係に入るのを拒むのである。

セリー化の特徴

第一に、これらのセリーは伸びて増殖する傾向がある。裁判所での判事のセリーは絶えず伸びつづけるし、城には役人の無限定なセリーが存在し、一つのセリーのそれぞれの要素は、新しいサブ・セリーとの接続を開くことで、増殖しうるのである。第二に、人物のセリー化は、双数的な関係や三角関係によって生まれる閉域を確認する。短編では、家族が大きな政治的な機械の内部に刻みこまれていないために、双数的な関係や三角関係は安定している。長編小説では、社会的な機械のうちのセリー的な関係によって、双数的な関係や三角関係が開かれ、ここに任意の人物が刻みこまれる。第三に、政治的なマシンの性愛化それ自体が、セリー的なものである。主人公を愛する若い娘たちは、当局との交渉で手助けをしてくれるが、娘たちは姉妹であるかと思えば娼婦であり、両親や配偶者というエディプス的な関係に入ることは決してないのである。娘たちは、裁判所と城の機械の連絡点として、接続器として機能するのである。

このように社会的な関係と性的な関係は一貫してセリー化されているために、欲望はさらに脱領土化を進める方向に押しやられ、ますます多くを欲望するようになり、場所と社会的な機能によって拘束されない接続性と隣接性の平面で、ますます多くの欲望が作動するようになる。この開かれた接続性のために、中心人物―主体はその個人的なアイデンティティを次第に失うようになり、いかなる特定の機能からも社会的な地位からも離脱し始める。しかしこうした人物は、自己のアイデンティティから次第に離れてゆくのを肯定することも、承認することもできない。ドゥルーズとガタリが『アンチ・エディプス』で記述しているように、そして『千のプラトー』でさらに描きつづけるように、欲望は本質的に両義的なものであり、ますます根を失う脱領土化の運動と、この脱領土化の運動に抵抗して、社会的なアイデンティティを再確認しようとする運動のうちに引き裂かれているからである。この脱領土化に逆らう運動は、『アンチ・エディプス』ではパラノイド―ファシストの運動と呼ばれており、これはカフカが演じる欲望のうちにも存在しているのである。

領土化と再領土化の運動

人物はたんにセリー化されているだけではなく、細分化されている。すなわち、社会的にきちんと定義された個人として位置づけられ、分類されているのである。人物はその地位と領土を占め、社会的な機械のうちでの特定の機能を肯定している。主人公はその機能をはたしながら社会的な機械や法的な機械と接触するときは、この細分化を免れていることが多い。『城』ではKは明確な任務が定められていない測量士であり、『審判』ではヨーゼフ・Kは「自分の」訴訟についての情報を求めている市民である。これらの人物は同時に、確実性と社会的な承認への願望を、社会的な機械において固定したアイデンティティをもちたいという強い願望を抱いているのである。要するに主人公は、社会的な機械のうちにみずからを再領土化したいと考えているのである。

社会的な機械そのもののうちにも、同じような両義性がある。これは分解し、脱領土化しようとする欲望の運動と、これに抵抗し、再領土化しようとする欲動である。これは階層的で社会的にきちんと定義された関係を求める欲求と、定義されていない接続性と隣接性の空間的な関係を求める欲求の葛藤である。社会的な機械におけるこの両義性は、たんにカフカが発見したものではなく、歴史的で政治的な現実に対応したものである。これは現代の官僚制の条件を表現したものであり、官僚制は人民、情報、資本の循環に基づいて機能する近代的な様式と、古代的で階層的な制度のモデルのうちに捉えられているのである。

このように、精神分析と記号論の形式における表象の批判、すなわち解釈のエディプス的な図式とソシュールの二元論的な観念の批判が行なわれることで、カントの記号論的な機械が、社会の権力と欲望の論理のうちに再び演じられるようになるところに到達したのである。再演、接続性、セリー化は、エディプスの極と社会的な定義と、開かれた接続性と反復のあいだで、欲望を表現する形式的なテクストの操作なのである。これは欲望の表象ではない。欲望は、テーマ的な分割、道徳・社会的な分割にしたがって、その地図を描かれていないからである。

第三章　近代的な主体の歴史

1　記号論、隷属、主観性

『アンチ・エディプス』の社会理論の特徴

『アンチ・エディプス』は、政治権力と、個人と社会の関係についての精密な理論を提示した書物である。この理論は、服従という政治的な問題を、社会の現実についての存在論的な考察によって解明しようとするものである。古典的な政治理論では、社会の現実における権力と服従について、統治の種類を分類することで説明しようとする。そしてどのような統治の種類が、どのような国家による権力の行使が、もっとも正義に適ったものであるかを考察しようとする。しかし『アンチ・エディプス』ではこれとはまったく異なる観点が提示される。

この書物では、国家とその代表者を、権力を所有する者としては分析しない。国家権力が、そもそもどのようにして機能するかという観点から分析しようとするのである。『アンチ・エディプス』では、権力は認識的で記号論的なシステムとみなされる。権力は認識し、意味するシステムとしてみずからを顕示するのであり、これによって社会のまとまりが確立されるのである。権力の理論が、社会の一般的な存在論との関連で考察されているのはそのためである。この存在論によると、社会はつねにみずからを表象するシステムを作りだすのであり、このシステムによって社会は意味の記号論的な表面に、権威を「刻印する」のである。このプロセスは、内在のプロセスの内部で、内在のプロセスによって生まれるものであり、社会的な現実を構成するすべての要素と、すべての権力、富、土地を貫くエネルギーの循環によって生まれるのである。このエネルギー・プロセスは、社会の現実の土台であり、その物質的な実質なのである。

権威が刻印される意味の記号論的な表面は、このプロセスがみずからのうちに作りだす自己の表象である。この刻印の記号論的なプロセスを通じてこそ、権力が権威となり、すなわち効率的なものとなり、個人を拘束するものとなるのである。このように、社会の基本的なカテゴリーは、自律した個人でも、権力や権威の審級でもなく、エネルギーの複数の極であり、これらの極は、意味の記号論的な表面に刻印されたカテゴリーにおいて、たがいに関連しあっているのである。

この精密な社会の存在論の目的は、政治的なものというよりも、倫理的なものである。この権力の理論は正義にかかわるものでも、社会的な交換にかかわるものでもなく、特定の種類の権力と権威が個人の主体に及ぼす認識的で記号論的な効果を分析することを目的する。この存在論は、西洋の資本主義的な社会に生きるわたしたちが、どのようにすれば異なった認識システムと記号論的なシステムを通じて、これらの権力と権威の形式にもっと別の形でかかわりうるかを示そうとするのである。

ユージーン・ホランドが示したように、(1)『アンチ・エディプス』は精神分析とマルクス主義を結びつけながら、近代的な個人を抑圧の場として分析する（この抑圧は半ばは個人がみずから呼び込んだものである)、二十世紀の思想家たちの実り豊かな考察の伝統のうちに位置づけられるのである。ドゥルーズとガタリは、精神分析についてもマルクス主義についても、高度に理論的で認識論的なアプローチを採用しているために、マルクーゼなど、この伝統のうちの思想家たちとは異なる考察を展開する。マルクス主義と精神分析を結びつける多くの社会理論では、経済と無意識の包括的な一般理論を構築することを目的とするが、ドゥルーズとガタリが目指すのは、このような一般理論ではない。それよりも、独特な主観性の理論を構築するために、精神分析の批判を展開するのである。この主観性の理論は、もっと批判的で、歴史的で、記号論的な枠組みのもとで精緻に確立される。

精神分析批判

この枠組みの構築にあたっては、主としてカント、マルクス、ニーチェから着想をえている。ドゥルーズとガタリはこれらの三人の思想家から、個人の主体は生成され、創造されたものであるという視点をうけついだのである。個人の主体が〔自律的なものというよりも、あるものから生まれたという意味で〕派生的な地位のものであるという考え方は、意識が無意識的な欲動に依存しているという精神分析の考え方とは異なるものである。この書物で主に検討される精神分析の理論家はフロイトとラカンであるが、二人の方法論の根底には、ある個人主義的な視点が潜んでいる。精神分析の個人主義とは、分析と治療の対象である個人が、治療においてもその精神の病について説明する土台となるという考え方である。このため、個人的な主体を取り囲む社会的な構造も、歴史的な条件も、現実のその他の層も、精神分析の説明において中心的な地位を占めることはない。

ドゥルーズとガタリは、精神分析はその認識論的な個人主義のために、資本主義的な社会と、その社会における権力の編成を完全に代弁するものとなっていると非難するのである。ただしこうした攻撃は、精神分析が同時代の世界を代弁し、兆候となることで、資本主義的な社会の抑圧の政治と倫理を考察するために理想的な手掛りを与えてくれるという利点を認めることで相殺されているのもたしかである。

言い換えると、精神分析は政治理論の研究対象として特権的な地位を占めているのである。精神分析は、個人の心的な構造を超えたところで個人的な主体を形成しているすべての条件を巧みに否定するからである。ただし精神分析が特権的な地位を占めているのは、そのためだけではない。実際にフロイトとラカンは、エディプス・コンプレックスの理論によって、資本主義のもとでの主観性の性格を正しく認識しているのである。

しかしフロイトやラカンが正しく理解していないことがある。それはこの主観性の形式そのものが、表面的な現象であり、複雑な歴史的および記号論的なプロセスによって生まれたものだということである。『アンチ・エディプス』の社会的な存在論と、歴史的および記号論的な分析は、まさにこのことを明確に示そうとするのである。主体はあるプロセスの効果として生まれるものであり、主体の概念は究極の説明原理としては利用できないし、分節そのものの地平を構成することはできないのである。

『アンチ・エディプス』の議論はかなり複雑なものであるが、少なくとも次の三つの軸を中心とするものである。

一　権力の原理の記号論的で存在論的な理論
二　近代的な主観性の系譜学的な説明
三　精神分析の認識論的な批判

このように、第一の権力の記号論的で存在論的な理論は、第二の近代的な主観性の系譜学的な説明の土台となるのであり、これは第三の精神分析の認識論的な批判というプリズムを通して説明されるのである。

この要約からも明らかなように、『アンチ・エディプス』の倫理的および政治的な次元は、存在論的でも、記号論的でも、認識論的でもある議論のうちで展開されることになる。これらの議論の核心にあるのは、主体の概念である。以下の考察では、この書物の一般的な議論の構造を解明するとともに、こうした議論の根底となっている主体の系譜学と権力の記号論的な考察に、とくに重点を置いている。

2　政治理論

服従の二つの問題系

政治理論という観点からみたときに、『アンチ・エディプス』がとくに独創的なのは、国家と市民の関係を性的なエネルギーの無意識的な次元において分析していることである。そしてこのエネルギーと国家の出会いが起こりうるためには、社会が刻印の表面または意味の表面をみずから作りだし、独自の権威のカテゴリーをこの表面で定義できる必要がある。そして社会の成員にたいして、服従の形式と意味を表象させ、理解させる必要があるのである。

これが『アンチ・エディプス』の理論的な枠組みであるが、服従に関する精密な政治的な問題、すなわち社会の成員が法律と国家に服従する理由の問題を提起するには、〈ホッブズ的な社会契約の視点とニーチェ的な道徳の系譜学の視点という〉次の二つの対立した視点がある。これはまず正当性の問題として考察することができるのであり、なぜ市民は国家に服従するのが合理的なのか、市民が国家に服従するのが最善であるのはどうしてなのかを問うことである。これは服従の〈ホッブズ的な問題系〉であり、「社会契約」の伝統を通じて、ヘーゲルにおいてその頂点に達する。この伝統では、社会的な領域と政治的な権力についての正当化が必要であり、この正当性の根拠は、個人が理性によってみずからの利益を追求することにあると考えるのである。個人が国家に服従しないよりも、服従するほうがましであることを示せれば、権威の大義を示すことができることになる。ただしドゥルーズとガタリはこの問いかけの道を進もうとはしないのである。

ドゥルーズとガタリが問題とするのは、なぜ服従したほうがましであるか〈という正当性の根拠〉ではない。人間には自由で拘束されず、方向の定まらない性的なエネルギーが存在することを考えると、服従すること、従順になること、社会に適合することは、そもそも人間の本性に合わないことなのである。だからむしろ、わたしたちが適応し、法律を守る主体となるのはどうしてかが問われるべきなのである（実際にわたしたちはそうした主体となっているのである）。これは服従の

〈ニーチェ的な問題系〉である。ニーチェは、道徳が発達したのは、人間の本性に反することであり、人間の本能に反することであると考える。そして人間の歴史において道徳性が誕生したことそのものを、人間の本性に反することとして、説明する必要があると考えたのである。

自己の欲望を否定する近代の主体

ドゥルーズとガタリはこの服従の問題を、特定の歴史的な視点から検討する。過去二世紀の資本主義の時代において、議会制民主主義と個人の自由が発展するとともに、伝統的な形式の権威は次第に損なわれてきた。それでは資本主義のもとで生きる近代的な個人または主体が、これほどまでに法律を守る主体であり、社会や市場の要求に適合して、これほどまでに幸福でありうるのはなぜなのだろうか。この問いに対する答えを簡略に表現すると、近代の主体は、みずからの欲望を否定することを学んだ主体だからだ、ということになる。近代の主体は外面からみると自立しているが、自己との関係において、とくにみずからの欲望にたいして厳しい管理を行使することを学んだのである。

この近代の主体は、精神分析によってエディプス・コンプレックスを克服することを学んだ性的な主体とまったく同じ性格のものである。母親を欲望する少年は、この欲望の対象〔母親〕を愛する人物の位置が、すでに他者、すなわち父親によって占められていることを学ぶ。このため少年は父親をライバルとして憎む。しかし少年は〔父親に向けられる〕この攻撃的な欲動を克服することを学ばねばならないのである。少年はそのためには、母親に向けられていた欲望を他の女性に向け替えることで、自分も父親が占めている構造的な地位を手にすることができること、ただし自分の母親ではなく、他の女性とのあいだで、母親を愛する父親の地位を占めることができることを自覚しなければならないのである。このように〔父親への〕攻撃が〔父親との〕同一化に転換されることは、母親に向けた愛情に、父親が罰を加えることを少年が容認することであり、ある程度まではこの罰を加える権威をうけつぎ、それをみずからに向けて行使することを容認することである。ドゥルーズとガタリにとっては、エディプス・コンプレックスの理論と、この理論によって説明される主体の理論は、資本主義のもとでの主観性の条件を説明するものなのである。

エディプス的な主体

しかしまだ問いは残る。資本主義はエディプス的な主体をなぜ、どのようにして作りだすのだろうか。この問いに答えるために『アンチ・エディプス』は、多数の異なる筋道と構成要素をそなえた議論を展開する。エディプス的な主体が形成される方法という問いに焦点を絞るならば、『アンチ・エディプス』の議論を二つの説明方法に分けることができるだろう。一つの説明方法は、心的なものの性格を考察しようとするものであり、自然な状態の欲望と、エディプス・コンプレックスという通路を介した後の欲望を区別するものである。もう一つの説明方法は、資本主義社会のもとでのエディプス的な主体の政治的な意味を考察しようとするものである。

近代の主観性に関する一般的な議論を要約すると、主体は性的なエネルギーの「エディプス化」を通じて形成されると表現できるだろう。このエディプス化は、家族において起こるのであり、家族によって条件づけられる。エディプス化のプロセスは、性的なエネルギーが内在的なものではなくなり、表象的なものとして表現の道筋をつけられるプロセスである。エネルギーの回路として存在していた欲望が、欲望の表象的なシステムに転換され、ここで特定の差異化された社会的な空間と関連づけられるのである。この表象空間の内部では、主体は特定の社会的なアイデンティティをもち、父親、母親、自己との関係において、異なった個人として特定されうるようになる。この転換プロセスはさらに、心的なもののうちに社会的な個人として自己のアイデンティティをみいだす主体を作りだすのである。

この新しい主体は、みずからの性的な欲望については両義的な地位を占める。心的な次元では、この主体は法を定めるものとしての地位を占めるが、同時にこの主体は少なくとも想像の次元では、みずから与えたこの法を侵犯することができるのである。この侵犯は、母親との性的な営みであるが、これは近親姦として禁じられ、法に違反するものである。しかしこの行為は実際には行なわれない想像だけのものである。しかし主体は、欲望の対象としての母親をめぐるライバル関係のうちから形成されてきたのであるから、この想像のなかだけでの近親姦との関係で、みずからの位置を定める必要がある。このように、エディプス的な主体は、つねに想像のうえでの犯罪を恐れながら生きる主体である。それだけに、自己を抑制し、検閲し、管理することに熱心な主体となるのである。

資本主義の特徴

自己を管理しようとするこの傾向が、社会的および政治的な真空を埋めるものとなる。資本主義以前の社会で秩序をもたらすことのできた伝統的な権威の力を資本主義が弱めたために、こうした真空が生まれたのである。資本主義的な国家は弱いものであり、資本主義は、伝統的な意味の体系を別の意味の体系に取り替えたために、国家の権威を弱めたのである。社会的な領域をコード化し表象するシステムの代わりに、表象的ではなく、純粋に形式的な等値関係というシステムを持ち込んだのである。

資本主義が登場する以前の国家は、固有の表象のシステムを作りだしていた。そしてこのシステムを通じて、国家の領域のすべての行為とすべての欲望をコード化し、表象することができた。このため資本主義以前の国家の権威は、この表象のシステムのうちに埋めこまれていたのである。そして表象のシステムのうちでしか、欲望をコード化することができなかったのだ。しかし資本主義のシステムは、形式的な等値関係の原理に依存している。これは価格と商品の等値関係、商品の価値と商品を生産するために使われた労働時間の等値関係などに依存するシステムである。この形式的な等値関係は、表象的なものでも意味するものでもなく、抽象的で形式的なものである。資本主義は、資本主義以前の国家が依拠していた表象の記号によるシステムを脱領土化し、覆したために、伝統的な権威を弱めたのである。

資本主義のもとでの国家は、この脱領土化のために弱体化している。この国家はコード化されなかった性的な欲望の集団的な塊によって脅かされているのである。『アンチ・エディプス』の政治的な理論によると、欲望こそが管理の主要な目標であり、コード化する政治権力が行使されるべきなのは、何よりもこの欲望にたいしてなのである。このように、再領土化する資本主義国家は、欲望をコード化することをみずからの任務としたのである。しかし資本主義国家には、コード化する機械がそなわっていないので、欲望をコード化する任務は家族に委ねられた。そして家族を構成する個人には、みずからをコードするメカニズムであるエディプス・コンプレックスのうちで、エディプス的な主体として自己を構成する任務が委ねられたのである。

本章の残りの部分では、これをさらに詳しく検討しながら、主体の政治的で記号論的な批判について、解明してゆきたいと思う。

3　批判

〈批判〉の意味

『アンチ・エディプス』の社会的および精神分析的な理論は、フロイトとラカンの精神分析の理論の〈批判〉を通じて構築されたものである。この「批判」という概念は、カントとマルクスが定義した意味で考えられている。カントでもマルクスでも、「批判」とは相手の議論に直接に反論することではなく、はるかに複雑で間接的な手続きである。〈批判〉はある種の分析として行なわれるものであり、特定の思考方法、通常は一般的で伝統的な意味の思考方法を吟味して、その背景にある前提をあらわにすることである。こうした前提が、その思考方法の条件となっているのであるが、その思考の内部ではその前提が明示されることはないし、これを明示することはできないのである。ある思考方法が思考するために必要な条件を無意識的に想定しているときに、思考するために必要なその条件が明らかにされると、その思考方法は〈批判された〉とみなすことができる。

このように、常識的な思考のその無意識的な前提と条件を暴くという批判の営みによって、通常は反省的でなく、自然発生的で、理論的ではない常識的な観点が完全に覆されることになる。

この意味での〈批判〉は、二十世紀のアドルノやホルクハイマーの「批判哲学」と、フランスのポスト構造主義の先駆けとなるものである。これらの知的な運動はいずれも、常識的で個人主義的な世界の見方の代わりに、現実をもっと複雑なものとして理論的に説明することを試みるのであり、この理論では個人主義的な視点は、独自のごくかぎられた場所を占めるにすぎないのである。ドゥルーズはこの個人主義的な視点というものは、現実についての表象的な視点と同じものだと考える。『アンチ・エディプス』でドゥルーズとガタリは、この表象的な視点とその認識モデルを唯物論的に批判しようと試みた。こうした視点や認識モデルを模範的な形で示しているのが精神分析であり、正確には精神分析の内部で行なわれた認識プロセスの理論的な記述なのである。

心的なものについての精神分析の理論で背景として想定されている前提を暴くために『アンチ・エディプス』で利用されている批判の方法は、カントによる理性の超越論的な批判と、マルクスによるいわゆる「古典経済学」、すなわちアダム・スミスとデーヴィッド・リカードのリベラルな経済学の唯物論的な批判である。

カントの超越論的な批判は、世界についてのすべての経験的な判断、とくに科学的な判断の背景にある普遍的な論理的および認識的な前提を暴こうとするものである。こうした前提は、これらの経験的な科学的判断そのもののうちでは、その妥当性を示すことができない。理性の経験的な利用方法は、超越論的な批判でなければ解明できないのである。

またマルクスの批判は歴史的で唯物論的なものである。マルクスは古典経済学の理論の中心的な概念、すなわち貨幣、価値、労働などの概念を分析しながら、これらの概念の意味は、歴史的で経済的な生産構造から生まれたものであり、古典経済学ではこうした生産構造を説明できないことを示そうとしたのである。『アンチ・エディプス』で採用された批判的な方法には、このカントの超越論的な分析と、マルクスの歴史的な唯物論と共通する特徴がある。

フロイトとラカンが中心となって構築した精神分析の理論は、『アンチ・エディプス』できわめて詳細に分析されており、その背景にある組織原則が明らかにされている。ドゥルーズとガタリは次のような精神分析の基本原則をそのまま採用している。

一　心的なものを構成するのは性的なエネルギーであり、主体は意識的な思考を媒介せずに、このエネルギーを処理している。

二　心的なものの内部では性的な欲望は抑圧される。この抑圧のために、権威を内面化する審級が生まれる。

抑圧の概念について

『アンチ・エディプス』は、この二つの原則がどちらも正しいものと考えるが、精神分析の内部では、その正しさが十分に認識されておらず、説明されてもいないことを指摘するのである。たとえば精神分析では、心的な検閲や抑圧の歴史的な条件を検討することを怠っているという。この「抑圧」（リプレッション）という英語の単語は、この文脈では曖昧である。まずこの語はフランス語の〔心的な〕抑圧（ルフールマン）という語を翻訳したものであり、このフランス語はドイツ語の抑圧（フェアドレンガング）という語を翻訳したものである。他方で英語のリプレッションという語は、ブルジョワ的な家族において、欲望と性的な現象《セクシュアリティ》にたいして行使される社会的な圧力を意味することもある。ドゥルーズとガタリはこの〔心的な意味と社会的な意味の〕両方の意味で、「抑圧」を批判するのである。この批判は、二種類の抑圧の関係そのもの、すなわち心的な検閲と、セクシュアリティにたいする社会的な管理のあいだの関係そのものに向けられているのである。

精神分析は、この欲望の社会的な抑圧という政治的な次元を概念化することができないでいるという主張は、ドゥルーズとガタリの〈批判〉のマルクス主義的な次元を示すものである。さらに精神分析は、無意識のうちで、無意識によって生み出される内的な論理的および認識的な関係を適切な形で分析できていないという主張は、ドゥルーズとガタリの〈批判〉のカント的な次元を示すものである。

カント的な次元

カントはわたしたちが妥当な判断を下すことのできる領域、すなわち検証できない命題を作りだすことなく、わたしたちの論理的なカテゴリーが適用できる領域を確立しようとしたが、それだけではなく、わたしたちがこうしたカテゴリーを経験的な領域の外部に適用した場合に、どのような矛盾が発生するかを分析しようとした。わたしたちが、認識能力の限界を超えてしまうことが避けられない分野として、わたしたち自身、すなわちわたしたちの内的な生の領域があげられる。カントはわたしたちが、内的な生とは経験的な現実であり、分散の法則にしたがうものであることを認識するのは、きわめて困難であると考えた。経験的なものは、外的な感覚としては時間と空間において、または内的な感覚としては時間のうちに広がらないかぎり、現われることができないものである。このため、わたしたちは、自分の心的な生を構成する心の状態の持続に、実質的な統一性を与えたいと願うのである。これは物質的な統一性（身体の統一性）ではなく、心的な統一性または霊魂の統一性であろう。ところでこの心的な統一性に、キリスト教の神学で霊魂に割り当てられている特性があると考えるのは、ごく自然なことである。たとえば不可分であること、非物質的であること、永続的なものであることなどの特性である。しかし人間の内的な生にこうした実体性があると想定し、さらにこの実体に形而上学的な特性を割り当てることは、内的な生に単純性と統一性を求めるのとはまったく異なる性格の操作である。カントは人間の経験は、知覚された多様なものにカテゴリーの組み合わせを適用することで構成されると考える。だからこれらのカテゴリーを知覚の領域の外部に適用する操作には、連続した別の作業が必要となるのである。カントはこれらの作業を分析することで、実体的な理念が作りだされる作業を、発生的な視点から説明する。

純粋心理学のすべての概念は、前記の〔カテゴリーの〕諸要素から、もっぱらそれらの合成によって、いささかも他の原理を認めることなしに作られる。霊魂という実体は、たんに内的感官の対象としては、非物質性という概念を作りだし、単純な実体としては、不壊性という概念を作りだす。この実体の同一性は、知性的な実体としては人格性を与える。そしてこれらの三者すべてが集まって唯心性が生まれるのである。(2)

このように実体的な自我や魂という理念を作りだすときには、心は内的な知覚や外的な知覚で経験的に与えられたものを超越してしまっているのである。ここではカテゴリーは超越的に使われており、カントはこのカテゴリーの超越的な使用を〔経験的なものに使われるべきものが、超越的なものに誤って適用される誤謬を犯していると考えて〕「誤謬推理」と呼ぶ。

ドゥルーズとガタリは、心的なものの内部でエディプス的な主体が形成されるときにも、同じような構成プロセスが発生すると考える。連続的で分離した操作が行なわれて、まったく新しい統一体が生まれるのである。これは社会的に定義された欲望の主体であり、欲望の対象としては全人格または区別できる個人と関連づけられる。カントの場合と同じように、このプロセスでは認識的な操作が利用される。これは心的なもののうちで性的なエネルギーが処理される総合のプロセスである。そしてカントの場合と同じように、エディプス的な主体を形成するためには、これらの総合はほんらいの領域（心的なものの内部での性的なエネルギーの循環）での通常の機能から離れることで、超越的な理由（特定の個人との関係づけ）を割り当てられる必要がある。ドゥルーズとガタリはこの心的なものの総合を利用することを、〔カントにならって〕「誤謬推理」と呼ぶのである。

マルクス的な次元

主体の発生的な批判の第一段階は、このようにカントの理論をとりいれることにある。この分析の目的は、エディプス的な主体が生まれつき与えられたものではなく、発生的なプロセスの結果として形成されたものであることを示すことにある。この批判の第二段階は、エディプス的な主体の認識的および記号論的な構造の条件とされた〈意味するシステム〉の歴史を考察することにある。批判のこの段階は、古典経済学といわゆるドイツ・イデオロギーの個人主義的な原則にたいするマルクスの批判をとりいれたものである（マルクスは、フォイエルバッハやシュティルナーの同時代の社会哲学者たちの哲学を、ドイツ・イデオロギーと呼んでいた）。

マルクスの社会理論では、経済的な活動、社会的な関係、政治的なシステムは、その下部にある社会経済的な構造に所属するものとされており、こうした構造は歴史的に固有の位置づけをそなえたものだった。この構造では、分離された活動や現実の次元と考えられがちなものも、実際に分離されたものではなく、全体的な社会経済的な構造のうちで占める場所と役割にしたがって、それぞれの歴史的な意味づけを与えられるのであり、そのことによって初めて理解できるものとなるのである。マルクスがアダム・スミスなどの古典経済学者を批判する際の主要な論点は、こうした古典経済学者たちは、社会のさまざまな層と経済がこのように構造的に相互依存の関係にあることを見抜けず、経済的な活動を社会的な関係の配置と別のものとして扱ったと批判するものである。この社会的な関係とは、分業や所有関係などであり、経済活動はマルクスの社会経済的な構造の概念によって、この社会的な関係に基礎づけられているのである。

マルクスの社会哲学は、すべての人間の活動は理解可能なものであるという想定に基づいている。すべてのものは理解できるものだが、同時にいかなるものも個人に直接に現われるものとして孤立した形では理解できないのである。マルクスにとって〔このみかけだけの〕直接性は抽象的な個人の世界との関係であり、この抽象的な個人とは、歴史的な条件を背景として理解されていない〔みかけだけの自立した〕個人である。資本主義のもとでこの抽象的な個人を社会経済的に体現したのが、私有財産の所有者である。

古典経済学とリベラルな政治哲学にたいしてマルクスがとくに批判を向けるのは、この私有財産の所有者が経済活動の起源であり、普遍的な条件であるという考え方にたいしてである。ここでは結果であるものが原因とみなされているのであり、ブルジョワ的な産業社会という歴史的な特定の条件が、普遍的な経済条件とみなされているのである。マルクスは資本主義経済において、個人という経済的な行為者が重要な役割をはたすことを否定するわけではない。ただし社会的な編成という次元で、こうした個人という行為者の存在がどのようなものを前提としているかを問うのである。

この古典経済学の批判と並行する形で、マルクスはシュティルナーやフォイエルバッハなどのドイツの社会哲学者を攻撃する。これらの社会哲学者たちは、自立した個人という観点から、とくにこれらの個人が社会にたいして、主観的かつ自己意識的にどのような位置づけを行なうかという観点から、社会関係を分析しようとする。そのためのこれらの哲学者たちも説明の順序を逆にしてしまい、実際には結果であり歴史的な産物であるものを、自然に与えられた第一の原則とみなすのである。マルクスは、人間が抱く観念や人間の心的な活動が、現実的なものであり人間の歴史の一部であるのは、それが経済活動と、こうした経済活動を囲む社会的な関係に応じたものだからだと指摘する。「さまざまな概念、表象、意識は、さしあたりは人間の物質的な活動と物質的な交通のうちに、現実の生の言語のうちに直接的に混じり合うことによって、生産される。人間たちの表象作用、思考作業、精神的な交通は、ここではまだ物質的な行動が直接に流出したものとして現れるのである」(3)。

ドゥルーズとガタリはこの唯物論的な概念をそのままうけいれるわけではないが、『アンチ・エディプス』でも、観念、心的活動、内的な生は歴史的な産物であって、生まれつき与えられたものではないこと、これらの説明原則として採用することはできないことは、そのまま認められている。このため『アンチ・エディプス』における〈批判〉の目的は、個人の主体のうちで始まるものは何もないことを示すことにある。個人の主体が下したとみなせるいかなる決定も、いかなる行為者としての資格も、その主体の決定や行為者の資格としてそのまま単純に理解することはできないのである。これはドゥルーズのそれまでの主体の批判をうけついだものである。主体が存在するとしても、それは情動とプロセスの現場であり、ほかのプロセスの結果として生まれたものなのである。

『アンチ・エディプス』の四つの段階

『アンチ・エディプス』の構造は、こうした〈批判〉の目的に基づいて決定されている。この書物は社会的な抑圧と心的な抑圧の歴史的な条件を明確にし、認識装置とみなされた意識の超越論的な論理をあらわにすることを目的とするのである。そのためにはフロイトが理論化したエディプス的な主体と精神分析を批判する必要があるのであり、この批判は次のような連続的な段階を踏んで行なわれる。

最初の段階として、認識装置としての心理的なものの理論が確立される。次の段階は、この認識装置が、家族がもたらす社会的な圧力の効果のもとで変形され、エディプス的な主体が形成される方法を解明する。第三の段階では、マルクスから採用した資本主義の理論を使って、このエディプス的な主体の歴史的および記号論的な条件が分析される。第四の段階として、「なぜエディプス的な主体が資本主義において登場したか」という問いをたてることで、超越論的な議論と唯物論的な議論を結びつける。この第四の段階は、その背後にある認識的、記号論的、社会的な構造やプロセスの存在を暴くだけでなく、まったく異なる種類の議論と現実の領域の結びつきを示すものであり、これまで説明してきた批判の枠組みを乗り越えたものとなる。『アンチ・エディプス』のこの第四の段階はもっとも野心的な目標をそなえたものであり、ニーチェの思想から着想をえたものである。

ニーチェは『道徳の系譜学』において、道徳的な心理学の歴史的および文化的な批判を実行した。この批判の対象は道徳的な良心である。ニーチェが問うのは、「道徳的な良心をもつとは、どのようなことか」ということである。ただしこの問いを抽象的に問うのではなく、人間の一般理論または文化人類学という枠組みで問うのである。だからニーチェは、わたしたちのような人間に、道徳的な良心があるというのは、どのようなことを意味するかと問いかけるのである。ニーチェは、人間とは粗野で自然発生的な本能によって動かされる存在であり、道徳的な良心が想定するような記憶や反省が、自然に与えられることはないはずだと考える。罪や責任の道徳性は、人間の本性に反した心の動きなのである。それではこうしたものが人間の本性にそなわっていないのだとすると、人間はどのようにして良心と道徳性を作りあげることができたのかというのが、ニーチェの問いである。そして〔道徳という〕この文化的で心理的な構造が根づくためには、人間の歴史の全体を通じた長い発展が必要だったのだと指摘する。人間は記憶することを教えられる必要があったと考えるのである。人間はみずからの行為を記憶することを学ぶ必要があったというわけである。そのためには、人間の身体に体罰と厳しい暴力が加えられる経験を反復することが不可欠だった。それぞれの個人の記憶が共有され、これが習熟のプロセスを通じて、世代から世代へと伝達され、集団的な文化的な教育のプロセスが形成される。ニーチェはこの批判的な観点を系譜学的な観点と呼ぶ。

系譜学

「系譜」とはふつうは祖先にさかのぼる〔歴史的な〕系譜を指す言葉だが、系譜学的な批判は、集団的で文化的な記憶のもとで、自分の心理学的な本能と道徳的な信念の祖先をみいだそうとする試みである。この系譜学的な観点には、個々の社会や時期よりもはるかに長い時間的な広がりをそなえた文化的な記憶という考え方が含まれる。系譜学は、歴史横断的な方法なのである。これは物事が歴史のうちでどのようにして発展してきたかを問うだけではなく、新しい社会的な条件のうちに過去の文化的な形式が存続することで、文化的な記憶のうちに物事がどのように堆積してきたかを問うのである。この歴史横断的な系譜学の観点は、『アンチ・エディプス』の全体の構造に、決定的な影響を与えることになる。超越論的な議論と唯物論的な議論を融合することができるのは、こうした系譜学的な枠組みにおいてだけだからである。

道徳についての系譜学的な観点はさらに、道徳的な良心と自己省察が普遍的なものではなく、理念的な構造であることを示す。これは特別な歴史的で唯物論的なプロセスの産物として生まれたものであり、このプロセスにおいて人間という動物は、独自の生の本能を自己そのものに向けることで、「内的な生」を作りだしたのである。こうして人間という動物が変身したのである。

> 外部に捌け口をみいだすことのできなかったすべての本能は、内部に向けられるのである――これがわたしが人間の内面化と呼ぶものである。こうした人間のうちで、後に「魂」と呼ばれるものが育っていった。この内面の世界のすべては、当初は二枚の皮膚のあいだに張られた薄いものだったが、人間の外部への発散が阻害されることが多くなるとともに次第に分化し、膨れあがり、やがて深さと広さと高さを獲得していったのである。[4]

自己否定と内面性は、概念として親密に結びついているというのが、『アンチ・エディプス』の導きの糸となっている。エディプス化の議論についてさらに詳細に検討する前に、『アンチ・エディプス』の批判の最初の目的であるフロイトとラカンの精神分析について考察してみる必要があるだろう。

4　精神分析の社会的および論理的な批判

精神分析の読解の道筋

ドゥルーズとガタリの精神分析の読解には、三つの異なる道筋がある。第一の道は、精神分析からうけついだ要素、とくに無意識という原理と抑圧という理論に手を加えて読解するものである。無意識的なものが性的なエネルギーを処理して、検閲と管理のメカニズムを内面化するのである。第二の道は、精神分析がエディプス・コンプレックスの理論において、欲望の構造を正しく記述していることを認めるものの、そこにひそんでいる欠点をみいだそうとする。このエディプス・コンプレックスの理論は同時に、特定の歴史的な条件、すなわち資本主義的な社会における欲望の位置を反映したものである。精神分析の方法は非歴史的で、観念論的で、解釈学的なものであるため、歴史におけるみずからの位置を理解することができないのである。第三の道は、精神分析による治療の代わりに、スキゾ分析を実行しようとするものである。この分析は主体を〔治療して〕社会にふたたび統合させることを目的とするのではなく、無意識的なものと直接に交流しようとする。これはエディプス・コンプレックスの管理「システム」という、社会的に適合した個性の構造からリビドーのエネルギーを解放し、このエネルギーが革命的な力として、社会の現実のうちで解き放たれるようにすることを目指すのである。以下ではこの精神分析の読解の第二の道を中心に検討してみよう。精神分析はどのようにして、特定の歴史的な種類の欲望を適切に反映しているのだろうか。

ドゥルーズとガタリは、特定の個人としてのアイデンティティをそなえ、社会的に定義された個人の概念、すなわち分離可能で特定可能な人物という概念を、一つのカテゴリーとして分析するが、これは心的なものの内部の性的なエネルギーの流動とは無縁でありながら、特定の転換プロセスを通じて、心的なものに強制を加えることができるものである。心的なものの内部の欲望の流動は、特定の情緒と、〈他なる身体〉との出会いだけによって、みずからを固定することができる。こうした情緒も〈他なる身体〉との出会いも、心的なものの内部においては、特定可能な個人の人格のうちで編成された構造の内部にあるものとしては表象されない。心的なものは、欲望の内在的な回路を構成するからだ。個々の人物の表象においては、同定と差異化という論理的な格子が必要であるが、心的なものが作りだす関係は、こうした格子に対応しないのである。

フロイトの社会的な理論への批判

ということは、欲望の流れとその情緒は、論理的に秩序づけられたものではないということであり、またこの情緒に対応するものは、社会的に特定された全体的な人間ではなく、ドゥルーズとガタリが〈部分的な身体〉と呼ぶものだということである。この欲望の回路の内部に内在するものは、「機械」と呼ばれる。機械とは、欲望と、情緒と、環境の一部と（その座標は内部からは感じとることも、考えることもできない）、それを通じて流れるエネルギーの関係である。この機械－欲望は、フロイトが幼児の性愛の多形的な倒錯と呼ぶものと正確に一致する。

　フロイトは幼児の性愛の特徴が、自体愛的なものであるか、他者に向けられたものであるかのどちらからであることを指摘している。他者に向けられた場合には、他者の人物の全体にではなく、他の部分から孤立した身体の一部だけに向けられるのである。この多形的な性愛を象徴的に示しているのが、吸引の行為であり、この行為において幼児は身体の特定の部分だけに注目するのである。

吸引の対象となるのは、唇の一部、舌、届く場所にある皮膚の任意の部分であり、時には足の親指も吸引の対象となることがある。さらに、何かをつかもうとする欲動が現れるが、これは同時に耳朶をリズミカルに引っ張る動作して現れたり、他者の身体の一部（多くは耳）を引っ張ったりすることによって、この目的を満たすこともある。(5)

フロイトにとって正常な性的な発展とは、個人が幼児期の多形倒錯的で自体愛的な興奮性から出発しながら、やがて異性との性的な交渉へと、いわば欲望の志向的な構造をそなえた目標へと進むことである。幼児は最初は無差別的に、自分も、自分の身体の一部も、他者の身体の一部も欲望するが、正常に発展した成人では性交渉を目的として他の人物を欲望するような性愛を形成するようになるのである。だから人間の欲望には、いくつかの選択肢があるのである。個人の全体との関係を構築するか（正常な異性愛の行動）、この基準から逸脱するか（倒錯）のどちらを選ぶこともできるのである。

フロイトの文章には、優位な地位にある人物と劣位な地位を占める人物とのあいだに権威の関係が生まれることについても、そしてその時代の西洋社会における性愛（セクシュアリティ）の道徳的なうけとりかたについても、あいまいな姿勢がみられる。フロイトは自分の分析を適用する相手に対する権威の関係を意識しており、たとえば自分がユダヤ人であるという社会的な地位の問題にも敏感である。しかしフロイトは同時に、家族や社会全体における権威の社会的な構造が、患者の病気の原因の一部であること、精神分析で説明すべき要素の一つであることを認めたがらないのである。

道徳についてのフロイトの見方も同じくあいまいである。科学者としては、性的な行動に自分の道徳的な偏見を適用することを避けようとするのであり、自分の発見と理論的な主張が、社会的にも道徳的にも議論を呼ぶ性格のものであることを十分に認識している。このため性愛（セクシュアリティ）を、既存の社会的な規範と対立するものとみなそうとするが、治療と事例研究では、社会的に権力を所有する人々の道徳的な権威に異議を申し立てることはないようである。フロイトは一般に慎重で保守的な姿勢を示しているが、それだけではなく理論的な理由からも、既存の社会存在と道徳的な慣行に異議を申し立てることができない。というのもフロイトは、精神分析による説明は、心的な装置の内部だけにかかわるものであること、抑圧された願望と闘う無意識が作りだすものだけにかかわるものであることを、確信していたからである。これが意味することは、精神分析においては、社会的な権威に基づいて説明する道が閉ざされているということであり、欲望の抑圧はつねに心的なものの内部で、心的なものによって実行される検閲とみなされるということであり、無意識のうちの内的な行為者が検閲を行なうとみなされるのである。

『アンチ・エディプス』で中心的に批判されるのが、この原則である。無意識がその人の表象の地平だけで意識されるものだとすると、無意識はこうした表象が起こる場とみなされるだけであり、性愛（セクシュアリティ）が権威や権力と直接にかかわる生産プロセスとなることはないのである。このため無意識的なものを自律的なものとして説明しようとするフロイトのこの原則は、無意識の観念論を生みだすものであり、欲望の社会的な現実を曖昧なものとしてしまうと批判されるのである。ドゥルーズとガタリは心的なものを唯物論的で、発生的で、記号論的な枠組みにおいて分析することによって、この無意識の観念論を批判しようとするのである。

フロイトの存在論的な理論への批判

『アンチ・エディプス』はさらに、存在論的な次元でもフロイトの分析に異議を申し立てる。フロイトは、社会的に定義された個人というカテゴリー、すなわち家族と社会で特定のアイデンティティを所有する人物が、欲望の自然な相関関係を作りだすと想定している。欲望が身体の部分に愛着をもちつづけたり、異性との性交渉とは異なる性的な目的をもつようになったりするのは、主体が倒錯して、幼児期の性愛の状態にとどまっているか、エディプス・コンプレックスの克服に失敗する場合にかぎられるとされている。性をこのように生殖という観点から考えることは、社会的な生産のプロセスの産物にすぎないものを〈自然なもの〉とみなすことになると、『アンチ・エディプス』は主張する。フロイトは無意識的な性的エネルギーの現実を認識しているが、このエネルギーを社会的な統合された個人の概念の内部に限定するのである。ドゥルーズとガタリは、現実としての欲望の本性に戻って、このように社会的に定義された個人のアイデンティティを覆すことを企てるのである。

フロイトはまた、社会的に定義された個人を治療の最終目標としながら、これを説明の出発点とし、同時に社会的・性的な発達の正常な結果とみなしている。そして心的なものの内的な動力学を、心的なものの内部で競合するさまざまな審級の体系とそのエネルギーによって説明しようとする。これによってフロイトは、二つの異なる科学的なパラダイムに与《くみ》するのである。すなわち、心的なものがエネルギーのシステムであることを認めながら、心的なものは、意識と同じような形で作動する認識システムであり、理性的に行動するものだと考える。無意識の原理はこの葛藤を解決することはできず、それを維持するだけである。フロイトは無意識的なものを、個人のうちにすでに存在しているシステムと考えるからだ。同時にこの体系では個人は「自我」（わたし）によって表象されるものであり、自我という審級は体系の内部の他の審級や力を管理しようとするのである。

ラカンの理論の長所

ジャック・ラカンの精神分析は、社会的に定義された個人についての特有な概念によって、フロイトの理論から発生した方法論的な緊張の一部を解決することができる。ラカンは社会的な個人の存在論なカテゴリーに対立する形で、発話の主体の純粋に構造的な概念を提示する。この主体が、実際の社会的な個人において体現される主体と一致することは決してない。この主体は言語を通じて、他者との関係として自己を構築するのである。そのためにこの主体は感情と内省の内的な空間のうちに構成されることはない。主体はエディプス・コンプレックスの三角形のうちに存在する間主観的な構造の内部で理解しなければならないのである。このエディプスの三角形は、家族関係にみられるような社会的で経験的な構造と同じものではない。エディプスの三角形は表象の理想的な構造であり、この構造のうちで主体は、父親の権威――ラカンの用語では〈父の名〉――との関係において、無意識的に自己を定義するのである。だから主体そのものは人物でも個人でもなく、この表象の構造の内部での機能にすぎず、地位にすぎないのである。

主体となるかどうかは、この間主観的な空間に入るかどうかによって決まるのである。ラカンはこれを象徴的な秩序と呼び、言語と同一ものと考える。わたしたちが言語の現場に入るとき、他者とのあいだで相互的な関係に入るのである。さらに正確に表現すると、わたしたちが言語を使うとき、他者との関係によって定義された存在として、自己とかかわるのである。この相互的な構造のほかには、主体は物理的な存在も現実的な存在もそなえていない。主体であるということは、欲望との関係で言語のうちに特定の位置を占めることであり、この欲望は父親の権威の（構造的な機能との）関係で位置づけられるのである。主体がこの象徴的な秩序において占める一つの〈位置〉にすぎないために、主体について考えることのできる審級は、象徴的な秩序づけのプロセスだけであり、ラカンはこれを「意味する連鎖」と呼ぶ。

この主体の理論が形式的な意味をそなえたものであることは、フロイトのシュレーバー症例の分析をラカンがどのように再解釈しているかに示される。控訴院の判事だったこの患者は、迫害の幻覚に悩まされており、自分が神によって女性に変身させられなければ、人類は絶滅する運命にあると信じているのである。フロイトはこの幻覚を、シュレーバーと父親との関係から生まれた同性愛的な欲望が抑圧されたことによって説明する。しかしラカンにとってシュレーバーの病の状態は、患者が象徴的な秩序に入ることができないことで決定されている。患者はたんにフロイトが考えたように、何か（同性愛的な欲望）を抑圧しているのではなく、もっと基本的な拒否を行なっているのである。患者は象徴化の超越論的な条件を排除している（ドイツ語ではフェアヴェルフェンという語を使う）のだが、間主観性も主観性も、この条件が存在しなければ成立しないのである。ラカンはこの象徴的な秩序を確立する言語の超越論的な機能を、〈原的なシニフィアン〉と呼ぶ。シュレーバーはこの〈原的なシニフィアン〉を排除しているのである。この象徴的な秩序への入口を排除したシュレーバーは、一般的な社会の現実から自分を排除することになり、社会的な世界の外部に、独自の現実と独自の信念の体系を構築しているのである。

ラカン批判

『アンチ・エディプス』におけるラカンをめぐる議論は、排除と象徴的な秩序の概念を中心とする。ドゥルーズとガタリは、ラカンがエディプス・コンプレックスを形式化する方法をうけいれている。それによってフロイトが自然に与えられたものとみなした生殖を中心とした個人の社会的な形式から、距離を置けるようになるからだ。しかしラカンの形式化はまだ不十分なものとみなされている。これは相変わらず家族の三角形の構造に依拠しているからだ——家族の構造の成員は、もはやたんなる機能に還元されてはいるが。ラカンの排除と象徴的な秩序の概念は、フロイトの分析がそなえていた政治的な意味合いをそのまま維持しているのである。精神医学も共有していたこの政治的な意味とは、心的な疾患とは現実を喪失することであり、人々と共有する社会的な世界から撤収し、私的な幻覚の領域に閉じこもることだという考え方にある。排除という概念は、疾患と社会的な現実についての科学的で常識的なこの見方を、形式的なモデルに翻訳したものにすぎないのである。ラカンにとっては、わたしたちは誰もが狂っている。〔それでも社会のうちで暮らすことができるのは〕わたしたちは象徴化することのできないもの〈〈現実的なもの〉と呼ばれる〉とかかわらざるをえないが、象徴的な秩序に入りさえすれば、社会的な現実のうちでは少なくとも安全な状態でいられるからである。精神疾患者はこれにたいして、社会的な現実に背を向けており、自分が発明した幻想の世界にとじ籠っているのである。

他方でドゥルーズとガタリによると、ラカンの形式的なモデルは無意識に、社会的および物質的な現実性を認めることを拒むという行き過ぎを犯している。ラカンにとっては欲望とは、表現しようのない力をそなえたものである。欲望は非在にひとしいものであり、シニフィアンの連鎖の内部でゆがめられた存在としての姿を示すしかないものである。欲望とシニフィアンの連鎖のこの観念論のために、エディプス的な構造は社会的な性格のものではないことになる。主体が象徴的な秩序の内部で欲望を示すために直面しなければならない権威は、具体的な社会的な権威ではなく、構造の内部のひとつの機能である父親の形式的な権威なのである。

精神分析から系譜学へ

ここにおいて『アンチ・エディプス』の議論は飛躍することになる。精神分析のメタ批判の次元から、個人と主体という精神分析の核心にある存在論のカテゴリーを批判する試みへと、これを超越論的、唯物論的、系譜学的に批判する試みへと、転換するのである。フロイトの個人とラカンの主体の概念は、近代的なエディプス的主体の二つの異なった〈顔〉に対応するものであることが、この〔超越論的、唯物論的、系譜学的な〕三重の批判によって明らかにされよう。このように精神分析への批判は、近代的な主体と近代的な個人の生成という、はるかに深い存在論的かつ歴史的な問題に到達するための通路にすぎないのである。こうして、心的なものについてのドゥルーズとガタリの理論は、もっと基本的な批判の諸段階を追跡する道へと進むのである。

5　心的なものからエディプスへ

表象の理論と生産のパラダイム

ドゥルーズとガタリはフロイトにならって、心的なものを無意識的な性的エネルギーをそなえた認識システムであると考えている。フロイトによると、このエネルギーが語の意味論的な力を通じて表現されることで、思考に翻訳される。「夢の仕事」、すなわち抑圧された願望を夢のイメージとして歪められた形で表現される営みは、こうした翻訳のプロセスの存在を示すものである。夢のイメージに転換された夢の思想は、こうした思想の言語的な表現と正確に一致する。このために精神分析の理論と実践においては、冗談や「度忘れ」において語が歪められることが強調される傾向が強いのである。

ドゥルーズとガタリが提示する心的なものの理論では、無意識は語を媒介とせずに、性的なエネルギーを直接に論理的な関係によって表現するのである。これらの論理的な関係は、総合と呼ばれる一連の論理的な操作を通じて形成される。総合は、現実との認識的な関係と性的な関係、すなわち現実において知ることのできるものと、欲望することのできるものの関係を作りだす。心的なものが〈そのもの〉との特定の関係を作りだしているからである。語を媒介とせずにエネルギーそのものに働きかける活動によってエネルギーが直接に思考となるために、心的なものは認識装置であるが、意味論的なプロセスにも、意味するプロセスにも依存しない。無意識的なものは何も象徴しないのである。これがドゥルーズとガタリの〈心的なもの〉の理論と、フロイトやラカンの精神分析の理論との基本的な違いである。〈心的なもの〉は表象の場ではなく、欲望する生産のプロセスなのである。この表象という精神分析の原則と、欲望する生産という概念の対立は、スピノザをめぐる議論を通じてさらに深められる。

ドゥルーズのスピノザ読解では、真理の概念は形而上学的な内在の原理を参照することで定義されていた。神的な自然が、みずからのうちに内在的に現実を作りだすのである。観念そのものも、神的な自然の一部である。観念の真理を理解するということは、それが神的な自然の内部で生成され、神的な自然の原因を表現するものとして、観念を理解するということである。『アンチ・エディプス』ではこの内在的な生産の原理は、欲望とその社会的なシステムとの関係に適用される。欲望は生産システムであり、社会という大きな生産システムの内部で生産を行なうのである。生産されるものは、つねにそこにあるものにすぎない。ということは、循環するエネルギーそのものが生産されるのであり、これが接続を作りだし、さらに生産をつづけられるようにするのである。

この生産のパラダイムは、ドゥルーズのスピノザ論で提示された発生的で表現的な方法をさらに発展させたものである。生産の原理からその原理が生産するものへと進むべきなのであり、経験の現象からその条件へと遡及すべきではないのである。デカルトの反省的な方法とは異なるスピノザの発生的な方法を考察した際に、すでにこの区別が示されていた。ドゥルーズにとっては〈生産の原理〉はつねに〈反省の原理〉との関係で定義する必要があるのである。〈反省の原理〉は、経験において与えられたものから始めると宣言する。これはデカルトの観念であり、フロイトの夢である。そしてこれらの現象に基づいて、わたしの観念は真理であるか、わたしの夢は何を意味しているか、と問うのである。ところが〈生産の原理〉は、経験において現われているものを思考の出発点とするのではなく、生産の原理の結果とみなし、特定の効果とは独立して、生産の原理を認識することができると考える。これによって反省という要素は省略できるのである。

この生産の原理は、精神分析において採用されている還元主義的な説明方法、すなわち、欲望の現われを、その欲望の背後にある構造で説明しようとする方法を批判するものである。フロイトもラカンも、精密な還元主義的な説明方法を構築した。活動と記号は、フロイトでは正常な個人の行動と逸脱のシステムに還元することで説明され、ラカンでは表象と表象できないものの弁証法に還元することで説明された。しかしドゥルーズとガタリにとっては、欲望する生産は内在するものであり、欲望の現われにはいかなる意味作用も存在しない。

欲望はたんに〈そこにあるもの〉である。欲望は何か背後にある構造を暗示することも、意味することも、指し示すこともないのであり、こうした背後の構造を精神分析的な解釈によって暴きだす必要もないのである。このように、欲望する生産の認識的な次元は、内在の論理学である。この論理学は生産するが、夢の思想のように隠れているものでなく、フロイトが考えたように、解釈することでこれを明らかにする必要はないのである。ドゥルーズがスピノザ論で指摘しているように、思考するとは、思考のうちに対象を作りだすことである。『アンチ・エディプス』における思考は、欲望の論理学を発展させているのである。

欲望の二つのありかた

ドゥルーズの初期の著作では関係の内在的な場と判断による表象の場が区別されていたが、『アンチ・エディプス』でもこの区別がふたたびとりあげられ、エディプス的な構造における欲望の転換に適用される。このように欲望は二つのありかたで存在することになる――現実との直接的な関係として存在するか、特定の社会的なアイデンティティをもつ個人の表象を通じて媒介されたものとして存在するかである。この対立は、エディプス的な主体の個性の構造に体現された社会的な権威と、精神分裂症のうちに明らかに示された純粋な生産する欲望の対立に対応するものである。エディプス的な主体は、みずからの欲望と間接的な関係にある。母親および父親と子供の関係が無意識的に表象されることによって、欲望が媒介され、欲望の通路が定められるのである。次にこの表象は否定によって条件づけられる。少年は母親を性的な対象として表象するが、これは母親を欲望の禁じられた対象として表象することから分離できないからである。こうして少年自身の欲望は、その表象のうちで、父親による自分の欲望の制裁と密接に結びつくことになる。

エディプス・コンプレックスをめぐる欲望の軌跡はさらに続く。少年は父親への憎悪を克服するために、この攻撃的な感情と同一化し、自分も異性愛の主体として、〔母親とは別の女性の〕夫となることで、制裁する権力のある強い父親になれることを自覚し、こうして自分の劣位を克服するのである。この逆転と同一化の力学のために、少年は生産する権威そのものと同一化し、その権威を承認し、自分の主体的な地位をその権威の上に構築するにいたるのである。少年は欲望の対象との関係と、社会的な現実のうちで自分の地位を定義するために、自分の欲望を否定し、同時に権威のある父親の地位と像に同一化するのである。このエディプスのモデルにみられるのは、深い意味で否定的な欲望のモデルであり、『アンチ・エディプス』はこのモデルを賞賛すると同時に、批判することになる。このモデルは、近代的な主体の正確な記述であるとして賞賛されるが、他方ではこうした主体が自己とのあいだで否定的な関係を結ぶことを肯定していることが批判されるのである。

精神分析の批判のもっと技術的な側面としては、表象の構造とみなされたエディプス・コンプレックスの超越論的な分析がある。母親を性的な対象として眺めることを否定するためには、母親を母親として、家族のうちでの地位によって定義された精密な社会的なアイデンティティをもつ特定の個人として認識することがまず必要になる。母親を禁じられた性的な対象として表象し、次にこれを否定する営みには、まず対象とその前提の非現実化が含まれ、他方では家族の中で特定のアイデンティティをもつ社会的な個人という観念が含まれる。

欲望は自発的に、ある人物を、特定の社会的なアイデンティティをそなえた個人として特定できるような表象の格子のもとで、現実の一部とかかわるようなことはしない。だからこそ、この事態を説明する必要があるのだが、精神分析はこれを説明する必要のあるものとしてではなく、当然のものとみなしているのである。無意識は母親を母親として、子供ではない成人として、女性であり、父親とは異なる個人として識別することができるが、それは無意識が一連の論理的な操作を適用することを学んでいるからであり、この操作によって個人を識別し、差異化することができるからである。『アンチ・エディプス』はその論理的で認識的な議論において、欲望が精神分析におけるエディプス的な表象に依拠していることを、超越論的な問題として考察し、次の問いを中心して分析する。すなわち心的なものが、社会的なアイデンティティの原則に基づいて個人を識別し、差異化するように働くことができるようになったのはどうしてかという問いである。この分析は、欲望する生産がどのようにしてエディプス化されたのか、言い換えると、欲望はいかにして表象の格子の内部で機能するようになったのかを説明することを目的とする。このプロセスの説明は究極的には歴史的なものになるだろうが、この議論の最初の段階は論理的で超越論的なものであり、社会的な個人を識別し、差異化するためには、心的なものが認識装置としてどのように機能する必要があるかを問うものである。

心的なものの第一の総合——接続的な総合[*1]

心的なものは、機能の最初の様式においては、三つの〈総合〉を通じて働く。最初の総合は、選択的なものであり、接続的な総合と呼ばれる。〔〈あれとこれ〉を接続する〕この総合はもっとも基本的で最小限の機能であり、〔血や排泄物のような〕人間の体液に働きかける選択である。文化人類学者が研究した多くの社会では、身体における体液の働きと排泄に特別な役割を与えているが、『アンチ・エディプス』における心的なものにおける原初的な物質も、同じように特別な役割をはたすのである。排便すること、排尿すること、経血を流すことは、論理的な操作を体現する営みである。ある物質の流れが特定の時間を隔てて中断され（すなわち選択され）、そして流れと選択された部分の区別が行なわれる。心的なものはさまざまな関係を作りだすが、それは心的なものはこの形式的な切断の操作を、流れにも他の領域にも適用することができるからである。

この〈接続的な総合〉は、身体の一部を物質的な世界のある部分と関係づける選択として、自己を表明するのである。この世界との関係づけのあり方を『アンチ・エディプス』では〈機械〉と呼ぶ。その一例が母親の乳房から母乳を吸う幼児である。この状況は、母乳を生産する機械〔乳房〕と結びついた切断機械〔口〕として記述される。この実例は接続する総合のもつ複数の特性を明らかに示している。

一　機械は欲望の回路を作りだす。幼児のうちで作りだされた快楽は、口と乳房のあいだで起こる具体的なプロセスから分離することができない。

二　乳房の選択は自己充足的なものであり、表象的なものではない。幼児は乳房が〈誰のものであるか〉を知っている必要はない。

三　機械はセリー的なものである。幼児の口が一つの機械を構成し、母親の乳房が別の機械を構成する。同時に乳房をつかんでいるはずの指が、第三の別の機械を構成する。

このように欲望する生産は、他の回路と結びついて自己充足的な回路を通じて作動する。欲望は特定の機械を通じて作動するが、この機械は中心にある審級（たとえば機械を調整する主体など）に依拠せずに利用できるものであり、こうした機械を通じてみずからを表現するのである。同じように、欲望の客体というものも存在しない。客体という観念は、時間的な持続性と、そのものが特定の種類の客体であることを識別できるような一連の決定を必要とするからである。機械は自分が何を選択するかを知っている必要はないし、自分に接続されている別の機械が、特定の種類の機械であるかどうか、特定のアイデンティティをそなえているかどうかを知る必要もない。このように欲望する生産は内在的なものであり、通常の意味での主体や客体という概念は不要になるのである。

心的なものの第二の総合――選言的な総合

第二の総合は、論理的な複雑さを構成するものであり、これは選言的な総合と呼ばれる。〈あれかこれか〉のどちらかを選択する〕選言的な総合は、接続的な総合とは違って、特定の物質に直接に働きかけることはない。選択肢の選言的な選択が行なわれるためには、それが働く論理的な空間にまず登場する必要があるからである。複数の選択肢が選択肢として共存するような媒体が存在しなければならないのである。これはすべての表現が関係の集合として表現される以前の無－差異化の瞬間なのである。この無－差異化された媒体が心的なものの超越論的な地平であり、原的な仮想的な空間である。分散された要素を集めることができるためには、この空間をあらかじめ想定する必要があるのである。この地平が器官なき身体と呼ばれる。

器官なき身体の別の特徴は、それが刻印のための表面であることである。この表面に感情が保存され、純粋に心的な強度として記録されるのである。この選言的な総合は、無意識のうちに同時に共存する選択肢として、接続的な総合が行なう選択を記録する。だから選言的な総合は排除的なものではなく、包含的なものである。選択肢のうちからどれかを選ぶのではなく、選択肢をそのまま維持するのである。

心的なものの第三の総合——連言の総合

欲望がこれらの心的な強度のうちを通過すると、エネルギーの一部が心的なもののうちに「残される」とでもいうべき事態が発生する。この保存されたエネルギーの一部は、特定の強度に対応するのではなく、心的なものが独自の強度を、独自の感情を感じることのできる能力に対応するのである。これが第三の総合、連言の総合である。〔〈あれでもあり、これでもある〉という〕この連言の総合は、主体と自我の機能を作りだし、ここにおいてそれぞれの強度とそれぞれの記録された感情が、自我に所属するものとして認識されるのである。心的なもののうちで、主体に固定された場所が割り当てられることは決してない。主体は選言的な総合のうちを循環する欲望に内在するのであり、選言的な総合はその強度を、接続的な総合の働きからうけとるからである。このように、欲望する生産はみずからの主体を作りだすが、この主体は生産の外部にでることができず、欲望に内的なものである。だからこの主体は、特定の個人や人格的なアイデンティティに対応するものではない。これは移動しつづける時間の機能であり、器官なき身体に刻印された強度を通じて移動する欲望に同伴するノマド的な主体なのである。

6　欲望の誤謬推理

誤謬推理とは

さて、欲望する生産のエディプス的な転換は次のようにして発生する。欲望する生産は、表象するものでも個人の形式を志向するものでもない。これは表象の論理的な空間のうちで造型されるために、すべての個人を志向するものとなる。これが可能であるためには、三つの総合がそれぞれ接続、選言、連言の総合として働くのではなく、転換されて、社会的な個人を見分け、識別するための論理的な道具として働く必要がある。

すでに考察したように、ドゥルーズとガタリは無意識の認識装置のこの転換において発生する段階を、誤謬推理と呼んでいる。カントは、心的な実体である〈わたし〉という理念が発生することを指して、この誤謬推理という語を使ったのだった。わたしたちはこのような実体としての〈わたし〉を実際に経験することはない。だからこうした実体としての〈わたし〉の理念を形成するためには、わたしたちが経験することのないものにたいして、経験のカテゴリーを転換して適用する必要があったわけである。ドゥルーズとガタリは、欲望の対象としての全人格的な個人が構成されて、みずからを社会的に定義された主体として識別するためには、無意識はこれと同じような方法で、通常の欲望する生産の外部に、この三つの総合を適用することを学ぶのだと主張する。

第一の誤謬推理[*2]

この誤謬推理は、欲望する生産と「エディプス的な主体」の違いを説明するものである。これは五つの部分で構成される。すなわち心的なものの内部で、五つの「誤謬推理」、五つの超越論的な論理の操作が行なわれているのである。しかし正確には、これらの誤謬推理のすべてが実際に心的な操作であるわけではない。最初の三つだけが心的な操作であり、これらはすべて無意識的なものの三つの総合と一つずつ結びついている。残りの二つは、こうした構成されたエディプス的な主体の個性の構造と、社会的なアイデンティティに適用される。

これまで検討してきた欲望する生産の最初の二つの総合は、たがいに相手を想定したものであった。接続的な総合は断片に働きかけ、記録する選言的な総合は、これらの断片からうけとった強度をセリーとして順序づける。接続する総合によって行なわれる選択も強度の秩序づけも、表象的なものではないので、強度も断片も一つとして他のものを意味することはない。記号論的なコード化の用語では、心的なものの一次プロセスは、コード化されたものではないのである。心的なものはこの原初的な機能において非 - 意味的である。これはまだ粗い感情と思考という素材を、言語として編成することなく、たんに記録するのである。

さて、最初の誤謬推理は、第一の総合である接続の総合を変換して、表象的なものとする。たんに切断して接続するのではなく、客体をその環境の内部でカテゴリー的に区別するのである。この誤謬推理が利用できるカテゴリーは、性差である。最初の総合は暗黙のうちに、身体の部分ではなく全人的な個人を志向する。性差のカテゴリーで分類することができるのは、全人的な個人だけだからである。性差のカテゴリーを利用することは、エディプス・コンプレックスに向かって進むための重要な条件であることは言うまでもない。性差が特定されなくては、性的な対象としての母親をめぐる父親とのライバル関係が発生しない。性差が特定されない場合には、男性であることも女性であることもたんに〈器官なき身体〉で働く強度のゾーンの違いにすぎず、一次的な感情の生産が行なわれるだけだからである。最初の誤謬推理は、これらの強度に〔性差という〕カテゴリーによる区別をもちこむのである。

第二の誤謬推理

第二の誤謬推理は、最初の誤謬推理に基づき、これをさらに強める。第二の総合である選言的な総合は、強度を非-意味的に調整するだけのものだったが、第二の誤謬推理はこれを論理的な差異化の手続きに転換する。この差異化のプロセスは、他人との関係で明確に区別され、識別することのできるものとして構成された個人に適用される。こうして選言的なものは、あれかこれか、それともその両方か、という包含的なものではなくなり、あれとこれのどちらか、という排他的で厳密なものになる。この差異化の操作は、第一の誤謬推理で獲得された性差のカテゴリーの内部に適用することができるのであり、これによってエディプス的な家族の表象を作りだすために必要な論理的な操作を心のうちで実行できるようになる。あなたは少年か少女のどちらかであり、父親か母親のいずれかの親との関係で定義されるのである。

第三の誤謬推理

最初の二つの誤謬推理は、エディプス化のための論理的な前提、すなわち性差の特定と差異化を定義するものだった。第三の誤謬推理でもこの分析がつづけられるが、同時に別の問題が導入される。エディプス的な主体を構成する際には、社会的な生産と欲望する生産の関係が問題となるのである。

第三の連言の総合は、欲望する生産において感情の主体を作りだしたが、この主体は理想的な自己とも全人的な個人とも違うものだった。これは、欲望が通過する強度の状態の内部に内在する自我機能だった。器官なき身体では、この主体は固定された場所をもたない。これは位置横断的で、ノマド的な主体なのである。第三の誤謬推理は、このノマド的な主体を、社会的な自己としての主体に転換する。この主体は、特定の人種、集団、階級に属するものとして、自己のアイデンティティを形成するのである。

このプロセスは異なった部分で構成される。これは欲望から生まれたものだが、家族の社会的な規定にかかわるのである。第三の誤謬推理における推論は、欲望という観点からみると、家族は閉じた単位でも自己充足的な単位でもありえないことを指摘するものである。家族は、それが存在するためには社会的な現実との関係によって構成されている必要がある。心的なものは、こうした家族の存在を規定する社会的な条件を通じて働くのであり、子供は家族を社会的な階層構造のうちに位置づけることで、両親に特定の社会的なアイデンティティを与えることになる。このように、子供が父親と同一化するとともに、階級、人種、宗教などの観点から父親の社会的なアイデンティティとも同一化するときに、エディプス・コンプレックスの構造が完成するのである。この同一化のプロセスを通じて、子供はみずから特定の社会的なアイデンティティをうけいれる。子供は家族が属する集団を定義する社会的な区別を身におびるのであり、そうすることで他人と自分を区別するのである。

このように第三の総合の誤謬推理は、ノマド的な主体を社会的に規定された主体に転換する。エディプス的な構造のうちで、ひとは自分の欲望にノーと言うことを学び、明確な論理的な区別をすることを学び、社会的な領域においてこの区別を自分に適用することを学ぶのである。こうしてエディプス・コンプレックスは、刻印を通じて社会的な生産が欲望をコード化する営みの一部であるとみなせるのである。

第四と第五の誤謬推理

第四と第五の誤謬推理は、第一から第三までの総合のいずれかを、内在的な利用から超越的な利用へと転換するものではなく、エディプス・コンプレックスの全体を、心的なものにおける論理的な操作として特徴づけるものとなる。最初の三つの総合は、心的なものの内部に表象の空間を作りだすものだった。このように、表象の空間にいたる欲望の回路が形成されるということは、欲望の社会的な管理という観点からは、欲望がコードの〈器〉となることを意味する。第四の誤謬推理は、このプロセスを明示的なものとする。社会的な生産は、欲望する生産を抑圧するという形で、直接に欲望する生産に働きかけることができない。欲望が記号論的なコード化の対象となるためには、欲望は表象の形式をまとう必要があるからである。

このため欲望が社会的に抑圧されるようになるためには、欲望する機械が表象の構造へと転換されている必要がある。エディプス・コンプレックスがこの表象である。エディプス的な構造は、欲望の内的な検閲から社会的な欲望の管理へと移行するための通路として機能するのである。これはさらにエディプス的な構造が、社会的な抑圧を心理的なプロセスに転換することを意味している。この心理的なプロセスは、政治的な権力を心的なもののうちで内面化することであり、この権力を心的なものの内部での権威の審級に転換し、心的な抑圧へと変貌させることである。

第四の誤謬推理はこのように、エディプス的な構造の社会的な機能を示すものであるが、第五の誤謬推理は、独自の表象的な地位を中心として、この構造のモデルを閉じ、そしてこれが社会的なものから生まれたものであることを隠すのに役立つ。第五の誤謬推理においては、エディプス的な構造は、欲望と母親あるいは父親の像との表象的な関係の純粋な産物であるかのように、みずからを表象するのである。第五の誤謬推理はこのように、エディプス・コンプレックスを構築することによって、精神分析の空間と機能を指定するのである。

7　社会的な生産と資本

誤謬推理の議論を通じて提示された批判は、マルクスの生産の理論に間接的に依拠した歴史的で唯物論的な大きな枠組みで行なわれたものである。すでに指摘したようにマルクスの理論は社会・経済的なものであるが、『アンチ・エディプス』で提示された社会理論は、発生的で記号論的なものである。この理論は、社会がどのようにしてみずからを自己生成するプロセスとして形成するかを考察する、「社会的な生産」の理論である。社会的な生産の概念も、マルクスの経済的な生産の理論も、どちらも生産を基本的な発生原理として考えようとする。この原理は、個人と社会の関係に先立つものであり、この関係を最終的に説明しうるものである。

マルクスは、生産のプロセスには決定的に歴史的な性格があり、封建主義や産業資本主義など、特定の生産様式を特徴とすると考える。それぞれの生産様式は、特殊な分業の方式を確立するのであり、そのために諸階級のあいだに特殊な関係が成立する。ドゥルーズとガタリは、こうしたマルクスのような構造的なモデルは採用しない。社会的な生産は、さまざまな種類またはグループの活動の差異を作りだすものではなく、社会の全体を包括するものであり、欲望と権力の関係は社会的な現実と共存すると考えるのである。

しかしドゥルーズとガタリは資本主義のもとでの社会的な生産については、マルクスの「資本」の理論をほぼそのままに踏襲している。マルクスは、発展の歴史的および経済的なプロセスの結果として、「資本」が登場すると考える。この資本は、特定の生産様式における諸関係のすべての集合を特徴づける構造的な概念である。『資本論』の第一巻は、商品の生産から始まり、商業を経由して金融投資にいたるまでの富の発生のさまざまな段階を検討しながら、資本主義的な生産様式の内部で、経済的な価値の概念を定義しようと試みている。この展開の特徴は、運動の抽象度が次第に高まることにある。資本そのものが、すべての物質的な実体から抽象されたものと考えられている。これは土地の絆、社会的な義務、政治的な権威から分離された経済的な価値の理念的な現われであり、循環である。

資本が存在するためには、まず第一に商品が生産される必要がある。商品が販売を目的として製造されることが必要なのだ。自分で使う道具を作る農民は、商品を生産するわけではない。第二に、商品の交換が抽象化されていて、貨幣が利用されることが必要である。物々交換の経済では貨幣が、個々の商品の質とかかわりなく、すべての商品と形式的に等価な〔抽象的な〕物であるとはされていない。第三に、経済交換のプロセスが、直接的な消費活動から独立したものでなければならない。この第三の次元の抽象性によって、資本が自己生成的なプロセスとして参入できるのである。資本としての富は、その定義からして、循環しているものである。資本が循環している限りにおいて、資本は個人、工場などの富の具体的な一部、国民国家などの個々の状況から、独立しているのである。資本はそもそも国際的なものである。

資本はこのように越境的で抽象的な動力学をそなえているために、伝統的な因果関係にしたがわない。ある意味では資本は資本家の活動の産物である。それはある意味では労働が富と生産の源泉であるのと同じことだ。しかし資本が資本となる経済的な活動の全体においては、資本は自己が形成される原因となる原理である。資本の活動そのものが、ますます資本の蓄積を高めていく運動を作りだすのだ。この自己原因という原理が、資本の論理である。蓄積と成長を求める衝動は、資本に内的にそなわるものであり、資本は生産と循環をさらに促進することを「望み」、推進するのである。

このように資本は資本主義の究極の主体である。資本には、労働者も資本家も市場に入るときにしたがわねばならない原理が含まれるのであり、この原理にしたがって労働者は自分の労働力を売らねばならず、資本家はこの労働力から利益をえなければならないのである。抽象的で自律的なこの資本の論理は、資本主義的な生産のすべての要素が抽象的で形式的な性格のものであることによって可能となっている。資本を構成するのは労働、商品、貨幣であるが、そのどれもが形式的な平等性で定義されるからだ。資本そのものは蓄積のプロセスであり論理であるが、これが生産と交換のプロセスにおけるすべての等価物を支配するのであり、価値を究極的に定義するのである。このため資本は歴史的な抽象プロセスの終点なのである。資本は価値を抽象的に定義するものであり、それ自体で富のどの具体的な部分とも異なる抽象的な現実なのである。

脱領土化

歴史的には、資本主義のもとでの資本の抽象的な運動によって、それまで封建社会を支えていた社会的な絆と政治的な絆が崩壊したのだった。このためマルクスにとって資本主義は、政治的に両義的な意味をそなえている。資本主義はたしかに封建主義の絆からの自由を作りだしたが、同時に新しい種類の屈従と搾取の源泉となっているのである。この両義性が、ドゥルーズとガタリの近代社会の分析と、近代社会で登場してくる主体の分析の核心にある。資本とは、物質的な付属物からの抽象と、伝統的な権威の形式からの抽象という歴史的なプロセスの産物であるというマルクスの理論をうけついで、このプロセスは脱領土化と呼ばれる。これは特定の土地や国境などへのあらゆる依存から離脱する運動を示す。

資本のこの脱領土化の力こそが、近代の産業社会をそれまでのすべての社会から分かつ力動的な原則となる。資本は、政治的および社会的な力、すなわち権威を脱領土化する。資本は国家の装置の力を失わせ、社会的な生産が行なわれる起源を権力の審級から、働く場所が特定されない資本の論理へと移行させるのである。資本は社会の領域で行なわれるすべての行動を交換と等価関係という観点から決定する完全に形式的な原理（「公理的な原理」と呼ばれる）として、抽象的な交換と等価関係の論理をもちこむ。ドゥルーズとガタリの社会理論において、このプロセスがどのような意味をそなえているかを十分に理解するためには、まず歴史の概念から検討する必要がある。

ソキウス

〔『アンチ・エディプス』で語られる人類の〕普遍的な歴史は、欲望する生産が社会的な生産の内部で編成される三つの方法を明らかにしている。歴史の終点は、資本主義のもとで伝統的な社会的な権威が浸食され、ブルジョワ的な家族のうちで個人が自律することによって、欲望する生産が社会的な生産から分離する場所である。

それぞれの時代は、特定の種類の社会的な生産を特徴とする。社会的な生産においては、特定の権力と分配の原則にしたがって、社会関係が決定される。この原則は、ソキウスと呼ばれる意味の表面に刻印される。ソキウスは、欲望する生産における器官なき身体と同じような刻印される身体である。この理論の記号論的な性格は、経済生産と社会関係のうちで循環する一部の経済が、権力と富の源泉として、ソキウスに刻印されると主張するところで明確になる。この刻印された源泉が、社会生活では権威として、「ほぼ神的な」生産の源泉としてあらわにされる。権力は、そのような方法でソキウスに刻印された場合に限って、権威として拘束する力をもつのである。

部族社会

もっとも素朴な社会、いわゆる野蛮な社会では、ソキウスは大地である。これは部族的な社会であり、部族のあいだの関係を調整する中央の国家は存在しない。こうした社会では、諸部族のあいだの意志の伝達が、部族の内部での社会生活の本質的な特徴となる。こうした社会での政治とは、部族の内部での権力的な諸関係について部族のあいだの関係を表現することである。そのため社会的な生産は、さまざまな関係のあいだの関係となる。部族間の結婚によって女性が循環することで作られる同盟関係は、系族の血縁関係との関係で組織されるのである。

これらの二つの関係の表現は、権力と地位の源泉として刻印されるべきものである。部族社会における社会的な生産は、同盟と婚姻による調整を通じて、地位と権力が生まれることにある。この生産の社会的な刻印は、儀礼の形式で行なわれる。ソキウスとしての大地に直接に刻印されるのではなく、部族の物質的な実体、すなわち部族の成員の集団的な身体が、刻印の物質的な土台として、大地を継続したものとみなされ、ここに刻印されるのである。こうして儀礼は部族の成員の身体に、同盟と婚姻の関係を刻印する。そこにおいて部族の成員は、社会的な生産と直接の関係を結ぶのである。社会的な生産は、社会的な制度に媒介されず、国家の調整力に影響されず、暴力とエクリチュールとして、身体にみずからを刻印するのである。

ドゥルーズとガタリは、国家が発明される前の原初的な政治の形式は、相互的な関係の契約システムの内部で規制されるのではなく、粗野な形態の権力政治に依拠するものであることを強調する。契約システムが効果を発揮するためには、社会的な領域の表象と秩序が必要だからである。こうした表象と秩序は、国家以前の社会の特徴であるソキウスにおける直接で物理的な刻印よりも抽象度が高いものであり、国家なしでは成立しないのである。

このため国家が発明されたことは、間接的で表象的な統治方式と、社会的な領域の管理が作りだされたことを意味するのであり、これによって官僚制の平面で社会的な活動を形式的に規制できるようになるのである。部族のあいだの同盟は、血縁の社会から社会システムに移行したことを示すものであり、これは社会的な生産の決定的な特徴であるが、この水準ではコードの剰余価値が本質的かつ必然的に相互的でないものとなる、とドゥルーズとガタリは考える。

この議論は、文化人類学者のマルセル・モースの見解に対立する形で提示されている。モースは師のデュルケームと同じように、社会的な絆の土台は二重の意味で合理的なものであり、科学的に理解できるものであること、そして集団の合理的な行動に依拠するものであることを、強く主張していた。そしてモースは、国家が発生する以前の社会において威信を作りだすための重要な方式として有名なポトラッチという攻撃的な贈与の慣行が、契約の原型であり、相互的で合理的な社会関係の原型であると考えていた。モースは「純粋な破壊にいたらないかぎりで、互恵的な責務がポトラッチの本質である」(6)と主張しているのである。ドゥルーズとガタリにとっては、これは非常に重要な理論的な問題である。集合的で相互的な合理性の空間を構成する社会の法的な表象が、国家のない社会に適用できるものであれば、この政治体の表象的な見方が、自然なものとみなされるようになるからである。ドゥルーズとガタリは、レヴィ＝ストロースが婚姻による同盟の理論で提示した説明に依拠することで、モースのこの見解に反論する。モースは同盟を相互的な関係とみなす「交換主義」を採用しているが、これは国家以前の社会的な生産の性格を歪めるものだと主張するのである。

この「交換主義」の見解に反対しながらドゥルーズとガタリは、社会的な刻印、すなわちコードの剰余価値の形成は、相互的な関係に依拠したものではなく、負債という概念にみられる非対称的な政治・経済的な関係に依拠したものだと主張する。*3 ポトラッチは、他者に負債を負わせることを目的として行なわれるのである。これはたんに権力を誇示するだけではなく、記号論的な価値、コードの剰余価値を作りだす行為なのである。負債という関係は二重の意味をそなえている——社会的な関係を意味すると同時に、富と力を意味するのである。反対に相互性は、表象の体制のうちでなければ成立しえない。社会的な領域が記号論的に均質化されなければ、相互的な関係は生まれないからだ。部族社会にはこうした相互性は存在しない。コードの剰余価値の土台として、非対称性をソキウスの土台としているのである。原初的な部族社会から新しい国家の体制への移行、すなわち国家以前の社会から国家のある社会への移行は、抽象度が高まることを特徴とするのであり、表象による規制のシステムを強制する中央の権力の観点からみて、社会の領域が均質化されていることが特徴なのである。

専制国家

この新しい体制をドゥルーズとガタリは「専制体制」と呼ぶが、これが古代国家の特徴である。この古代的な専制国家は、もっとも純粋で根源的に、国家の原則そのものを実現している。専制支配の特徴は、権力と統治が極端なまでに中央に集中しているところにあり、古代国家は登記簿と行動規範によって支配する。これによって国家は支配者の臣下たちがどのように行動しているかを調べるのである。国家は社会を象徴的にも実際にも吸収し、支配する。権力は一点に集中されて、社会の内部で統一する中心点として表象されるようになる。以前の部族社会では、儀礼と婚姻によって示されるコード化によって欲望を管理したのであり、このコード化を調整する中央の権威のようなものは存在しなかった。新しい専制社会は、それまでに存在していたコードを調整しながら登場してくる。ドゥルーズとガタリはこのプロセスを「過剰コード化」と呼ぶ。既存の社会的な規則を土台として、専制君主は中央集中的な法律のシステムを確立するのである。国家以前の社会の権力は不安定なものだったが、専制国家の権力は強力に維持されるようになる。

権力は専制君主の姿において中央に集中されるのであり、この社会は新しい政治的および心理的なカテゴリー、すなわち権威を作りだす。部族社会の年長者は、社会的な相互作用の直接の結果として、ある地位や威厳をそなえていただろうが、専制君主は臣下から尊敬されることを要求するのであり、これは特定の規則や相互作用から超越したものである。このように専制君主の姿は、社会交換の具体的なプロセスから生まれたものではない権威を作りだすのである。

原初的な社会では官僚制が規則や儀礼を定めたり、その意味を押しつけたりはしない。儀礼が作りだす意味の効果は直接的であり、多義的なものである。これは社会の機能の一部であるが、特別な解釈は必要ではないのである。〔部族社会において〕人間の身体に刻印されたものは、語られた言葉と同等なものではなく、儀礼で目撃されたことは、特定の規則を翻訳したものではない。これとは対照的に専制君主の支配は、行政が透明であることを求める。規則が適用できるためには、まず理解される必要がある。専制的な体制で定められる行政手続きは、書かれたものと語られたことが厳密に一致することを求めるのであり、儀礼の場合のように、語られたものを直接に見る〈出会い〉の行為は余分なのである。

専制的な体制では、社会的な交換と欲望する生産の表象的な「過剰コード化」のために、欲望は社会的な生産への直接の投資から分離されている。部族社会では、儀礼によって欲望と社会的な生産の同一性が確立され、儀礼が個人の社会体への所属を保証すると同時に、欲望が儀礼に備給されていた。しかし、このように欲望をソキウスに刻印する直接的なプロセスは、専制体制のコード化の表象機械によって、不要なものとなった。専制国家においては、社会的な生産が直接に顕示されることはなく、欲望と、欲望をコード化するプロセスのあいだに直接の〈出会い〉は発生しない。権力と欲望の直接的な関係の代わりに、表象による媒介が発生する。〈過剰コード化〉とは、一対一対応の記号論的な体系、あるいは「二重に一義的な」表象を通じて、欲望がソキウスに刻印されることを意味するのである。

資本主義国家

さて専制国家から資本主義国家に移行すると、さらに高度の抽象化が行なわれる。資本主義国家でも〈過剰コード化〉によって生まれた表象が国家装置に貢献しているが、マルクスが資本の論理として理論化した完全に形式的な抽象プロセスは、もはやいかなる種類の社会的な権威によっても、国家権力によっても、拘束されていない。社会はもはや社会的な権力の物質的な絆でまとめられていない。社会そのものが交換の流動的なプロセスになったのである。これによって、近代的な資本主義社会はどのように管理されるべきか、市民たちにどのように秩序を守らせるのか、要するに欲望をどのように管理するかという問題が生まれる。ここでエディプス化のプロセスが、歴史的に重要な意味をもってくるのである。というのも、エディプス化とは権威を内面化することであり、外的な法律で定められているからではなく、自分の欲望を否定することを学んだからこそ、みずから服従する主体を作りだすのである。このように誤謬推理を通じて心的なものにエディプス・コンプレックスが課せられるとともに、資本が脱領土化した権威を再領土化するのである。

8　主観性の政治学

自由の逆説

『アンチ・エディプス』の政治的なテーマの中心は、資本の論理が社会・政治的な権威から分離していることにある。この分離によって個人の主体は限りのない自由を獲得するかに思われるが、実は欲望する生産がこれまでにない形で権威と社会的な管理の構築に協力しているのである。資本の脱領土化する論理のために、二つの生産の体制が政治的および経済的に分離したのだが、逆説的なことに、これにともなって資本の論理が欲望の水準と同一になったのである。資本主義においては、エディプス的な構造を通じて、個人の主体が生産の記号論的なコード化を行なうことが多くなっているのである。

この自由の逆説のために、近代の産業社会において、さらに大きな隷従が生まれたが、これはニーチェ以後の社会理論できわめて重視されるテーマになった。フーコーの規律社会の理論や、アドルノとホルクハイマーの啓蒙の弁証法の理論は、このテーマを敷衍したものである。だから『アンチ・エディプス』の独創性は、近代社会において自由がこのように両義的な意味をそなえていることを示したところにあるのではない。欲望と権力の理論によって、この議論の正しさを示したことにあるのである。欲望する生産と社会的な生産とのあいだに作りだされた緊張という観点からみると、政治的な自由の問題は主として性的な性質のものであり、わたしたちがリビドーのエネルギーをどのように利用するかという問題から発生しているのである。わたしたちが意識的な認識と意志決定の主体である以前に、政治的な自由は無意識のリビドーの水準ですでに獲得されているか失われてしまっているのである。

エディプス・コンプレックスの歴史性

『アンチ・エディプス』に示された〈人類の一般史〉の理論は、エディプス的な経路によって主体がいかにして権威を作りだしてきたかという系譜学の理論である。歴史的にみると、エディプス的な構造がシステムとして働くことで、欲望が普遍的に可能なものとなったのだが、これは資本主義のもとでしか作動しえないものだった。この系譜学的な方法は、現在のうちに潜む歴史的な条件の層を暴こうとするものである。近代のエディプス的な主体の根源は、歴史的な発展における以前の一連の段階のうちに、すでに潜んでいたことを主張するのだ。

エディプス的な主体は、〔近代の社会において〕権威の表象的なシステムを主観のうちで作りだすのだが、これはすでに第二の専制国家の時代において、政治的に発展してきたものなのである。専制君主は、自分が臣下に与えた法を超越する。その〈過剰コード化〉の記号論的なシステム、あるいは社会的な表象が示すのは、専制君主が基礎とする体系を超越する究極的な意味を与える者は、専制君主そのものだということだった。表象の体系の内部でのこの超越こそが、ジャック・ラカンが理論化したエディプス的な主体に対応するのである。

ラカンの精神分析では主体は、この象徴的な秩序を基礎づけると同時に超越する父親の権威に直面しなければ、言語をもつことも、象徴的な秩序のうちで自己を構成することもできないのである。だからドゥルーズとガタリによると、ラカンの理論の系譜学的な真理は普遍的なものではなく、歴史的なものなのである。何が近代人の悲惨さを作りだしたのか、歴史的に先立つ専制君主の支配のもとで形成された権威構造の影のなかで生きることがどれほど惨めなものであるかを、ラカンは正確に描いていたことになる。

　しかしこの議論の核心は、欲望が資本主義のもとでどのようにして権威と結びついたのかということにある。言い換えると、権威がどのようにして主体のうちで内面化されたかということである。専制国家における表象の体制がたんに生き延びつづけたと考えることでは、これを系譜学的に説明したことにはならない。専制国家から資本主義に転換した際に、欲望する生産と社会的な生産の関係がどのように変化したかを説明する必要があるのである。

　欲望する生産においては、欲望と社会的な生産を結びつける絆を明らかに示すのは〈恐怖〉である。専制君主はすべての臣下のうちに恐怖を作りだす。専制君主の体制においては、社会的な生産は恐怖というメカニズムをつうじて、欲望のうちに入り込む。エディプス的な主体もまた、恐怖のうちに社会的な生産を内面化することに違いはないが、ただその目的が異なる。主体はもはや専制君主の権威に直面していないから、主体が恐れることができるのは自分だけなのである。ブルジョワ的な家族とエディプス的な表象のヴェールによって社会的な生産から隔離された主体は、その恐怖を自分の欲望に向ける。この欲望が、主体がみずからに課した道徳的な秩序にとって脅威となるからである。

　この動力学が語るのは、エディプス的な近親姦の観念は、主体にとっては想像のうちでの秩序の侵犯を意味するのであり、そのために主体はみずからを恐れるということである。この近代社会のエディプス的な主体は、想像のうえでの表象を通じて自己および自己の欲望とかかわっているのであり、〔道徳的な自律を求める〕カントであると同時に、〔他者に暴力を加えてでも自己の欲望を満たそうとする）サドでもあると言うことができる。主体は、母親との近親姦の欲望を抑圧している（これは想像のうえだけの欲望なのだが）というエディプス的なシナリオでは、主体はみずから課した法を侵犯することを心のうちで思い浮かべ、その思いをみずから恐れるのである。

欲望と再領土化

恐怖によるこの自己抑圧は、すでに誤謬推理のところで分析したように社会的な生産が、欲望する生産を刻印するプロセスである。他方で、資本主義のもとでは〈過剰コード化〉の直接的なプロセスは存在せず、中央集中的なソキウスにたいする欲望する生産のマッピングも行なわれることがないことも確認してきた。このため刻印は逆説的な、いわば弁証法的な形式で行なわれることになる。エディプス化は、欲望する生産を表象し、刻印し、コード化する方法で転換するが、これを実行するのは〈子供〉であり、無意識と同一化の水準において、自分のうちでこの転換を行なうのである（これが精神分析的な説明方法である）。

しかし誤謬推理の社会的な意味を考察すると、この表象にみられる外見だけの自己充足性の真理が暴かれる。家族はたんに子供が自分の欲望を投影する〈画面〉のようなものではないし、無意識的な表象をうけとる源泉のようなものでもない。家族は社会的に能動的な抑圧の実行者であり、家族的でエディプス的な方向に、欲望する生産を作りあげ、かたどるのである。しかしこの社会的な圧力という説明も、実は見かけだけのことにすぎない。『アンチ・エディプス』の理論は、社会学的な機能主義の説明の枠組みに近いものだが、ある違いが残る。この機能主義に依拠すると、たとえば家族は国家に従順な市民を提供するために、子供に圧力を行使し、管理するのだと説明しなければならなくなる。

しかしドゥルーズとガタリはこれに弁証法的な〈ひねり〉を加えて、欲望する生産はみずから抑圧することを望むのだと主張する。だから欲望する生産に実行された抑圧の究極の実行者は、欲望する生産そのものなのである。この抑圧はプロセス的な意味での「表象の舞台」ではなく、生産そのものであるのだから、欲望する生産だけが、みずからに実行される抑圧の責任を負うのである。この説明方法は、機能主義的な行動の概念に近いが、同じではない。〔機能主義で問題となる〕「のために」とか「目的として」というのは、「再領土化」の概念なのだ。資本主義国家は、専制君主の体制が破壊されたために脱領土化されていた欲望する生産を、再領土化するのだ。

この再領土化は、フロイトが心的なものについて考えた経済的なモデルにおけるリビドーのエネルギーと同じように機能する。刻印するエネルギー、すなわち欲望する生産のコードの社会的な責任は、資本主義のもとでは国家から欲望する生産そのものへと流れる。このプロセスが近代的な自由な主体を形成するのである。この主体は自由で自律的であるが、それは自己を律する責任を国家からひきうけたからである。

資本主義は政治的な権威を浸食し、国家を資本の規制者にしてしまう。権力は分散され、究極的には資本そのものと同じになるが、同時に資本は政治的な真空のうちに存在するのではない。資本は国家を必要とするのであり、国家は以前の専制君主の特徴をかなり保存しているのである。同時に資本主義は国家に依存するために、国家は資本主義の脱 - 規制的な効果に対抗しようとする。資本が分解するものを、国家は支えようとするのである。国家は法律、防壁、制度を作りだす。国家は法律と制裁の手段によって、何が、どこで、いつ流通してよいかを決めようとするのである。このプロセスはコード化の形式に戻ることを意味するが、資本主義への反応であるために、専制君主の支配の時代とは機能が異なるのである。これは管理区域を作りだし、領土を構築することで、資本主義からある程度の権力を奪いとろうとする試みである。資本主義国家は、再領土化する国家なのである。

資本主義社会の矛盾

近代の資本主義的な社会は、きわめて両義的な政治権力を作りだした。一方で、国家と個人の資本の同盟のもとで、富は少数の人々に集中される。国家権力と経済的な権力はたがいに依存しあっており、たがいに補強しあう。主要な産業の利益は、国家の利益と一致する。他方で、資本の論理は社会的な慣習と政治権力から生産的なエネルギーを解放することを目指す。このため資本主義的な社会には、国家権力と資本のあいだに内的な葛藤を発生させる萌芽が潜んでいる。国家は社会的で法的で地理的な統一性に依拠している。資本はこうした統一性を損ねるものである。原則として資本はいかなる社会的または地理的な制約ともかかわりなく、無限に蓄積しようとする原動力だからである。資本主義国家には、このような抑えがたいエネルギーである資本と対立することへの密かな恐怖が懐胎されているのである。

この恐怖のために国家は、資本主義が損ねる傾向のある社会的な諸権威を強化する方向に進むのである。こうして、資本主義国家の論理的な結末はファシズム国家となる。この国家では国家装置が経済をふたたび完全に制御して、国家の究極的な目的、すなわち独自の軍事力の強化のために生産が行なわれるようになる。資本主義国家のこの両義性は、予測不可能なものである。システムがいつ転倒するか、資本の解放がいつ国家の再肯定に転化するかを予測できる人はいないのである。この両義性のために、資本主義システムの核心に、未決定なものが導入されるのである。

人間の普遍的な歴史は、記号論的な抽象度を高める方向に進む運動である。資本主義体制では、資本とともに意味も脱領土化された。資本主義がもたらした抽象の形式は、等価関係が形式と内容のあいだの階層関係をなくしたことにある。一〇〇ユーロの値段の帽子を購入したとして、この取引で何が「形式」であり、何が「内容」であるのか、まったく分からないのである。貨幣と商品の等価関係は、表象的なものではなく、形式的なものである。貨幣にはいかなる内容もなく、価値を交換するだけである。記号のこの脱領土化のもとでは、資本が新しい記号論的な体制となる。専制君主の官僚制度は、古代の社会規則を二重の意味で一義的なものにした。儀式の生き生きとした多義的な現実の代わりに、表象の秩序のうちでの一義的な一対一関係をもたらしたのである。この表象の記号論的な体系は資本主義社会でも、エディプス化する欲望の水準で存続している。

それ自体は表象的なものではない〈欲望する生産〉は、エディプス的な構造の表象的な空間の内部に再領土化されたのである。しかし資本主義そのものは脱領土化する力であり、この記号論的な体制の境界を浸食し、エディプス的な主体の表象空間を破壊するおそれがある。この可能性は『アンチ・エディプス』では資本と同じように脱領土化する原則にしたがう精神分裂症（スキゾフレニア）の患者の姿として体現されている。[*4] 分裂症は記号をその物質的な参照物から脱領土化させ、主体をその社会的なアイデンティティから脱領土化させるのである（分裂症として知られる精神疾患が特別な言語錯乱をもたらし、この錯乱のうちで言語が経験から独立したものとなると考えられているのである）。

スキゾフレニアとパラノイア

分裂症は、資本主義の社会で社会的な生産と欲望する生産を結ぶ〈橋〉となる。一方では分裂症は、資本主義のもとでの欲望の肯定的な限界あるいはユートピア的な可能性を示すものである。欲望が社会的な力に制限されずに、純粋な状態で存在しているからである。他方では分裂症は、資本主義の産物でもある。資本主義がみずから実行する分裂した行為をかたどるものであり、内的な恐怖を示すものでもある。このように分裂症は、資本主義的なシステムのもとで機能することのできない個人の病として、資本主義そのものが作りだすものなのだ。

資本主義国家では、個人の主体の水準に、脱領土化と再領土化がもたらす両義性が存在する。絶対的な脱領土化の点としての分裂症の病像は、妄想症（パラノイア）の病像と区別しにくいのである。実際に精神医学では、パラノイアとスキゾフレニアという語が、一緒に使われることが多い。『アンチ・エディプス』によるとパラノイア患者とは、器官なき身体にたいする欲望する機械の原初的な刻印を拒むことで、欲望する生産のうちに入ることを避けようとする人間のことである。この原初的な拒否が国家に移管されると、パラノイア患者は管理者としての国家が、自分の欲望する生産を抑圧することを望むようになる。だからパラノイア患者は潜在的なファシストである。これにたいしてスキゾフレニア患者は、政治活動として実行された場合には、革命家となる。革命的なスキゾの衝動は、欲望する生産を社会的な生産に直接に注入することになり、エディプス的な構造のうちで社会的な生産から欲望する生産を隔離している表象のヴェールを破ることになるのである。

スキゾフレニア患者には革命的な力が体現されているという欲望の理論はかなり楽観的なものであり、ドゥルーズとガタリはこれと釣り合わせるように、欲望が資本主義国家とかかわる方法について、パラノイア的とは言わないまでも、もっと〔ユートピアの反対の暗黒郷としての〕デストピア的な考え方も提示している。国家はここでは巨大な政治的、科学的、経済的、軍事的な装置として姿を現わす。国家は相互に依存した装置の網の目、最終的には誰も逃れることのできない網の目を構成するのである。この国家権力の圧倒的な規模の大きさが、個人と国家の関係のうちに、次のような別の次元の両義性をもたらすことになる。

グレゴリー・ベイトソンは文化人類学者となって、未開社会のコードや野生の流れを追いかけたが、これは文明世界から逃げだすことを意味していた。次にますます脱コード化された流れ、すなわちスキゾフレニアの流れに向かい、興味深い精神医学の理論を確立したのだった。さらにそれを越えて、突破すべき別の壁を探し求めた。イルカとイルカの言語というさらに奇妙で、さらに脱領土化された流れの研究に進んだのである。しかしイルカの流れの終点はどこだろうか。それはアメリカ陸軍の基礎研究ではなかったか。こうして、戦争準備と剰余価値の吸収へと戻っていくのである(7)。

『アンチ・エディプス』が提起したのは、資本主義が人々の心も地球の全体も植民地化する時代に、これに抵抗する可能性はどこにあるのかという問いであるが、これにうまく答えられているだろうか。

新しい課題

芸術家、哲学者、ジャーナリスト、知識人は、何らかの役割をはたすことができるのだろうか。さまざまな道筋からソキウスは欲望に侵入し、欲望はソキウスにエネルギーを備給するが、この相互決定のプロセスにおいて、まだそれほど決定されていない行動が登場する場所はありうるのだろうか。資本の論理に奉仕することなく、再領土化のプロセスに参加することなく、スキゾフレニアのうちで自己を完全に解体してしまうこともなく、何からの変化を起こす行動様式やプロセスがまだどこかにありうるのだろうか。資本主義と欲望の奥深い両義性のために、こうした行動や創造の空間を開くのは困難になっている。わたしたちは個々の事例について、そのスキゾフレニアの可能性（革命の可能性）は何か、そしてパラノイアの可能性（ファシズムの可能性）は何かを知ることはできないからである。そして資本主義そのものにとっても、「脱領土化と再領土化を区別することは不可能である。たがいに入り組んでいて、同じプロセスの二つの顔のようなものとなっているからである」(8)。

エディプス・コンプレックスのプロセスはすべてのものを包摂する性格のものであるために、『アンチ・エディプス』は資本主義に抵抗することができる実際的な戦略の道を閉ざしている。エディプス化のもたらす抑圧と欲望の弁証法は、このプロセスの外部に、この弁証法に抵抗できるような概念的な空間を残していないのである。エディプス化のうちで、欲望する生産の無意識的な水準で、わたしたちはみずからを隷従させるために力を貸しているのである。わたしたちはエディプス化を通じて、資本主義的な社会秩序の内部で自分を位置づけるために利用するきわめて基本的なカテゴリー（個人の主体と客体のカテゴリー）の内部にあって、自分たちみずからの生を否定しているのである。この主体化＝隷属への参加のプロセスに代わりうる唯一のプロセスは、心的なものの内部で、この表象の構造そのものを根本的に否定することである。

この否定にはスキゾフレニアとパラノイアという二つの道があり、それが政治的に表現されると革命の政治とファシズムの政治となるわけだが、このどちらもリベラルなエディプス的な主体と、こうした主体が中核とする社会秩序である資本主義の秩序には対立するものである。この二つの異なる欲望の形式は、エディプス的な主体化＝隷属に根本的に対立するものであるため、こうした二つの欲望の形式とエディプス的な主体のあいだの移行がどのようにして可能であるかが理解できないのである。言い換えると、エディプス的な主体は、エディプス的な構造に入りこんでしまうと、もはやそれから離脱する方法を考えられなくなってしまうのである。たとえば、ノマド的な主体の自由でコード化されていないエネルギーが、エディプス的な正常性の内部に、ごく内密であれ、どのようにして注入されうるかが分からないのである。

このモデルは、疎外された欲望の原初的な力のようなものを理想化するものであり、その意味では二元論的でロマン主義的なのである。このロマン主義は、欲望の独自の回路の内部に根源的に内在しているために、既存の権力形式に異議を唱えるという政治的な課題を遂行しえないような主体の概念と結びついているのである。資本主義のもとでは、権力は組織的な性質を獲得する。脱領土化と再領土化のプロセスはたがいに他方を維持しあっているのであり、もはやこの二つのプロセスを区別できないほどである。根源的に内在するノマド的でスキゾフレニア的な主体が、この組織的な権力を前にして、どのような違いを示すことができるのか、もはや理解しがたいのである。エディプス的な主観性の批判は、どのような精密な形式においても、主観性の問題を未解決なままに残してしまう。世界の表象的な関係の外部に、どのような形式の行為者の主体を構築することができるのだろうか、言い換えると、精神病院に監禁されたスキゾフレニアの患者のように、たんに狂気に陥り、排除されるのではなく、活動的でもありうるような厳密に内在的な主体を構築することは、どのようにして可能なのだろうか。

〔『アンチ・エディプス』の続編となる〕『千のプラトー』は、こうした表象的な主観性とは異なる内在的な主体を構築しようとする試みである。『アンチ・エディプス』では、批判的なプロセスが推進され、近代の自律的であるが自己抑圧的な主体の徹底的な批判が行なわれたのだった。この批判は、近代の主体とは異なる主体を構築するという課題を残したのだった。『千のプラトー』は主体と表象の批判を続行しながらも、異なった存在様式の可能性を理論化するというこの課題の枠組みで、作業をつづけることになる。

第四章　社会的な存在論

1　自由、知識人、歴史

二つの問題

『千のプラトー』は、『アンチ・エディプス』の続編である。出版されたのは一九八〇年だが、一九七〇年代の後半を通じて執筆がつづけられており、ヴァンセンヌ大学でのドゥルーズのセミナーと並行して書かれた部分も多い。

『アンチ・エディプス』は近代の主体の精緻な批判を構築した。そして近代の主体とは異なるノマド的な主体の理論も提示した。このノマド的な主体は欲望の運動のうちに内在する主体である。しかしこの書物では、この新しいノマド的な主体がどのようにすれば政治的な行動の主体となりうるかという問いは、未解決なままになっていた。ほとんどすべてを包括するかにみえる社会的な管理の網の目を前にして、近代社会の市民にどのような抵抗の道が残されているのかが、明確ではなかったのである。この網の目の〈根〉となるのは、わたしたちすべてがそうであるような正常なエディプス的な主体である。これは自己否定と欲望の厳密な経路づけを行なう主体であるが、この主体のありかたを拒否することができるのは他《た》なるノマド的な主体である。この主体は社会の末端部に、分裂症の患者としてしか登場しえない。これは意識的な選択によって到達できる欲望の状態ではないし、それ自体があらゆる意識的な選択や行為者を排除するものとしか思えない。

抑圧され、自己抑圧するエディプス的な主体と、ノマド的でスキゾフレニア的な主体の疎外された自由は、厳密に対立する二元論を形成しており、二つの異なる哲学的な問題を提起することになる。第一の問題は、この二元論が示しているのはロマン主義の残滓であり、近代の非人称的なシステムが抹殺した自由への郷愁だということである。

これから検討するように、この郷愁は近代の社会学に典型的にみられるものである。『アンチ・エディプス』が、このロマン主義的な反近代主義に傾倒しているというわけではないが、それから脱出する道も示していないのである。この脱出の道を示したことが、『千のプラトー』の重要な成果の一つである。この書物は、ロマン主義的な反近代主義が依拠するすべての概念にそなわる問題を提起してみせたのである。

第二の問題は、国家権力に異議を申し立て、政治的に抵抗するための空間がどうしても空虚なものとならざるをえないということである。エディプス的な主体は、みずからの欲望を否定する道を進まざるをえないし、スキゾフレニア的な主体は、社会秩序の内部でノマド的な生き方をすることはできないのだから、社会の末端的な存在になるか、社会から排除される運命にあるからである。この主体は不利な地位にあるために、政治的な抵抗を実行することも、その動因となることも困難なのである。

ドイツ社会学のロマン主義

フェルディナンド・テンニェス[*1]とマックス・ウェーバーを代表とするドイツの古典的な社会学は、「公的な地位」と、この地位についている人物を区別するという形式的な手続きにしたがって、自分たちこそ、機械的で合理化された近代社会の登場を、その分水嶺において目撃している証人であるという想定のもとで、社会を分析した。テンニェスが示した概念的な対比は、その後の社会学の伝統では、一つの合言葉のようになった。それは習俗と個人的な絆で支配されていると考えられる伝統的な社会「ゲマインシャフト」と、形式化された規則と役割で支配されていると考えられる近代の社会「ゲゼルシャフト」の対比である。

一方ではマックス・ウェーバーは、この新しい形式的な役割が、その役割をはたす個人に与える影響に関心をもっていた。国家を支配する官僚制と、大企業で機能している形式化された作業慣行の関係を研究しながら、こうした近代社会の役割に特徴的な動機は、伝統的な社会にみられる情緒的な結びつきや行動の動機とは、基本的に異なる構造をそなえていると考えた。というのも、こうした新しい役割は、制度の目的を個人の私的な目的から分離することを求めるものだからである。この分離のために個人は疎外という感情、自分の何かを喪失しているという感情を抱くようになった。「専門的な官僚機構は、個人の全体の物質的な存在と理念的な存在によって、この活動に結びついていた。多くの場合、個人は動きつづける機構のたんなる歯車にすぎず、この機構が個人に示したのは、定められた進路だけだったのである[(1)]」。

これは個人は「システム」によって制御されているという感情であり、個人の主体ではまったく制御できない複雑な因果関係の連鎖によって制御されているという感情である。この感情はテオドール・アドルノ[*2]の社会哲学の中心的なテーマでもあり、アドルノはこれについてはウェーバーから着想をえているのである。アドルノによると、資本主義の社会のうちでは、この複雑な管理の網の目が個人の主体の生のすべての側面を決定しているようにみえるが、高等な芸術だけは、この網の目から逃れる自由をもたらすものである。芸術には固有の不決定性というものがあり（芸術を因果関係で説明することはできないからである）、それが資本主義の功利主義の精神に抵抗するのに役立つのであり、芸術はこの決定の構造から逃れる道を提供するものだというのである。アドルノは「功利主義に支配された世界のさなかにあって、芸術はこの世界と異なる世界というユートピア的な側面がある。これは生産と再生産の社会的なプロセスの機構から逃れる道である」[2]と語っている。

この資本主義と近代社会の分析は、自由で権威をもつ主体、近代社会の特徴である「合理化」のプロセスによって汚染されていないはずの主体が、社会のうちで疎外されたというロマン主義的なイメージを含むものであり、このイメージを永久に繰り返しているのである。このモデルは一見したところ非常に説得力があるため、これを否定するのはきわめて困難なのである。

ロマン主義モデルの形而上学的な原理

これは説明モデルとしては、ある形而上学的な原理に依拠している。まず指摘できるのは、このモデルでは社会を、決定と支配によって閉ざされた一貫性のある構造であると考えていることである。『アンチ・エディプス』のエネルギー・モデルを考察しながら指摘したように、ドゥルーズとガタリは、社会的なプロセスについて、マルクスの階級関係の構造モデルに匹敵するような因果関係の構図で説明するパラダイムを提示することを拒んだ。このような表象では、社会的な現実を構成する記号論的な生産のプロセスを内在的に理解することはできないからである。『千のプラトー』でもドゥルーズとガタリは、構造的な説明モデルを採用することをさらに厳しく拒否しているのである。

第二に、社会学的な近代批判では、歴史を一元的にみようとする傾向がある。ウェーバーは合理化が、異なった文明と異なった時期において異なる痕跡を残すものであることは確認しているが、歴史そのものは合理化を進めつづける運動として理解しているのである。この歴史モデルは、『千のプラトー』で示された系譜学的な方法で克服されたと言えよう。

『千のプラトー』の特徴

『千のプラトー』をウェーバーやアドルノの社会学と比較してみれば、この書物で示された方法とプロジェクトには、次の二つの顕著な特徴があることを確認できる。第一にこの書物では、社会の構造的な説明モデルを批判する。第二にこの書物は、歴史を系譜学的に説明する概念を提示しており、これは歴史とは合理化が進む運動であるとみなす構造的で目的論的な概念とは明確に異なる。ここではしばらく歴史の系譜学的な見方と、目的論的で構造的な見方の比較にこだわってみよう。

系譜学的な観点では、歴史を構造的なものとも、ある目的を目指して進むものとも考えない。歴史とは、文明の興亡の歴史であり、その文明を決定する力が次々に登場するプロセスである。『千のプラトー』で提示された歴史哲学では、社会を対立する二つの極に向かってに牽引する一組の力が存在する。これらの二つの極は類似したものであるが、完全に同一なものではない。一方では、すべての国家には社会的な実践の調和を目指す中央集中的な運動があることを想定する。そのための手段としては、課税などの経済的なシステム、徴兵制や教育、均質な宗教原則や道徳原則の確立の試みなどが利用される。他方では、この調和と社会的な現実という〈求心的な〉動きに対立するように、細分化を進める〈遠心的な〉力が働くと想定するのである。科学、セクシュアリティ、宗教的な信念などの領域で、調和から逸脱する実践とシステムを発展させ、物理的な移動性と社会的な移動性を高めるのである。国家による調和の概念は、合理化と近代化のモデルに一致するようにみえるが、これと対立する遠心的な細分化の運動はこのモデルには属さない。しかし産業、大都会、裕福なブルジョワ階級、大銀行など、社会経済的な発展のプロセスという視点からみても、世俗化、民主化、個人主義を推進するという政治的な視点からみても、近代においてこうした遠心的なプロセスが発生しているのは、歴史的にも明らかなことである。

さらにこの調和の求心的な方向と、細分化を進める遠心的な方向という二つの概念は非常に形式的なものであり、歴史に単一の方向があるというよりも、歴史が変動を繰り返すものであると考えるほうが適したもののようにみえる。これらの原則は、近代の概念からは独立したものと考えることができる。『千のプラトー』ではこの〈求心的な〉動きと〈遠心的な〉動きの対立のほかに、歴史についての第二の概念対を提示する。この第二の概念対《つい》では、独立性がさらに顕著になっている。この概念対は定住者とノマドの対立である。これは二つの種類の社会組織、国家装置と「ノマド的な戦争機械」と呼ばれる組織に対応したものである。

国家組織は、古代エジプトやメソポタミアなどの「水力学的な」社会の古代国家としても、近代の産業的で民主主義的な国家、あるいは全体主義国家または「ファシズム」国家としても描かれる。ノマド的な戦争機械は、こうした国家の組織が促進する認識的で記号論的な原則、すなわち『アンチ・エディプス』の専制体制にみられるように二重の意味で一義的な記号論的な原則からは自由な社会組織を実現しようとするのである。この自由は国家の成立に先立つという意味では、古代的で原初的なものであるが、古代的な社会だけにかぎられるものではない。ノマド的な存在様式は、コード化と表象の記号論的な体制の外部にあって、行動と知覚と組織の関係において環境に関連した認識的で社会的な原則である。国家の組織と異なるこの社会・認識的な原則が方法論的に重要なのは、これが歴史横断的なものであるということである。国家とノマドの対立は、特定の時代にも、特定の社会にも限定されないのである。

国家とノマドの関係は動的なものである。国家は荒れ狂うノマド的な戦争機械を制御しようとするが、この試みのうちで国家も戦争機械も変身するのである。戦争機械はそのものとして反－表象的なものであり、国家は記号論的な表象の原則と同一である。ところがこれらが統合されると、戦争そのものが表象の対象となる。このため、戦争がもたらす最大の暴力は、国家の設立に先立つものとなり、国家は人民をこの暴力から保護するという目的のために設立されるわけではなくなるのである。ホッブズはこの目的によって、国家の権威を正当化したのだった。むしろ戦争は、国家の組織的な力をつうじて可能になるのである。

あるいはこの変身のプロセスが転倒して逆の方向に進み始め、ノマド的な戦争機械が国家の組織をうけつぐこともある。そうなると国家はその正常な機能から逸脱して、戦争の遂行に完全に吸収されてしまう。ファシズム国家はまさにこうした国家なのである。これは国家のすべての行動を、戦争という支配的な目的に従属させる体制である。ファシズムが典型的な近代の現象であるということは、ごく長期の文明の歴史からとりだした国家とノマドの概念の組み合わせによって説明できるのである。

系譜学的な歴史の特徴

このように系譜学的な歴史はごく長期にわたる歴史である。この長期的な観点から生まれる人間の概念は、進歩を進める啓蒙の主体とも、近代の支配システムに直面した社会学的な個人の主体とも、きわめて異なるものである。ニーチェは『道徳の系譜学』で系譜学的な方法を利用しているが、前章で検討したように、この方法は人間を自然の「種」として、「人間という動物」として、さまざまな文化と社会の歴史を通じてゆっくりと変化する人類学的な観点から分析するものである。この種の歴史における変化は、産業化、都市化、民主化、およびその他の近代化の急激なプロセスによって発生するものではなく、別個の遠く離れた歴史的な時代と文化を通じて、すなわち連続的な文明を通じて発生するのである。系譜学において人間という動物を理解すべき地平は、過去の三〇〇〇年から四〇〇〇年の期間をかけて人間の文明が継続してきた長いスパンなのである。ニーチェは、道徳的な良心の系譜を考察したこの書物の第二論文で、道徳の発展を人間という動物が新しい本能を「学習」するプロセスとして考察している。人間は生まれつきのものではなく、抑止と省察という、本能に反する新しい本能を学んだのである。ニーチェはこの本能の歴史を、自然史で発生する変化に比較している。

これは水棲動物が、陸棲動物になるか、それともそのまま滅びるかという選択に迫られたときに経験した変動と同じ種類のものであり、野蛮な生と戦争と漂泊と冒険のうちに幸福に適応していた半ば動物に等しい人間も、同じような選択を迫られたのである――人間のすべての本能が一挙にして無価値になり、「外れて」しまったのだ。(3)

このように系譜学的な歴史は、古典的な社会学の好みのテーマであった近代と近代化のプロセスを、近代の時間的で歴史的な地平からえられた観点から考察しようとはしない。この社会学の観点は、近代の社会のうちに生きる経験から生まれたものであり、疎外の経験であり、ドイツの社会主義の伝統に繰り返し発生するテーマ、すなわち失われたゲマンイシャフトへの郷愁から生まれた観点にすぎないのである。

二つの知識人像

社会学による近代批判と、この系譜学的な分析方法を比較してみると、さらに別の違いがみつかる。それぞれの理論的な歴史的な記述は、歴史的な現在について、その読者について、語りかける水準が異なるのである。

どちらの歴史のモデルでも、理論の主体は〈現在〉にたいして明確な立場をとるものの、〈現在〉そのものの意味が異なるのである。合理化の社会学では、〈現在〉は近代化がさらに進み、合理化がさらに進む将来に向かう瞬間である。これとは対照的に、系譜学にとっての〈現在〉とは、文明の歴史の終点である。

この〈現在〉の概念の違いのために、知識人像にも大きな違いがみられる。合理化のモデルが提示する知識人の像は、現在と、それが表現する歴史的なプロセスを解釈する中心人物である。ところが系譜学が示す知識人の像は、前進しつづけるプロセスの一部としてではなく、文化と社会において発生する対立する傾向のあいだで変動し、揺れ動いてきた四〇〇〇年の歴史を背景として、遠い場所から利害関係のない者として現在を観察する人物である。この歴史もその歴史がたどってきた社会も、要約して理論化できるような知的な構造はそなえていない。そのため系譜学的な観点では、歴史の主要な解釈者という知識人の像が占めるべき場所はないのである。

〔社会学では〕知識人は、社会の利益のために発言し、少なくとも暗黙的には、将来の政治的な行動を目指して発言するのだと主張する。たとえばアドルノがホロコーストという観点から、「進歩」の観念について次のように語っていたのをごらんいただきたい。「人間の独自の地球的な社会の構成は、自己意識的な地球的な主体が誕生して介入しない限り、その生命を脅威にさらすのである。もっとも極端な全体的な破壊を防ぐ進歩の可能性は、この地球的な主体だけに委ねられるのである」(4)。

この知識人は、理論と実践を媒介する主体として、社会のうちで発生している危険について社会に警告し、将来において可能な方向を指し示す知識人の像である。将来の行動の地平を示すという考え方は、知識人が語りかけることのできる社会という概念を含むものである。知識人は集団的な行動の主体となることができるのであり、知識人は社会の政治的で精神的な指導者となることを願うのである。

これとは対照的に系譜学の理論家は、理論と実践を媒介しようとして、社会に語りかける主体ではない。懐疑的な視点に立つのである。文明とその継起について長期的で歴史的な観点を示すことで、現在という時代の自己理解、とくにその信念と原則の重要性にたいする信念を疑問とし、相対化する。この懐疑は、感情に動かされないものでも、シニックなものでもない。系譜学者は進歩、民主主義、個人主義という原則を相対化するが、それはたんに人間の行動への無関心という姿勢を肯定するためではない。ドゥルーズ的な系譜学者は、同時代の社会的な現実を構成するさまざまな力の配置のうちで、自由の大義を主張し、政治的な対立と解放の可能性の線を示すのである。ただしこうした対立と可能性は、「歴史の運動」と「集団的な政治プロジェクト」などに総合できるものでも、要約できるものでもない。系譜学者は政治的な集団に語りかけたりはしないのである。

ジョン・ライクマンはドゥルーズ論において、政治的な行動について初期のドゥルーズの思想の姿を正確に診断している。「どんな綱領もどんな計画もなく、いかなる集団的な行為者もいないところで問題を明示することが重要であることが多い。こうした問題は新しい集団を必要としないものであり、まだ定義されていないものだ。それだからこそ共通の認識やコードに先立って思考するという情熱や情緒にしたがって、プロセスそのもののうちで問題を発明する必要があるのだ」[5]。この解読は、系譜学的な理論家を将来のスポークスマンとして、新しい思考と生活の道を開くための理論的なツールを提供する解放者として描きだすものである。これが『千のプラトー』の目的の一つであるのはたしかだが、理論と実践がどのように関連づけられているのか、さらに詳細に検討してみる必要がある。

『千のプラトー』における理論と実践

まずこの書物が次の四つの軸で構成されているのは、最初から明らかである。第一は存在論的で記述的な軸であり、第二は系譜学的な軸であり、第三は倫理的な軸であり、第四は認識論的な軸である。第一の存在論は、社会の現実を形式的に記述する。第二の系譜学は、主観性と国家を記号論的で歴史的な観点から説明しようとする。第三の倫理学は、外的な評価に抵抗する内在的な自由である。第四の認識論は、「存在論的な異質性」と呼べるような観点から構築された科学理論である。

これらの四つの議論の軸が、この書物を横断しており、これによって表象の複雑な批判が展開される。この表象の批判を紹介するためには、この批判の四つの次元を詳細に検討する前に、まず社会理論のもっと広い視野から、この批判的なプロジェクトの核心にある社会的な存在論を明確にしておく必要があるだろう。『千のプラトー』では表象的な存在論のカテゴリー、すなわち個人、社会、国家というカテゴリーを批判しながら、もっと別の存在論的なコンセプトを提案しているからである。

2　「社会的なもの」と「自然なもの」

社会の誕生

古典的な社会学と政治哲学では、社会の現実を、国家あるいは社会と、個人という二つの対立する存在論的な極から説明しようとする傾向がある。デュルケームは社会を、「集団的な意識」または集団的な規範が、個人の意志と信念に影響することによって特徴づけることができると考えた。そのため「有機的な連帯性」と呼ぶ社会的な関係が複雑なものとなって、個人にたいする社会の影響力が低下すると、社会的な統合が弱まる可能性があるわけだ。だから近代社会の条件は、個人主義とコミュニティ、あるいは社会的な結合との対立にあることになる。レイモン・アロンはこれを簡潔に次のように表現した。「デュルケームは、有機的な連帯とは、集団的な意識によって包まれた存在圏域が小さくなること、禁止の違反にたいする集団的な反応が弱まること、そして何よりも社会の掟を解釈する個人の自由度が高くなることだと考えた」[6]。この単純な存在論的なモデルは経験に根差したものである。社会学者は、異なる社会的な役割をはたす個人を観察する。次にすべての個人を包含する社会的な関係の総体というものがあるはずだと考え、社会という観念に到達するのである。

　この個人と社会の二元論は、ホッブズとルソーのあいだで発展してきた複雑な政治哲学の伝統をひきついだものである。近代初期の政治的な問題は、政府の支配の正当性と、個人の市民が政府の支配に服従することの正当性を示すことにあった。そして十八世紀のうちに、平等主義的な考え方が広まると、国家と市民の関係がさらに動的で複雑なものとして理解されるようになり、「社会」という第三の概念を導入することが必要になったのである。これはすべての市民をまとめる「コミュニティ」の考え方であり、ホッブズが考えたようにたんに市民を内戦から保護することを目的とするのではなく、市民に自由を実現する手段を提供することを目的とするようになったのである。政治思想史家のプラムナッツは市民の権利と権限の獲得の分野におけるこの発展について次のように説明している。

ルソー以前の偉大な政治思想家の多くが、何らかの形で人間の平等という信念を表明していたのは疑問の余地のないところである。しかしここで考えられた人間の平等は、統治される以前にすべての人間が特定の権利を所有しているということだった。既存の社会のなかで権利を獲得するか、権利の獲得のための選挙権を拡張することだけを求めていたのである。ルソーのように、コミュニティが社会的にも政治的にも、現状とは根源的に異なったものとならなければ、平等も自由も不可能であると主張したわけではなかったのである。(7)

政治哲学は次第に、社会を政治的な観点から、さらに存在論的な観点から考察するようになり、やがては個人の政治的な自由が実現されるためには、社会がたんなる統治と法律のシステムであってはならないことが十分に理解されるようになったのである。言い換えると、社会はもはやたんなる国家装置ではないことが認識されたのである。

ホッブズの政治哲学は、人間を原子論的なものと考える存在論に依拠したものであり、〔社会のような〕第三項は存在しなかった。個人は支配者の強制的な影響のもとで国家へとまとめあげられたのであり、個人を国家に統合する支配者の権力は、平和を維持し、内乱を防止することにあった。この原子論的なパラダイムでは、社会的な絆そのものを説明するのは困難だったのである。そして社会を構造として、個人として、また個人相互の関係としてその成員を含み、定義するような構造として明確に説明しようとする試みはルソーの政治哲学から始まったのであり、これをヘーゲルとマルクスがうけつぐことになる。しかしこうした試みの背景にある存在論的な想定は、まだかなり個人主義的なものだった。社会的な現実のために提起された問題は、社会のうちでの個人の相互依存という問題であった。ただしマルクスにおいても、こうした個人はまだ社会的な関係によって完全に定義されていたのである。

「社会的なもの」とは

『千のプラトー』は基本的な存在論の次元から、社会的な現実を構成するものとは何か、すなわち社会的な存在を作りあげるものは何かという問いを問い直す。『アンチ・エディプス』では生産の動的で記号論的な理論が構築され、これによって国家、社会、個人の存在論的な概念は、記号論的なプロセス以前に存在するものについても、その外部に存在するものについても、何も語りえないという結論がだされたのだった。経験のうちに物理的または自然的に登場するものに先立って、現実が記号論的に構成されるのである。この記号論的で発生的な理論のために政治思想の分野で、非常に強い反‐経験論が生まれた。あるいはこの記号論的な理論を通じて推進された表象の批判のために、社会学と政治学の理論においてそれまで自然に与えられたものとして権威を認められていたいくつかの社会存在論的なカテゴリーが、疑問とされるようになったと言えるだろう。

『千のプラトー』はこのプロジェクトをさらに推進するが、この書物の理論的な探求の目的は、もはや権力を分析することではなく、社会の現実を全体として記述することにある。市民の服従の正当性を示すという課題から、社会的な現実のうちに存在するすべてのものの特徴を明確にするという課題に移るのである。国家と個人を、説明のための基本的な存在論的な概念とみなさないという姿勢は、社会的な現実を（以下では「社会的なもの」と呼ぼう）、それ以前に独立して存在していた項のあいだの関係に還元してはならないという一般的で認識論的な必要性から生まれたものである。〈社会的なもの〉は個人が集まって作られたものでも、特定の国家の領土的な支配で区切られた領土にかかわるものでもない。〈社会的なもの〉はまず存在の一つの次元なのである。しかし〈社会的なもの〉と呼ばれるこの次元には、どのような特徴があるのだろうか。

社会的であることとは、特定の相互作用の場に存在することであり、この相互作用はきわめて広範な要素で構成されるが、認識、空間、権力、歴史という四つの次元がもっとも重要である。まず社会的であることとは、ある秩序づけ（認識）の様式として存在することであり、環境（空間）と特定の関係にあることである。また特定の領域（権力）のうちで、国家権力の循環を強化し、脱中心化し、変形することである。最後にさまざまな時間的な拡がり（歴史）の多様な歴史的プロセスに参加することである。

さらに社会的であることは、ある特殊な因果関係のうちにあることである。この関係は『差異と反復』では「共鳴」という呼び名で、もっと形式的な概念として考えられていたものである。これは、ある対象が法則に支配された形で他の対象に働きかける線形的な因果関係とも、マルクス主義と精神分析で理論化された構造的または体系的な因果性（資本蓄積の論理と、欲望とその抑圧の構造）とも異なるものである。『差異と反復』の場合と同じようにドゥルーズにとって重要だったのは、古典的な形而上学の決定論的な体系を再解釈して、好機や未規定なものにふさわしいものにすることだった。だから『千のプラトー』でドゥルーズとガタリは、同時代の人文科学や社会科学の構造的な説明方法を覆して、因果的な決定の観念の代わりに、まったく異なる種類の決定の観念を導入するのである。これは『差異と反復』で示されたイデアの概念と同じように、個人化を説明する原理でもある。

個人化を説明する決定因は、異質な因果的なセリーのあいだの共鳴として理解されるようになったのである。日常的な経験においてごく自然な態度で考えるときには、まず個別の対象、出来事、人々から出発して考えるものだが、この新しい考え方の「対象」となるのは、プロセスの配置、それも他のプロセスに影響するプロセスの配置なのである。この考え方では、経験の内容に対応するような中心を明示することはできないのだ。

さらに〈社会的なもの〉のカテゴリーは、人間の活動のすべての側面を対象とするものであり、物質的なものと心的なものという区別にも先立つ。すべての思想とすべての対象は、まず〈社会的なもの〉として存在するからである。だから〈社会的なもの〉のカテゴリーは、社会についてのわたしたちが考えるカテゴリー的な区別にたいしては中立である。ということは社会的なプロセスを構成する相互作用と共鳴の運動のうちには、カテゴリー的な制限は入りこめないということだ。

因果的な決定と相互作用がこのように開かれたものであるという性質をもつために、未規定である傾向が強くなる。未規定であるということは、自由と変動の可能性がそなわっているということであるが、この自由は主観的な意識の内部で選択の力として表象されたものではないし、個人や集団が意識的に選択した行動によってもたらされる自由でもない。これは線形的な因果的決定からの自由であり、予測できない形で変化する自由である。

この〈社会的なもの〉のカテゴリーはすべてのものを含むものだが、どこかに存在するというものではない。社会と呼ばれる一つの大きな単位が存在するわけではないのである。〈社会的なもの〉は異質なプロセスとして、関係の束として存在する。共鳴や相互作用が意味するのは、非常に異なった性質のものが同時に影響しあいながら存在するということである。この相互作用は、その構成要素をすべての存在に均質に該当するカテゴリーに分割することでは理解できない。こうしたカテゴリーによる分割のすべてを通じて、因果的な決定と共鳴が横断的に移動するからである。決定は超カテゴリー的なものなのである。

この新しい存在論がもつ意味は、どれほど強調しても、強調したりないほどである。この存在論は、わたしたちが自分自身について、歴史について、社会的なプロセスについてどう考えることができるかを示すものなのだ。

3　形式的な存在論と社会プロセス

思考の役割

『千のプラトー』はさまざまな人文科学や社会科学と議論を展開しながら、異なった歴史的な条件のもとで登場しうる主観性、権力関係、社会の形成について、一般的で形式的な分析を行なう。この分析は、『アンチ・エディプス』で提起された欲望と国家の理論よりもさらに精密で、同時に広範なものである。ドゥルーズとガタリは一つの統一的な理論を構築するのではなく、一見すると非常に異なったテーマについて、かなり独立した形で考察を展開するのである。たしかにこうした文章では広範なテーマをとりあげているが、いずれも思想と社会における秩序の性格について、きわめて焦点を絞った認識論的および形而上学的な問題にかかわっているのである。

『千のプラトー』は同時代の人文科学と社会科学についての広範な認識論的な議論であり、批判でもある。この批判的な議論のうちでドゥルーズとガタリは、人間と社会の現実を全体的に記述する。この書物の議論の原動力となっているのは、この記述の構造である。「プラトー」という概念は、思想と物質の現実の区別とも、文化と社会の区別とも独立したものである。このことからも、この書物には明確に定義された目的がないことがわかる。既存の学問分野にうまく分類できる本ではないし、哲学のどの分野でもおさまりが悪い本なのだ。

ある意味ではすべてにかかわる本なのである。すべてを含むとともに、境界で閉じられていない本だ。広範な活動、文化的な実践、社会組織形態を考察し、知覚とセクシュアリティから、音楽と文学、社会的なミクロの相互作用、そして国家の形成にいたる問題までが語られる。しかもこれらのすべての活動も実践も、組織形態も、同じ形式的な原理にしたがって編成されたプロセスとして分析されているのである。この社会理論では、さらに表象の新たな批判が展開される。すべての思想は、他の社会的な実践で構成された力の場の内部で行なわれる社会的な実践とみなされるからだ。

このように思考は、社会的な環境と直接に相互作用するものとして考えられている。表象や主観性などの閉じた領域に属するものではないのである。思想についてのこの社会的な理論では、権力は思考に内在したもの、思考を形成するものなのである。

『アンチ・エディプス』では、欲望はみずからの抑圧に手を貸すものであることが指摘された。『千のプラトー』ではこの議論がさらに一般化される。思考はいまや、表象と主観性の格子のうちにみずからを閉じ込めることに、積極的に関与しているのである。『千のプラトー』で疑問とされる主要な分割線は、思考と現実を分割する線であり、個人的なものと集団的なものを分割する線である。思考と現実の分割という次元では、思考はプロセスとしても、「内容の形式」としても現実的なものであり、社会的な現実はそれが生みだし、社会的な実践と組織様式を通じて体現する思想と独立しては存在しえないのである。個人と社会の区別の次元でこの書物が明らかにしようとするのは、集団と個人を通じて同じプロセスが働いていること、そしてわたしたちがみずからについて自己意識をもつ主体とか、経済的な行為者とか、話す個人とか、政治的な市民など、さまざまなイメージをもつとしても、そのどれもが社会的なエネルギーと権力の特定の構成要素にすぎないということである。

『千のプラトー』の存在論はまったく形式的なものであり、線、面、層などの幾何学的または地質学的な概念を中心として構築されている。このような抽象的で空間的な概念が現実の範囲、主として社会的な現実の範囲を、プロセスのうちで形成されたものとして確定する。このような抽象的で形式的な概念を利用することの利点は、アリストテレスの「もの」の概念と同じように、それが〈何であるか〉を示すモデルを提示せずに、そして現実が人間の表象と一致する必要があることを想定せずに、すべての存在の組成の物質的な条件を示せることにある。

点と線

ドゥルーズとガタリは、社会的な現実のうちには、社会のうちに存在しうるものを厳しく制限するように思えるシステムが存在すると同時に、思考の実践において、そして一般的な社会的な実践において、秩序を作りだすシステムもまた存在することを示そうとする。そしてそのために、二つの一般的で形式的な原則を提示するのである――中心に集まる原則である点と、観点を特定しない原則である線である。線は始点も、中心、終点もない構成的な原則であり、それを眺めるべき理想的な視点というものが存在しない。これとは対照的に点とは、機能的で階層的な秩序の原則であり、ある理想的な視点、すなわちその「点」が示す視点から眺める必要がある。

思考の活動においては、この点と線という二つの種類の原則のあいだで闘いが展開される。片方の〔点の〕原則は中央に集まろうとする階層的な力をそなえており、安定した関係を作りだし、世界をこうした関係に基づいて表象しようとする。これに対立する原則〔線〕は、非線形的でみずから脱中心化する力をそなえた組織形態であり、これは自然にも、芸術や社会的な実践のうちにもみいだすことができる。『アンチ・エディプス』ではこの対立は、社会機械の制御する権力と、欲望する機械の脱中心化する生産性の対立として提示されていた。しかし『千のプラトー』では秩序づけの力と脱安定化する力は、同じ水準で、すなわちそれぞれの実践において、それぞれの思考の糸において、あらわになるのである。

しかしエディプス的な主体の場合と同じように、ここでも硬直した社会的な構造が、歴史的および社会的な現実となっている。社会の現実のうちでの階層的で機能的な関係が実現することは、国家の支配の歴史的な発展と拡張と軌を一にするものなのだ。国家は、社会全体の領域を支配する原則の起源であり、これは表象、調和、組織化という構造的な様式で行使される。だから国家はたんに権力の中心であるだけでなく、権力が行使される支配の原則でもある。国家は、個人や構造のうちに象徴させることのできるものでも、組織でもない。国家が国家として現われるのは、人間の行動のうちにおいてだけである。この国家のあり方は政治的であると同時に認識論的なものである。国家とは、構造的な関係にしたがって社会的な場を組織するような権力である。だから構造的な思考方式を採用することは、国家の拡張に寄与することなのだ。

リゾーム

構造的な思考と階層的な思考に代わる思考を作りだすために、『千のプラトー』ではリゾームという概念を提示している。「リゾーム」（根茎）とはもともとは、広く拡がった木の根のことを指す語である。この書物ではリゾームの概念は、ある関係の秩序立った集合であり、それぞれの要素はこうした関係にたいして、階層的な秩序も、機能的な秩序も、中央集中的な秩序も強いることなくたがいに関係しているのである。流動的なシステムと関係のリゾーム的な原理は、内在が超越と対立するように、国家の規則の組織原理に対立するものとして提示される。国家の記号論は、つねに中央集中的で階層的な観点にしたがって関係を提示するが、この観点は表象する関係の集合にとっては外的なものである。

　これにたいしてリゾームの関係は、厳密な意味で内在的な関係である。このようなリゾーム的な関係について考えるには、ドゥルーズが『スピノザと表現の問題』でその特徴を描きだした参与あるいは発展の方法が必要となる。〈内在〉ということは、わたしたちがリゾームのプロセスについて語りうるいかなるものも、それを表現するいかなる属性のリストも、そのプロセスそのものを定義できないということである。さらにリゾームのプロセスは部分的なプロセスで構成されているが、これらの部分的なプロセスは構造のうちに統合できず、その進路はプロセスに影響する原因の知識では予測できない。リゾームのプロセスは認識論的に内在的なものであり、その発展方向について外的に定義することができないのである。存在論的には、リゾームのプロセスには、関係の再生可能な構造がそなわっていないという特徴がある。

内在の概念と発生の原則

内在的なプロセスのわかりやすい実例は、エクリチュールにおいてコード化されない芸術作品である。しかしドゥルーズとガタリが好む実例は、ノマド的な戦争である。この実例はリゾームと国家の違いの別の側面を浮き彫りにするものである。国家は奪取とコード化の原理である。国家は『アンチ・エディプス』では、〈過剰コード化〉と呼ばれた記号論的なプロセスを通じて権力を行使したのだった。〈過剰コード化〉は、要素のあいだで一対一対応する関係、二重の意味で一義的な関係の特殊な記号論的な体制を示す概念である。司法のシステムも、課税のシステムも、戦争の公式的な規則も、〈過剰コード化〉の記号論にしたがう。国家はこの過剰なコード化をつうじて姿を現わすのであり、国家が成長するのは、ますます広い社会的な現実の領域に、この〈過剰コード化〉を拡張してゆくことによってである。

内在の概念はさらに、構成の存在論的な概念を通じて発展されて、具体的なものとなる。社会的な相互作用と社会的な制度は、モデルに適合した一次的な構造物ではなく、内側からしか考えることのできない力の特殊な構成なのである。『千のプラトー』はいわば社会的な構成の形式的な理論なのである。この構成という概念から、思考と説明についての表象の原則と発生の原則との違いに立ち戻ることになる。表象的な思考では、存在者は個物として存在するのであり、それぞれが特定の種に属するものと想定する。さらにこの思考は、事物において発生するものは、観察可能であり、因果関係で説明できると想定している。

発生の原則はこの観察可能な特徴という考え方にも、因果関係による説明の原則にも対立する。

現象を説明する経験的な法則という近代的な科学のモデルにしたがうにせよ、本質的な特性と最終的な原因というアリストテレスの古いモデルにしたがうにせよ、こうした因果関係による説明の原則を否定するのである。プロセスを決定し、個別的なものとするのは、観察することもできず、プロセスの定義のうちに含めることもできない複数の原因の集まりだからである。

どのような「対象」も、それを決定する異なった種類の力とプロセスの集まりによって条件づけられた関係の〈束〉である。そしてこれが存在する環境そのものは、力とそれを決定するプロセスの多様体で構成されているのである。だからこの〈束〉の内部に、ある個別の物を孤立させて、それを説明するための一連の出来事を割り当てることはできないのである。「対象」について考えるということ、すなわち現実のある特徴について考えるということは、それを発生的に作りだすということであり、それを条件づけ、決定する原則と力の構成を、思考のうちで再生するということである。『千のプラトー』はこの発生的な原理を、人間という「主体」を含めて、社会組織のすべての特徴に適用する。

この方法の形式的な出発点となるのは、多様性の概念である。多様性は、それを構成する要素に先立って、触発をうける能力として形式的な定義された未決定な「集合」として存在する。この多様性が一貫性を作りだし、その上で、その内部で働く力を通じて、特定の決定されたものとなるのである。多様性が触発されると、それは関係の集合として組織される。『千のプラトー』で提示された存在論は、段階的に種を形成し、「多様性」の差異を作りだすものとして組織されるのである。この議論は、まったく未規定な多様性という概念から始まって、異なった種類の社会関係を経由して、複雑な因果的な相互作用の概念、抽象機械という概念に到達する。多様性は、存在のもっとも基本的な要素であり、力によって触発されうるものである。この抽象機械とは、『差異と反復』における共鳴の場と同じように、異質な因果的なセリーを調和させたものである。社会的な生は、形成されるべき未規定な能力である多様性と、相互に特定される決定のセリーである抽象機械という二つの規定的な秩序とのあいだで展開されるのである。

四つの存在論のカテゴリー

『千のプラトー』で提出されたこの内在の存在論は二つの意味で形式的である。まずこれは準‐数学的な言葉で表現されており、関係づけられる存在者よりも関係を優先している。第二にこの関係の理論は、関係がどのように形成され、どのように分解されるかに考察を集中させるものであり、それが適用される存在の種類には無関心である。この理論が社会的な存在に適用されるのは、その第二段階においてのみである。『差異と反復』では、第三の反復の総合の概念によって哲学的な抽象が理論化されていたが、これと同じ性格のものなのである。

この第三の反復の総合は、絶対的に形式的な思考のプロセスを作りだすものであり、いかなる意味でも生きられた経験からカテゴリーを生みだすことはなかった。『千のプラトー』で社会的な存在を記述するために使われている準‐数学的な語彙は、これと同じ理想的な抽象を推進する。経験によって作りだされた存在論的なカテゴリーによる予見が入らないようにするために、経験を含む社会的な現実を記述する絶対に抽象的な概念の言語を作りだす必要があるのである。ただしこの経験は、わたしたちが経験の内部においてその経験を表象する方法に基づくのではなく、独自の内在的なプロセスに基づいて、実践的に眺められた経験である。

多様性を規定する営みは、二つの秩序づけの次元において、〈二重の分節〉を行なうことによって実行される。この二重の分節という概念は、そもそも言語学において、音声と意味による言語の組織を区別するために利用されたものだった。ドゥルーズとガタリはこの概念を使って、本質的な特性によって定義された事物の表象的でアリストテレス的な存在論、すなわち単一の分節の存在論に異議を申し立てるのである。〈二重の分節〉の原則は、同じ存在のうちで、しかし異なった「水準」で、異なった秩序づけのプロセスが同時に発生していることを想定する。これらの水準は、異なった種類の組織化に関連したものである。この二つの水準の組織化の違いは、部分的には環境との関係の違いによって、周囲の事物との境界や相互作用の多寡によって決定される。

最初の分節の水準は、単純な要素の動的な相互作用で、分子的な組織化と呼ばれる。第二の水準は、種とカテゴリーによる秩序づけであり、モル的な組織化と呼ばれる。これらの二つの秩序づけの原則の構成が、地層を形成するのである。

この地層は、脱領土化する力によって未規定なものとなるのであり、この力は地層を分解させることもある。これらの力が全体の地層または地層の「組み立て」に影響する逃走線を構成する。このようにして、すべての決定された多様性の形式的な特性を定義する四つの存在論的なカテゴリーを手にいれたことになる。

一　モル的なカテゴリー化

二　分子的な動力学
三　脱領土的な力。これは組織化の二つの水準で機能する
四　組み立て（アジャンスマン）。これは層の集まりであり、前記の三つの組織化の原則と第四の脱組織化の原則を含むものである。

社会の形態的な分析では、社会的な存在を前記の〈二重の分節〉、環境と関係、脱領土化する要因に基づいて決定された多様体として表現する必要がある。階級、個性、文化、家族などの構造を利用しながら出来事やプロセスを説明しようとすると、分子的でもあればモル的でもあるものとして層化された〈二重の分節〉を見逃してしまうし、すべての出来事やプロセスが現実の複数の水準で、同時に関与していることを見逃してしまうことになるのである。この〈二重の分節〉は、社会的な生に秩序が欠如していると主張するものではなく、この秩序には、組織の複数の交差する層が含まれることを主張するにすぎない。古典的な社会学は、合理的な利益、規範の共有、組織原則など、人間の行動を合理的で理解しやすいものとする原則を背景にして、社会的な生活を説明しようとする。これにたいして社会を多様体や地層のような数学的な用語や地質学的な用語で表現するのは、社会的な生活を古典的な社会学とは異なる還元的でない構成的な特徴で説明しようとするからである。

アジャンスマン

社会的な現実においてまず構成されるのは、「組み立て」（アジャンスマン）と呼ばれる力である。

フランス語のアジャンスマンという語には、行為者（アジャンス、エージェント）の意味が含まれる。組み立ては行為の構成なのである。これは社会的な空間では主体の位置を占めるが、自己意識によっては定義されないものである。いわば特定の媒体や層における力の編成なのである。アジャンスマンのうちに異質な力の集合が集められ、特定の行為者と特定の権力の利用が生みだされる。

〈組み立て〉は、さまざまな層の内部に存在し、さまざまな層で形成される。層は相互作用と発達の場として、環境とともに、そして他の層とともに、独自の［外部との往来のある］多孔性の境界を確立する。層や地層という地質学的な用語が使われていることは、さまざまなプロセスは場所の種類によって定義されるものであることを示すものである。これらは力の構成の産物であり、その構成には場所が必要なのだ。〈層〉は力の構造が起こる場所である。これは相対的な秩序の層なのだ。これらの層は物理的な存在者と同一ではない。層の境界は、知覚できる対象の境界と重ならない。層は、身体の細胞の一部のように比較的小さなものである場合もあるし、特定の地域で話される方言やある会社の富の循環のように、かなり大きなものである場合もある。層の境界はそれぞれの層に独自のもので、必ずしも空間的なものではなく、対象の外部に現われることもある。

〈層〉と〈組み立て〉は、それらが環境に適用する秩序の記号論的な原則によって編成され、機能する。そして社会的な現実として存在する刻印の表面と意味の表面を作りだす。これは意味を作りだすものであり、世界を複雑で意味のある世界にするのである。このプロセスは、分節された地層の内部では、脱領土化する不安定な力が働いているが、この効果のもとで、こうしたプロセスが発生する。『アンチ・エディプス』の場合と同じように、この「脱領土化」という概念は、記号論的なものである。社会は地層のあいだに意味の表面を作りだす。そして脱領土化は、この意味の生成の発生的な原因である。文化、社会、心的な活動のように、異なる層と階層のあいだで翻訳するプロセスなのだ。このプロセスは、秩序づけの原則にさらに抽象的で、文化的で、純粋に認識的な機能を与えることで、層のプロセスの内部に体現された秩序づけの原則を抽象するのである。

〈逃走線〉

意味の表面は、さまざまな長期的なプロセスで形成されるが、ひとたび社会的な現実のうちに登場すると、競合するカテゴリーや意味作用によって追いだされるか、あるいは領土化されるまでは、姿を消すことはない。だから社会的、歴史的な現実のうちのあらゆる地層とあらゆる〈組み立て〉は、意味によって、カテゴリーとコード化の破片によって、要するに語りうるものと考えうるものによって、浸透されているのである。社会の成員はこれらの〈語りうるもの〉と〈考えうるもの〉を利用して、言葉として表現し、自分たちの行動に適用し、将来の方向を示して行動を決定していくのである。

わたしたちは考えるときには、じつはあらかじめ定義された〈秩序づけの原則〉に基づいて組み立てられた〈実用的な盗用の機械〉にしたがって、社会的に利用できる〈考えうるもの〉を結びつけているのである。わたしは〈考えうるもの〉をたとえば逸話に、侮辱の言葉に、道路地図に編成するのである。このあらかじめ知覚された〈考えうるもの〉の〈実用的な盗用の機械〉を越えて、わたしたちが考えることができるためには、そして層とその発生原則の差異について考えることができるためには、抽象のプロセスに頼るしかないのである。そしてこうした状況に入りこんだ思考は、ダイアグラムの方向に進むのであり、このダイアグラムは〈抽象機械〉を目指すのである。さまざまな層、層のあいだの相互作用、層のあいだに存在する意味の脱領土化する表面からは、決定する能力のある力が構成されるのであり、これが抽象機械とよばれるものである。

　多様性から始まり、地層と脱領土化を通じて、抽象機械へと向けて進む決定する運動を横断しているのが、さらに根源的な種類の脱領土化であり、これは「逃走線」と呼ばれる。すべての脱領土化が逃走線であるわけではない。脱領土化とはたんに、それが体現されているものからコードが離脱することにすぎないからである。しかし脱領土化が地層の機能に影響するとき、地層の作用が、通常の操作方法から逸脱し、異なった発展の領域にはいりこむ。逃走線は、社会システムの内部で、内在をもっとも根源的な形で表現したものであり、社会システムに内部から影響する不安定化の力を体現したものである。

　この逃走線は、それを生みだした原因となるものにたいしても、それが生みだすプロセスにたいしても、未決定である。それが〈線〉であるのは、まさに固定された始点も、中間も、終点もなく、線のように連続しているからだ。それが逃走線であるのは、地層のうちでこの線が作りだす変化だけが、そこで起こりうる変化だからだ。というのも、選択の主体においては、変化が始まることはありえないからである。次の節でみるように自己の固有性にとっては、それ自体が堅固な地層である。

4　社会的な自己の系譜学

主体の形成軸

社会的な生活はこのように、組織化し、脱領土化する重複した種類の意味の表面のセリーとして編成されている。層と意味の表面が交差する網の目の内部で、社会的で知覚する主体、歴史的および言語的な主体が形成されるのである。

この主体は、『アンチ・エディプス』におけるエディプス的な主体と同じように、自分の生まれてきた場所を知らない。『千のプラトー』では、この発生的な説明がさらに複雑なものとなっており、この主体がみずから描く自己像と、その実際の発生の違いはさらに大きく、しかも多岐にわたるものとなっている。主体は異なった構成の軸にそって、記号論的に表現されるからである。主体はまず、組み立ての次元において、〈主体としてのわたし〉（アイ）として、話す主体として登場する。次にこの主体は、意味を蓄積したものとして、自己として、他人が言及することのできる〈客体としてのわたし〉（ミー）として、歴史横断的な「意味の体制」のうちに構成される。この第二の主体には、心理学的に、道徳的に、宗教的に、さまざまな種類とさまざまな意味を割り当てることができる。第三に、モル的なカテゴリーで定められる主体が登場する。これは性差、富、知識などの二項的で社会的な決定が割り当てられる主体であり、社会的に厳密な規定の集合が割り当てられる主体である。この主体は、こうした規定の交差するところに個人として、〈彼〉（ヒー）として登場するのである。

これらの主体の形成の軸はどれも、非常に性質の異なるものである。〈組み立て〉は動的で具体的な性格のもとで、空間と時間のうちに場所をもつ。これとは反対に意味の歴史横断的な体制は、文化的および歴史的な空間と時間を超えて広がるものであり、ほかの意味の体制とともに構成され、たがいに結びあっている。この分析の歴史的な部分は、系譜学的なものとして行なわれる。この分析では、現在を理解するために、しかも現在をその自己理解とは異なる形で理解するために、過去を吟味する。このように系譜学は、理想的な概念が利用される社会の内部で規定された場所とは異なるところに、理想的な概念の起源をみつけようとするのである。ある特定の記号論的な体制では、特定の社会的および歴史的な起源をもつ道徳的、社会的、認識論的な用語と規範を利用しようとする。しかしこうした用語と規範は、その起源が知られていない新しい複合的な体制のもとで、再利用されているのである。またモル的なアイデンティティの割り当ては厳密で静的なものである。

いかなる物も実体も、これらの三つの決定の軸に対応することはできないし、その構成と調整の様式を説明することもできない。社会的で記号論的なプロセスの性格は、まさに閉じた末端がなく、異質な構成方法をそなえていることにある。これらは特定の複雑な方法で相互に構成しあうために、マルクス主義の社会理論における階級関係の構造などのように、一般的な社会のモデルでその地図を作成することはできないのである。これらの三つの社会そのものの決定様式をさらに詳細に検討してみよう。

話す主体と言語

話す主体の構築は言語において行なわれるが、言語は匿名の記号論的な機械として機能する。個々の話し手が話し始める前に、意味と統語論的な規則と、現実にたいする特定の対処方法が、すでに〔その話し手に〕割り当てられているのである。個人が発話する前から、すでに言語機械が作動しているのだ。だから発話は個人のものというよりも、集団的なものなのだ。たしかに話すのは〈わたし〉である。しかしドゥルーズとガタリはこうつけ加える。「わたし」という一人称の代名詞が利用される前に、すでに力が組み立てられているのであり、それが〈わたし〉という語に、力強さを与えるのだ、と。わたしは議論する、わたしはあなたを愛する、わたしは考えると語るどの場合にも、〈主体としてのわたし〉（アイ）が機能するのは〈組み立て〉の一部としてであり、これが話し手を言語のうちで力を行使する主体として構築するのである。だから〈主体としてのわたし〉は、社会的に制度化された会話の力のしるしなのである。

会話そのものはつねに他者の声で抑止されている。だからもっとも基本的な言語の単位は語や文ではなく、自由間接話法と呼ばれている暗黙的な引用である。わたしたちは語るときに、じつはどこまで他者の思想の反響を語っているにすぎないのか、どこまで自分の声で語っているかを、知ることはできない。話すという行為は、そもそも社会的な機能なのだ。わたしたちが話すとき、道徳や社会的な栄誉というモル的なカテゴリーが、他者とのあいだの具体的で分子的な相互作用に及ぼすしている力を強めたり、弱めたりする。このように多かれ少なかれ権威的な形で、この社会的な機能を抑止することができるにすぎないのである。

言語は構文法という形式的な特性においても（名詞と動詞の対比、現在時制と過去時制の対比）、言語を利用するときのさまざまな語用論的な体制の区別においても（真実を語る言葉と虚構を語る言葉の対比、公的な議論と私的な冗談の対比）、モル的な性格のものなのである。[*3] 構文の編成でも語用論的な体制でも、言語は意志の伝達の手段であるから、権力の〈器〉となるのである。

会話のうちに権力的な関係が潜んでいることを示す語用論的な理論は、言語がいかにすでに確立された〈語りうること〉の上で作動する機械であるかを、明らかにするものである。ドゥルーズとガタリはさらに、言語がどのようにしてある内容を獲得するのか、文化的に有意味なカテゴリーの具体的な編成の〈束〉がどのようにして形成されるかを説明しようとする。記号論的な体制についての系譜学的な歴史では、自己についての文化的なカテゴリーは固有の起源をもたないものであること、社会的に構築された意味作用の複合体にずきないことを示すのである。時間とともに発達する意味する体制の構成を通じて、「客体としてのわたし」（ミー）が形成される。この「客体としてのわたし」は、真理の基準として、さまざまな文脈における意味の源泉として機能する。ある文化の話し手は、こうして記号論的な構成の「客体としてのわたし」を利用して、自分たちに、あるいは他人にこれを適用することができるのである。

記号的な意味の体制の概念と歴史性

「記号論的な体制」の概念は、社会的および歴史的な形成された意味の水準を指すものであり、これには話すことのできるものの種類、すなわち〈語りうるもの〉が含まれている。この体制が

〈語りうるもの〉に、真理と意味の社会的な基準を割り当てるのである。この体制は、話す力の〈組み立て〉における「主体としてのわたし」と、言語が機能する社会的な現実との関係を規制する。そのために空間的で、社会的で、記号論的な分割を作りだすのである。

この体制の基本的な記号論的な原則は、記号とは普遍的かつ均質な意味理解可能性をそなえているものではないということにある。というのは、記号は特定の種類の理解可能性を前提とするのであり、この理解可能性は、記号論的な体制によってもたらされるからである。さまざまな記号論的な体制は歴史的に固有なものであるが、同時にこの体制は実際の存在よりも長生きして、他の体制の一部となることができる。近代の思想とカテゴリーが、単純な体制のうちに起源をもつことはほとんどない。どれも歴史的に不均質な多数の体制が交差するところから生まれるのである。この体制は、複数の同心円に分割されている。もっとも小さな〈円〉は、特定の社会的な編成の内部で、理解可能性をもたらす中心部分である。それよりも大きな複数の〈円〉は、記号がそれほど大きな意味をもたない領域である。これらの〈円〉はどれも、特定の場所と結びついている。

こうして思想は、異なった領域からの記号の選択と組み合わせとして、社会的に統御されたものとなるのである。社会的な区別は、体制の内部で固定したシステムを構築することはない。むしろ特定の種類の意味作用を決定する〈しきい〉なのである。意味作用の社会的な規則は、たんに何が許され、何が禁じられているかを定義するものではない。意味作用の自由度と硬直度の違いの特徴も示すのである。どの社会にも、社会的な世界の異なった領域を、他の人々よりも巧みに利用することのできる人物がいるものだ。社会の中の複数の〈円〉の集合は、システムとして、こうした結びつきをさらに進めることができること、その社会の内部で支配的な秩序と適合しない結びつきを作りだせることを想定しているのである。これができないと、意味する体制は閉じてしまい、不毛なものとなるだろう。

意味作用の体制

この意味作用の社会・記号論的な循環についての精緻な議論において、ドゥルーズとガタリは物理的な配置と社会的な配置の類型学を提案する。こうした配置が、歴史を通じた記号の生成の条件を定めるのである。ある体制は、意味する実践（説教すること、嘆願すること、法律を定めること）と、社会的な区別（家庭、街路、城）と、記号の種類（パロール、エクリチュール、身振り）と、いくつかの不安定化の要因（シャーマン、商人、作家）とのあいだに、さまざまな関係を作りだす。これらの意味する体制の起源は宗教である。宗教は解釈、政治権力への依存、空間的な分割、記号が特定の形で循環することのできる明確な社会的・記号論的な圏域を特定することを、原則としている。完璧な記号の体制とは次のようなものだろう。

完全なシステムは、次のような構成となる。まず神殿のシニフィアンの中心には、神・専制君主の顔またはパラノイア的な身体がある。神殿には解釈を務めとする司祭がいて、たえず意味を与えつつシニフィエを充填する。さらに神殿の外には、小さな〈円〉のなかにヒステリックな群衆が群れつつ、一つの〈円〉から他の〈円〉へと飛び移っている。さらに中心から運びだされた顔のない犠牲の山羊は、司祭によって選びだされ、処理され、飾り立てられ、さまざまな〈円〉を横断しながら、砂漠に向けて狂気の逃亡を企てるのである。(8)

体制は社会的な生活のすべての重要なカテゴリーをさまざまな方法で結びつけ、意味のあるものと考えられるすべてのカテゴリーを生みだすのである。体制は政治的でも文化的でもあり、社会的な関係、権力の形式、理解可能性のカテゴリーで作りあげられる。主観性そのものも、理解可能性と意味作用の基準の複雑な源泉として、異なった記号論的な体制が重なるところから生まれるのである。こうした体制は、わたしとわたしの感情、ある人物の道徳的な真理、信念、経験、信頼可能性、および社会がその人物とその内的な生についてさまざまな判断を下すために適用することのできるその他のすべてのカテゴリーとして働くのである。わたしたちが道徳的な主体に、法の主体に、宗教的な主体に、心理学的な主体になることができるのは、さまざまな体制が歴史的に沈殿し、結びつけられることによってである。そうなってこそ、わたしたちは自分や他人を、特定の意味作用が強く濃縮された場として構成することができるのである。

モル性と分子性

この体制と、話す権力の組み立てを通じて、社会的な自己が構築される。こうして社会的な自己は、特定の社会的および道徳的なアイデンティティをそなえた個人として、社会空間の内部に存在できるようになる。『アンチ・エディプス』では、社会的な自己が形成されるには、心的なもの

（プシケー）がみずからに社会的なアイデンティティの明確な〈印〉をつけることが前提となると考えていた（第三の誤謬推理）。『千のプラトー』では、このアイデンティティの〈印〉は、社会組織の形式であり、社会はこれによって、厳密な二項的な対立形式による広い「モル的な」カテゴリーによって分割されるのである。この二項的な対立は性差のカテゴリーでは男性と女性であり、富のカテゴリーでは富める者と貧しき者であり、人種のカテゴリーでは白人と白人以外の人々であり、政治的な地位のカテゴリーでは市民と非市民である。これらの分割は排他的なものである。モル的な編成では、男性であるか女性であるか、金持ちか貧乏かなどで、自己が識別される。モル的なものは、社会学的なパラメータを作りだすのであり、社会の領域で個人は、自己と他人をこのパラメータで識別するのである。

カテゴリー化を通じたその社会の編成方式と対立する形で、社会的な現実には第二の分節の層、「分子性」の層がある。この第二の編成の層は、人々のあいだのミクロの相互作用で構成される。これは社会的な空間で発生するものであり、きわめて特殊な地層と権力の〈組み立て〉で形成されうるが、それは相互作用であるために、分子性をそれ以前の地層や権力の条件に還元することはできない。分子性はそれ以前の区別を横切って、既存の体制と地層のあいだで発生しうるのである。しかしこの分子的な相互作用に参加している人々は、特定の相互作用の場の内部において、既存の権力関係と記号論的なカテゴリーの影響力の強さを再確認することもできるのである。

このように分子性とは、両義性の現場であり、この場所で発生するプロセスは、社会関係のモル的な編成を強化する方向に進むことも、逃走線の方向に進むこともできるのである。ただし逃走線は、分子性の内部でしか力をもちえない。こうして社会的な主体はつねに、モル的な決定と分子的な逃走線の可能性のあいだで引き裂かれた力場のうちに存在している。

自由と責任の問題は、このモル性と分子性のあいだの緊張から生まれるのであり、この緊張は言語の舞台で演じられる。ただしそのためには言語がモル化されるか、分子化される必要がある。言語がモル化されるのは、人がその語用論的な体制と構文法の規則を肯定するときである。言語が分子化されるのは、言語の利用者の全体と比較して小さな文脈で利用され、言語の一部が透明な意志の伝達の目的で利用されなくなる場合である。この文脈で、ファシズムの政治的な問題がふたたび浮上する。ファシズム国家とは、全体主義的であるだけなく、モル的なカテゴリーが分子的な相互作用を完全に吸収している国家、〈二重の分節〉が消滅した国家だからである。

責任と選択という観念は社会的なカテゴリーであり、自己の固有性の体制を通じて与えられるか〈責任〉、〈組み立て〉の実行を通じて与えられる〈選択〉ものである。だから社会・記号論的なシステムが個人に及ぼしている影響力をそのまま肯定しない場合には、自由の概念は意識的な選択として表現されえない。ドゥルーズとガタリは、社会的に構成され、成層された主体による選択という概念とはまったく異なる自由の概念を提起するという誘惑にさらされたのだった。これは自由を、社会的に地層された主体の破壊プロセスと同じものと考えることである。自由をこのように破壊的で、反ヒューマニズム的に定義することは、ドゥルーズの初期の思想の宇宙論とつながるものである。

ドゥルーズのすべての著作は、人間が無生物や生成の宇宙的な力を形成し、社会がこれを解釈する前に、人間はこうしたものと一体化すべきであるという考え方によって貫かれているのである。

『千のプラトー』では、「存立平面」という観念にこの考え方が表現されている。[*4] この観念は、特定の地層のシステムの外部に関係を構築することを意味しているのである。

存立平面のパラダイム的な実例として、宗教、セックス、麻薬の服用の経験の三つがあげられている。宗教は複雑で階層的な社会的な地層の外部に存在するものではないし、薬物の服用は、麻薬販売者と次回の服用を中心とする厳密に計測され、貧困化した生を作りだすだけであるから、逃走の〈約束〉を秘めているのはセクシュアリティだけである。このためドゥルーズとガタリは、セクシュアリティについて、ある種の道教的な理論を検討する。道教《タオイズム》に固有の内在の原則のために、この理論は『千のプラトー』の計画にふさわしく、自己の固有性からの逃走が可能な道と考えられるのである。しかし道教の信者でなくても、こうした実践を活用できるかどうかは疑問であり、「エギゾティスム」や「ファッション」のカテゴリーのうちにたんに表象的に取り込まれるのではないか、大いに疑問となるのである。

さらに一般的に考えると、自己の固有性から逃走しようとするすべての試みは、麻薬を使った手軽な方法によろうと、特定の身体的または霊的な訓練を重ねた面倒な方法によろうと、権威主義的な社会構造という形式や、ナルシシズム的な心理学的な構造という形で、そこから逃げてきたものをふたたび作りだしてしまうという危険があるのである。

内在と内在の自由は、超越的な判断のうちで、欲望や創造性の運動を阻止するのでもなく、自分の行動にあらかじめ定義された基準を適用することもないものだが、こうした自由は、すぐに実現できるものではないし、それを実現するための処方箋や技術などが手元にあるわけでもないのである。こうした内在の概念には、いくつかの先例がある。カフカの機械は、エクリチュールにおける内在の模範である。スピノザの哲学は、思考の平面におけるドゥルーズ的な内在の運動の手本である。スピノザの哲学は、通常は神学、心理学、道徳哲学に強い足場をもつ判断と超越の機能を根絶させたからである。わたしたちの知覚と行動の様式、一般的に環境をみずからのものとする方法のすべてが、他者から学んだ方法によってあらかじめ構造づけられているのであるから、自由であるということは、もっと違う方法を利用すること、環境からうけとったものを、あらかじめ定められた方法も表象的でもない方法で選択し、編成することだけを意味するのである。

5　内在の自由——生成

ノマド的な主体

すでに考察したように、ノマドは国家の外部にも内部にも存在するが、これと同じように自由は社会的および認識的な編成の内部に現われると同時に、これらの編成の原則から遠ざかる運動を作りだす。

『千のプラトー』では自由が秩序の内部に内在するが、これはノマド的な主体とエディプス的な主体を二元論的に対立させた『アンチ・エディプス』の暗黙的なロマン主義と絶縁したことを示すものである。ドゥルーズとガタリの思想的な発展において、こうした二元論的な傾向を弱めることができたのは、『カフカ』において機械の概念を発展させることによってだった。『カフカ』は『アンチ・エディプス』と『千のプラトー』の執筆時期に挟まれた過渡期に書かれたものであり、『アンチ・エディプス』の唯物論的な精神分析が、発話、権力、自由の一般的な記号論的な理論に転換していく状況を示している。この中間的な段階で、〈機械〉は世界との新しいかかわりかたと、新しい主体の概念を示すものである。この主体の概念は、『アンチ・エディプス』で示された無意識的な欲望の理論よりもはるかに豊かで、複雑なものである。〈機械〉の概念は、欲望から行動への移行を示すのだ。『千のプラトー』では、『カフカ』で機械の概念がはたしていた役割は、発話と権力の相関関係としての組み立て（アジャンスマン）の概念がはたすようになり、欲望する主体またはこれに対立するノマド的な主体の概念の代わりに、「逃走線」と「生成」の概念が提示されるようになるのである。

この逃走線は、かつては領土化が占めていた形式的で存在論的な地位に登場したものであり、予測できない出来事である。脱領土化は、集団の全体にも、集団のうちの一人の個人にも影響することができるものだった。同じように逃走線は、集団にも、その集団の一人または複数の個人にも影響する脱領土化だと考えることができる。逃走線は、相互作用と層のあいだの共生から始まるが、まるで寄生植物のように、時間の経過とともに個人や集団の配置と機能を完全に変えてしまうこともある。逃走線が、言語とモル的なカテゴリーにおける一人または複数の個人の地層を変形させる場合には、これは生成のプロセスと呼ばれるのである。

生成は逃走線において始まるのであり、選択の結果としては表象できない。このため生成がもたらす自由は、意識的な選択のいかなる審級も含まないのである。

生成の概念

生成はごく一般的な種類のプロセスである。これは能動性と受動性の複合体であり、このプロセスにおいてある人物が何をするかも、そしてその人物に何が起こるかも決定できない。これはみずからのうちにその意味を作りだし、みずからを意味あるものとするパラメータを統合するプロセスである。逃走線と同じように、生成は主観的に表象することができない。生成は運動であり、個人にとって生成をつづけるか、中断するかのいずれかしかない。もしも個人がこの生成の運動を道徳的なカテゴリーの集合の枠組みのうちで表象し、その有用性を評価しようとするならば、すでに生成の内在的な運動から足を外に踏みだしてしまっているのである。

「生成」という語は、『千のプラトー』を通じて展開されるプラトン批判の一部である。プラトンでは〈生成〉という概念は、変化の状態にあることを意味する。これは感覚できる多様なものの特性であり、世界において感覚を通じて知覚できる部分である。プラトンにとってはこの生成の領域は、存在の領域と対立するものであり、知識の対象となることができないものである。『千のプラトー』でも生成は同じように知りえないものである。このためモル化することはない。語る権力において支配的な〈組み立て〉の内部で行なわれた集団的な発話では、生成を理解することも判断することもできないのである。生成は、社会的および道徳的な調整の既存の格子では、なかなか表象できないのである。

このため〈生成〉は、実践として実現された内在である。生成は、多数の地層が相互作用する現場で発生する。この生成はこうした交差における方向性であるが、この方向は個人が意識的にも無意識的にも完全に制御しているものではない。サルトルやフロイトなどの思想家は、人間の行動を背後から支える知性的なものがあると考え、それを無意識的または前意識的な目標への方向性として把握したが、生成としての逃走線はそのような知性という性格をもつものではない。ここでは内在は根源的な意味をそなえていて、目的性という概念にはそぐわないのである。ある活動が完全な内在的なものと言いうるのは、それを目的とみなしえない場合にかぎられる。ある目的が追求する価値のあるものと判断され、その追求がこうした目的に適ったものであるかどうかが判断されるためには、社会的な空間または共同の空間が必要とされるが、内在的な活動はこうした空間に挑戦するものなのである。

〈生成〉は、それが発生する〈あいだの空間〉とおなじように、カテゴリー的な区別の内部には存在しないのである。ドゥルーズとガタリは、層のあいだの空間には抜け穴があって、そこから人々や集団が、個人や集団のそれ以前の状態によっては完全に規定されていない方法で成長することができると考えている。

どの個人にとっても生成は、その個人のもっとも基本的な世界との関係を、そして自己との関係を、変動させるような変身のプロセスなのである。この変身の特徴について、時間的にも、記号論的にも、認識論的にも考察する必要がある。

時間的および因果的にみると、〈生成〉とは段階的なものであり、しかも予測できないものであるということで、通常の出来事や行動とは異なる。人物の外的な規定が段階的に変動するわけではないのであり、人物そのものが変わるのである。この変化は、その人物がある仕事についたり、人を愛するようになったり、嘆き苦しんだりしたために生まれるものではない（ただしこうした出来事が、新たな変動のプロセスのきっかけとなり、これが生成にまで発展することがある）。生成はそれ以前の状態から流れでるものではないので、基本的に予見できないものなのだ。だから伝統的な変化のカテゴリーは適用できない。生成においてその人物が経験する変化は、吸収のプロセスと表現するのが最適だろう。その人物は活動や状況に吸収されていて、そのことがその人の吸収変化を促進する。その人物がどの側面で変身するかを決定するためには、生成を記号論的および認識論的に特徴づける必要がある。生成において変わるものは、その人物が優先する事柄、世界におけるその人物の位置の分類と一般的な意味である。生成は認識論的な漂流や旅行のようなものなのだ。

〈生成〉は環境の要素を独自で特異な方法で構成する。獲得する欲望として、逃走線のうちに、さまざまなものを獲得す欲望として存在するのだ。生成は内在を象徴世界の下部の世界と定義する。そこでは物理的な環境の一部だけではなく、それを囲む社会的および象徴的な世界も、その発展の要素に転換することができるが、そのために表象を媒介とする必要はないのである。このように生成は、社会的な現実にたいして、表象的でない内在の関係を作りだそうとする『アンチ・エディプス』の欲望のプロジェクトを実現するものである。生成はある種の選択装置やサンプリング・マシンのような形で、思想と社会的な現実に直接に関係し、再構成するために構成を破壊し、物理的な特性と心的な特性のカテゴリー的な区別に無関心であり、不均質な層に直接に働きかけるのである。

〈生成すること〉は、性差や生物学的な種の境界へとゆっくりと移動することで、モル的な差異の線との関係で、行動と認識を再編成することが多い。この運動は、意識的な模倣とは異なるものであり、侵犯とも異なる。境界は生成にとっては内的で無意識的な規範として存在しつづけ、それが未規定のゾーンを定義するのである。この未規定のゾーンの内部では、生成は線の反対側から特徴のサンプリングを行ない、こうした特徴を活動のうちでみずからのものとする。こうして生成はその配置を変えるのである。

『千のプラトー』でこうした獲得的なサンプリングの模範的な実例としてあげられているのは〈動物に生成すること〉である。この生成が、カニバリズムなどの侵犯の行為と異なるものであるのは明らかだ。身体とその行動をはるかに繊細に、そして段階的に再訓練してゆくプロセスだからである。

このように〈生成〉において身体は環境における運動を選択し、環境の特定の部分との接続を選択することで、新しい方向に進むようになる。これを導くのは、この生成のプロセスの内部で、このプロセスによって定義される新しい論理である。このように生成は、通常であれば排除されるような環境の部分や力によって選択され、触発されるプロセスなのである。

6　知識と抽象機械

ダイアグラムの歴史家

ある出来事やプロセスを分析するときには、相互の関連した地層のセリーの内部で、発生的な原則を明らかにする必要がある。抽象機械と呼ばれる形式的な原則によって調整されることで、地層の具体的な集合が決定され、個別化される。この抽象機械の地図を描くことは、プロセスの場を支配する発生的な原則を構想することである。

科学の目的は、抽象機械の機能を把握するダイアグラムを作成することである。科学は、異なったセリーの地層が、特異で未決定な形でたがいに機能する水準を適切に捉えるならば、特定の地層の水準を説明できるが、その水準しか説明できないのである。だから科学は特定の度合いの未決定を作りだす抽象機械を特定する必要があるのだ。

この発生的なプログラムあるいはダイアグラム的なプログラムには、さまざまな用途を考えることができるが、社会的な現実の場にとどまる限り、ダイアグラム的な社会理論の候補をいくつか簡単に検討することができる。歴史という学問分野では、このダイアグラム的な方法は、歴史家たちがすでに遵守している原則を強化することになろう。すなわちミクロな水準の人間の相互作用を、社会的な刻印の異質な場の観念や文化的な実践と、マクロな水準の経済的および社会的な構造の転換と結びつける必要があるのである。しかしダイアグラム的な歴史家はさらに、こうした複数の地層に規定的な構造を課すことを避けようとする。抽象機械を探すためには、抽象機械によって決定されている社会的な現実における実際の個別のプロセスと、わたしたちが経験のうちで出会うアイデンティティの表面的な中心のあいだに、偽りの鏡像関係を想定することのないように、そしてそのような関係を想定して、経験のうちで説明されている対象を選択することのないように、慎重に配慮する必要がある。だから主題的な事柄としても説明原則としても、個人の生活、政治的な行動、社会的な階級、国際的な紛争など、出来合いのものを説明のうちに持ち込まないようにする必要があるのである。

ダイアグラム的な歴史家はそのためには、さまざまなシステムの共存空間において決定的な部分に焦点を合わせることができる。さらにあるプロセスがどのようにして独自の内的な論理に服すると同時に、外的な圧力に屈していくのかにも関心をもつだろう。

このダイアグラム的な歴史家にもっとも近づいているのが、ロベルト・ムージルのような二十世紀の小説家だろう。ムージルは、歴史的な転換の背後にあるプロセスと表面的なあらわれのあいだで、非常に異なった規模の出来事と構造のあいだの関係がどのように揺れ動いているかを把握しようとした。ムージルの小説『特性のない男』では大量殺人者を心理学的に描写するが、そのことによって第一次世界大戦の直前の時期におけるオーストリアのエリート知識人たちが専念していた精緻な政治文化の構造的な双子だった暴力の肌理《きめ》とその強迫的な姿を描きだしているのである。

歴史家がムージルと同じような方向に進むとすれば、物語の水準ではなく、歴史的なプロセスの形式的な概念において、さまざまな種類の大きさの構造と出来事の関係がどのように複雑で脆い集合を作りだすかに注目するだろう。

ダイアグラム的な社会記述の別の分野として、文化理論として知られている文化社会学があげられよう。現代の文化理論の中心的なパラダイムは、ヘーゲルとフロイトを結びつけて、社会的な行動と意味を作りだす実践のマップを描こうとする。このマップによって、こうした社会的な行動や実践を、ある社会が制御することのできない弁証法的な矛盾の兆候として、歴史的または政治的な背景のもとで理解できるようになるのである。

　このような弁証法的な矛盾という概念は、非常に異なった種類の文化的な現象を理解する力をそなえているが、そこには問題もある。さまざまな関係の複雑な配置を、深部と表面、意識と無意識、想像的なものと現実的なものという二元論的な対立関係に還元してしまう傾向があるからだ。この観点からは、イデオロギーの次元を重視し、社会的な現実と文化的な実践のうちに含まれる不安を強調する傾向が生まれる。この概念は、特定の関係の集合が生まれる発生的なプロセスを描きだすには適していないのである。

　これにたいしてダイアグラム的な方法は、イデオロギーを批判するものでも、矛盾を診断するものでもない。異なった種類の力が、さまざまな地層のうちに、さらにこうした場のサブシステムのうちで発生する出来事やプロセスによって形成される同一の場に、どのようにして住みつくかを分析する。このようにダイアグラム的な分析はつねに、「どこで」「いつ」「どのようにして」という問いから始めるのである。ダイアグラム的な分析は、行動の自然発生的な単位、その出発点と終点について、いかなる想定も行なわない。相互作用がたどる曲がりくねった道筋を追跡する。ダイアグラムの理論家は、現実の特定の部分をサンプリングの場として分析する。さまざまな側面をもつ地層と、それが環境とのあいだでとり結ぶ関係を研究するのだ。このありうべき社会科学の説明の最後として、一つの想像的な事例を示してみよう。

ダイアナ妃の死という実例から

たとえばへーゲル的な文化理論家が、ダイアナ妃の死について分析するとしてみよう。まずイギリスの階級システムの転換から分析を始め、中産階級が労働者階級の自己認識に強く影響されていたこと、そして歴史的に貴族階級にたいして自己主張しようとしてきたことを考察するだろう。次にダイアナ妃が体現していたシニフィアン、すなわちスポーツ／セクシュアリティ／若さ／慈善／ふつうの人間らしさの諸関係を、中産階級の脆弱さを背景として考察するだろう。そしてダイアナ妃崇拝が、願望の充足と覆い隠された不安のパターンを意味のある形で示しているかどうかを分析するだろう。

これにたいしてダイアグラムの理論家なら、まったく異なる道筋をたどるだろう。まずダイアナ妃が死亡した時点でかかわっていたパパラッチと金融のネットワークを考察するだろう。次にダイアナ妃の〈目立ちやすさ〉が両義的な意味をもっていたことを考察するかもしれない。カメラとの奇妙な関係は、自己を抹消する一つの形式だったのではないだろうか。そしてセクシュアリティ、権力、性差、動物、そして王室とスペンサー家の衣服と食事などの物との関係を分析するだろう。

このようにフロイト的でへーゲル的な理論家は、支配的な自己認識と不安を分析しようとするが、ダイアグラムの理論家は、権力、セクシュアリティ、観念、文化的な生産のあいだにネットワークを確立しようとするだろう。そしてこれらの異なった成層のあいだに、あらかじめ階層関係を構築するようなことは避けるだろう。

7　権力、思想、行動

『千のプラトー』の主要なテーマ

ここで次のように問いかけることが許されるだろう。『千のプラトー』においてドゥルーズとガタリは何を企てていたのだったのだろうか。読者の労力を省くことを試みていたのだろうか。社会的な生産と意味作用の実践の理論を構築していたのだろうか。合理性の性格を考察し、権力の批判の土台を構築していたのだろうか。

じつはこれらのすべての作業が実行されているのだが、『千のプラトー』の作業が困難なものになったのは、これらの異なる行動と知的なプロセスがまったく同時に行なわれたためである。『千のプラトー』の主要なテーマは権威と、権威の効果から逃れようとする試みの対立にあり、これがこの書物のさまざまな軸において、異なった方向に飛散していたのである。権威があらわになるのは思想においてであり、わたしたちの心においてであり、科学やミクロな活動においてである。思想の形式として権威を研究することは、人間が個人として、集団としてどのように行動するかを研究することであると同時に、さまざまな意味作用のシステムを研究することでもある。この説明には決まった出発点というものがない――欲望、理性、権力、近代国家、創造性、生命など、どこからでも説明を始められるのだ。ある分野から別の分野へ、ある層から別の層へと移動しつづける。このため内在的な生成の原則は、『千のプラトー』の営みそのものにも適用されるのである。

『千のプラトー』が理論的に試みたのは、世界における人間の位置について、わたしたちが行動し、感じ、思考するとはどのようなことかについて、まったく新しい考え方を作りだすことだった。この書物が示そうとしたのは、わたしたちのうちにあって社会的でないものはないこと、わたしたちのすべての行為に政治的および歴史的な意味があることであり、わたしたちが自分の行為を表象する通常のやり方は、みずからが関与しているプロセスの同時性と相互連結性を、過少評価しがちであることだ。この新しい考え方は、個人と社会についての存在論的な二元論に依拠した社会学的な常識に挑戦するものである（この二元論は政治哲学からうけついだものなのだ）。

社会的な主体の形成

社会における主体は、組み立て（アジャンスマン）の次の三つの軸に沿って形成される。まずこの組み立てによって主体は、集団的な発話の〈担い手〉となる。さらにこの主体はアジャンスマンの体制のもとで、心理学的および道徳的な意味作用の〈貯蔵場所〉あるいは〈参照物〉となる。そしてモル的なカテゴリーのもとでこの主体は、社会的な決定の格子の内部で十分に定義された〈社会的な個人〉として位置づけられるのである。もっともモル化された状態では、これらの三つの主体は重なる。「わたしはあなたを愛しています」という発話は、〔発話の〈担い手〉の軸では〕発話の主体を明確に示し、〔主体を〈参照物〉とする軸では〕その主体が〈意味する主体〉であることを示しながら〔その主体を〕参照物として示し、〔〈社会的な個人〉の軸では〕規定された社会的なアイデンティティのもとで、あなたを愛することのできる人間としてみずからを指し示す。しかしこれらの三つの決定軸は分離したり、未規定な形で共存したりすることもできる。ドゥルーズとガタリは、変化と革新の最大のポテンシャルは、もっとも予測されていない場所から登場するものだと考えるのである。

社会的な決定からの自由は、〈生成〉によって遂行されるが、生成とは選択することのできない逃走線であるために、価値、目的など、社会的に再認できる基準にしたがった判断の表象的な枠組みの外部で行なわれるのである。このように自由は基本的に、判断の構造と基準の適用からの道徳的な自由である。そこではこの判断が自己のうちにあるか（道徳的な主体）、他者のうちにあるか（集団的な価値の表明）を問わないのである。

この生成の主体と、その否定的な自由、そしてそれが逃走する道徳的および社会的な主体のあいだには、概念的な連続性は存在しない。言い換えると、この二種類の主観性が出会ったり、たがいに対立したりすることのできる議論の舞台も、現実にかかわる舞台も、すなわち政治と議論の舞台も存在しないのである。生成の主体は、社会的な地層の末端部分にとどまるのである。

表象の方法論的な限界

この生成についての形式的な存在論は、認識論的な意味もそなえている。わたしたちが自分について、社会の現実について、思考そのものを含めてすべての種類の存在についてどう考えるかも、問われるからである。地層の存在論という観点からは、表象の通常の認識操作では、あるプロセスや出来事を、適切な大きさの秩序において構想することができないようにみえる。表象の認識操作はいわば近すぎるために、〈あいだにある空間〉、すなわち環境を見逃すか、あるいは遠すぎるために、それぞれの存在における地層の同時性を見逃してしまうのである。

だから表象的な思考は、プロセスが他者と空間的および歴史的にかかわる方法を分節することができない。表象的な思考はプロセスの部分を孤立させ、それを物質的かつ記号論的に、事物とか主体と制度とか原因とか呼ぶのである。どのような出来事にあっても、複数の原因のセリー（抽象機械）が働いていること、表象は、実際の物質的なプロセスから存在を孤立させてしまうが、存在のうちで働いている政治的な権力と、存在が適用する記号論的な原則によって、存在はその一貫性をうけとっていることを、表象的な思考は認識できないのである。

表象的な思考はさらに、地層のうちにみずからの発生の起源が存在することを、理解しようとしない。表象的な思考は、層を形成する複雑なプロセスの効果として生まれたものであり、認識と秩序づけの中央集中的で階層的な方法であり、いわば思考における国家性の現われだからである（この階層的な方法は、すべての存在を一つの組み合わせの座標で描かれた一つの記号論な平面のうちにマッピングしようとするのである）。だからもちろん表象の起源を、表象そのものの内部で分節することはできない。表象にとっては、表象そのものを含めて、思考すべきものは何も残されていないのである。デカルトの主体の哲学も、カントの主体の哲学も、ヘーゲルの主体の哲学も、心的な思考の内部から思想を理解しようとしたのであり、表象の理想的な自己理解を提示しようと試みたのだった。『千のプラトー』ではこの試みにたいして、かつてないほどに基本的な次元で攻撃を加えるのである。

第五章　哲学と芸術

1　哲学の性格

哲学と内在

ドゥルーズの思想を考察する本書のこの最後の章では、ドゥルーズの哲学の理論〔『哲学とは何か』〕、絵画と映画についての書物〔『感覚の理論』と『シネマ』〕、ライプニッツとバロック研究の書物である『襞──ライプニッツとバロック』（一九八八年）について検討してみたい。これらの三つの探求分野は、ドゥルーズの思想においては密接に関連しているのである。そのためにドゥルーズは哲学を芸術と同じような実践とみなすようになったのであり、芸術を哲学と同じような思想の創造と考えるようになったのである。

ドゥルーズは哲学を内在的な創造と考える。ドゥルーズの哲学においては、「内在」という言葉はいくつかの異なる意味をそなえている。ここでは内在とは、哲学が創造する概念と問題は、哲学の内部だけで存在し、その意味をうけとるものだということを意味している。しかし哲学の定義する概念と問題の内容が、哲学を作りだすものだとしたら、哲学とは奇妙な営みではないだろうか。〈哲学とは何か〉についてのドゥルーズの理論はまずニーチェについての書物で提示され、その数年後には『差異と反復』でさらに発展させられ、ガタリとの共著『哲学とは何か』で完全なものとなった。この理論は哲学を、ある種の創造または構成の営みとみなすものである。だから哲学とは現実を記述したり、直観したりするものではないのだ。哲学の営み、それは〈平面〉を作りだすことにある。この平面のうちで、哲学は概念を発明し、組み立てる。これらの概念は、問題を表現したものである。「概念」も「問題」も哲学に外在的なものではなく、哲学の内在平面のうえに存在するものである。

〈問題〉とは、概念の発明に加えられる内的な制約である。〈概念〉は〈問題〉とともに考えなければ意味をもたないのであり、概念と問題とは深い関係にある。そして問題は、概念の網の目の内部だけで、そして概念の網の目によって決定される。このように概念と問題はたがいに定義しあうのである。この概念と問題の関係は、日常的な経験で発生する「通常の思考」と哲学がどのように異なるかを明らかにするのに役立つ。日常的な思考では、人々は意見や一般的な直観を表明するが、こうした直観や意見はあまりに曖昧で未規定なので、概念を定義することも、問題を定義することもできない。

哲学と意見（憶見）との区別は、哲学の世界では馴染みのものであり、かつてプラトンがエピステーメー（知識）とドクサ（臆見）の違いとして示した区別に似ている。しかしドゥルーズは哲学を、知識とも真理の探求とも考えない。ドゥルーズの哲学についての考え方は、根本的に構成的なものである。哲学は内在的な発明の営みであり、神、経験、科学的な理論など、外的な真理の審級に応じたものではないのである。

ここで疑問が生まれる。哲学が真理の規範によっても、知識についての理想によっても規制されないものだとすると、哲学を哲学的なものにするものは何なのだろうか。偉大な哲学のテクストには、宗教的な説教、科学的な論文、芸術的な作品とは異なるどのような特徴があるのだろうか。ドゥルーズは、哲学のテクストに共通するのは、組織的で根源的な内在であると主張する。科学は経験的な実験に依存するし、芸術はある種の感覚的な経験を参照するが、哲学はこうした経験への参照とも、経験の世界とも独立したものである（少なくとも、そうしたものであろうとする）。

哲学の〈組織性〉

この根源的な内在のために哲学者が直面する課題は、十分な内的な一貫性と固有性があり、たんなる意見に落ち込んでしまうことのない概念と問題の体系を作りだすことにある。哲学がこの一貫性を確保できるのは、哲学が体系を構築する際に、内的な組織性を維持するためである。この〈組織性〉は、哲学者が利用する特定の〈方法〉とは異なるものである。方法とは、たとえばデカルトの観念の分析方法であり、ヘーゲルの弁証法であり、いわゆる「分析」哲学の論理分析のようなものである。哲学の命題の提示方法に複数のモデルがあるように、哲学にも複数の方法がある。

伝統的な哲学がみずからの活動について抱くイメージは、超越的で独断的なものであることが多かった。哲学はある種の真理に到達すると主張し、その真理の理想に照らしてその哲学を評価してきたのである。このため適切な思考方法とは何かを考える際に、哲学は独断的にふるまうことが多かったのである。哲学者は理想的な真理を探求できるように、正しい推論のモデルを作りあげようとしてきたのだが、哲学はこの健全で狭い理性の〈道〉にしたがうとは限らないのである。哲学の〈組織性〉はこのような〈道〉とは違い、特定の議論の規範や合理的な規範にしたがうことはないし、ある真理や知識を終点として目指すこともない。哲学の組織性は、組織性という特徴をそなえた哲学の体系に内的なものであり、一般的で外的な基準に適合しようと努めたりはしない。ある哲学の方法、たとえばスピノザの方法やヘーゲルの方法のどちらがより良いものか、より組織的なものかを決定する一般的な基準は存在しないし、これを外的に判断することもできないのである。

重要な哲学体系の特徴は、それが独自の〈概念〉を作りだし、表現する新しい〈問題〉を発明していることにある。こうした独自の概念は、伝統的な概念であることも多いが、新しい問題を表現するプロセスにおいて、新しい意味を授けられているのである。ここで一つの実例として、スピノザがアリストテレス以来の伝統的な概念を利用して、いかに新しい問題を表現したかを検討してみよう。

スピノザの実例

スピノザは内在という問題を組み立てるのであるが、この問題がスピノザの哲学で表現されると同時に、新たな問題が生まれるのである。スピノザは神と世界の関係を、内在的な創造の観念として定義したが、これによって創造された有限な存在者が、それを創造した神的な存在といかにかかわることができるか、さらに具体的には、有限な存在者が無限で神的な自然といかに異なり、それでいて同一なのか、有限なものが無限の自然のうちにいかに所属することができるかという新たな問題を作りだしたのである。

これらの特定の問題は、スピノザの哲学の体系のうちで、「実体」「様態」「属性」「原因」などの概念を通じて表現される。実体とは自己の〔生成の〕原因であるものであり、様態とは自己の外部に、すなわち実体のうちに存在原因をもつものである。属性は、実体と様態の共通の地盤であり、実体的な原因がみずからを表現する通路である。これらの実体、様態、属性、原因はどれもアリストテレス的な哲学の伝統に存在してきた概念である。中世哲学ではこれらの用語は、個物（実体）、その特性（様態と属性）、その発展（作用因、形相因、目的因）として表現された。スピノザの内在の哲学ではこれらの概念を、新しい問題を表現するために利用しようと、定義し直すのである。

フーコーの『知の考古学』

こうした概念、問題、内的な創造についてのドゥルーズの理論は、ガストン・バシュラール、ジョルジュ・カンギレム、ミシェル・フーコーが、フランスの科学史の伝統で発展させてきた科学的な理論ときわめて類似している。ドゥルーズは科学史家であったことはないが、ミシェル・フーコーの著作、とくにディスクールと歴史の理論である『知の考古学』に強い関心を示した。この書物が刊行された際に、ドゥルーズはこれを高く評価する書評を発表している。この書評は手直しして、フーコーの死後にドゥルーズが刊行した『フーコー』に採録された。

ドゥルーズが『知の考古学』をどのように読んだかは、フーコーの方法における規範の問題に光をあてると同時に、ドゥルーズの哲学の理論にも大きなかかわりがある。ある学に属するものと属さないものを区別する境界はどこにあるかという問題は、その学の一部を構成しないのであり、経験からその問いに答えることはできないのである。ドゥルーズの哲学の理論では、概念はその他の概念との関係によって厳密に定義されるのであり、経験から演繹すべきものではないし、経験を記述するときに（広い意味では現実を記述するときに）利用できる道具と考えるべきものでもないのである。概念は独自の現実を作りだす構成物なのである。概念はさらに、文や観念とは違った形で存在する。概念は言語の一部でも、心の一部でもない。『哲学とは何か』でドゥルーズとガタリは、概念の環境と呼ばれるものを描きだしている。概念はその他の概念で囲まれた「平面」の上に存在している。この平面そのものは、哲学に内在する。哲学はある媒体（平面）を作りだして、そこに概念を発明するのである。

内在平面

平面という考え方は、哲学的な内在について困難な問いを提起することになる。哲学はあらかじめ何も想定しないという意味で、内在的なものと言えるのだろうか。思考はつねに、一連の暗黙的な想定によって始まるものではないだろうか。『哲学とは何か』においてドゥルーズとガタリはこの問題にとりくむ。そのためにはまず構成の内在と、完全に自己充足的で、自己の根拠をその内部に含むような理想的な内在を区別する（ヘーゲルが考えた体系の概念は、こうした内在を理想とするものである）。そして内在的な構成の理想に、この構成の営みは〔孤絶していない〕多孔性の境界に囲まれているという考え方をつけ加えるのである。この平面は、探求の合理的な空間とも、永遠のイデアの理想的な領域とも異なるものである。

哲学的な営みは、歴史的で、文化的で、政治的な真空のなかで行なわれるものではない。しかし同時にこの哲学の営みは、外的な条件に還元できるものでもない。哲学の営みは、その周囲を取り囲む要素を吸収しながら、それを独自の想定の集合に変換するのである。だから哲学には外的な条件はない。哲学は独自の条件を発明するのである。これらの条件は、いかなる問題や概念にも先立つものであり、それが現実的なものであるという最低限の感覚を作りだす。「存在」という哲学の概念が形成され、この概念に問題が適用される以前に、哲学はある時点おいて、何を現実的なものとみなすかという想定を行なうのである。この暗黙的で事前に行なわれる概念的な想定が、哲学的な創造の平面に浸透しているのである。

その実例として、カントの三つの「批判書」が提起した三つの問題を考えることができよう。その問題とは、経験的な判断の妥当性を保証するものは何か〔『純粋理性批判』〕、道徳的な行動の根拠はどこにあるか〔『実践理性批判』〕、美的な判断の基盤はどのようなものか〔『判断力批判』〕という問いだった。これらの問題は、たがいに調整され、異なるものではあるがたがいに関連した問題の束を形成するものとして、一貫性を獲得する。カントは規範と判断についての重要な想定を暗黙的に行なっている。すなわち妥当性と正当性の理想的な規範は、世界のうちで疑問の余地のない力をそなえたものであり、物理的な力にも自然の力にも還元できないものと想定しているのである。

だからこの内在平面は、その哲学の内部では疑問とすることのできない最初の想定の〈しきい〉のような働きをするのであり、この内在平面なしでは哲学は概念を構成することも、問題を特定することもできないのである。論理学の古い言葉として「理由なく前提を立てる虚偽」という誤謬の概念があるが、これはある議論において、それが証明しようとする原則を暗黙的に使ってしまう循環的な誤謬を指すものである。ドゥルーズはこの種の循環性は、哲学に必要な前提だと指摘する。

特定の問題との関係で〈概念〉を構築することができるためには、現実について明確に表現されていない一連の原則を暗黙的に利用しなければならないのである。ということは、合理性の独断的な規範では、哲学の議論が絶対に明確であるか透明であることを要求するが、哲学の議論にこのようなことを求めてはならないということだ。哲学の営みは、その営みを導く暗黙的で無意識的な想定とつねに結びついているのであり、こうした暗黙的な想定そのものには、明確さという目的を適用することはできないのである。だから哲学が完全な自己理解を理想とするならば、それは哲学が概念の発明として享受している創造的な自律性についての誤解から生まれた幻想なのである。

哲学の営みを概念の創造と定義することは、ドゥルーズが自分の哲学を組織的な経験論と定義していることにふさわしいものである。ドゥルーズにとっては経験論とは、現実の形而上学的な根拠づけを拒否することを意味する。だから哲学の作業とは、絶対的な真理に到達することではなく、さまざまな概念のあいだに組織的な関係を作りだすことを目的とする営みなのである。ドゥルーズとガタリはこの哲学の概念を、プラトンとデカルトを中心的な哲学者とする哲学史の全体に適用した。純粋な合理主義的な哲学者も、形而上学を否定するこの構成主義的な哲学の営みの枠組みで理解することができれば、哲学を合理的な探求と現実の形而上学的な記述とみなす「思考の独断的なイメージ」に依存させる必要はなくなるのである。この構成主義的な方法によって哲学は、芸術に近いものとなる。こうしてドゥルーズは晩年には、哲学と芸術を比較するテクストの執筆にいそしむのである。

2　哲学と芸術

思想の美的な理論

ドゥルーズにとって思考は、心的な領域として閉じたものではない。芸術家の営みにも、制度にも、科学的な理論にも思考は存在しているのである。意味の論理学が、省察においてではなく、独自の内的で構造的な可能性として登場するものとして、思考の論理的な内部を構成するものであるならば、思考は心理学とは独立して定義できるのである。

この構造的な内部は、さまざまな実践、科学、芸術、哲学において表現することができる。ドゥルーズの晩年のすべての仕事は、感覚的な関係のうちに埋め込まれた思考の論理を定義しようとする営みとして理解できる。このためにライプニッツに関する書物でも、フーコーについての書物でも、映画論でも、哲学と芸術のあいだには生産的な境界面が存在するとみなされているのである。この時期のドゥルーズは、芸術を感覚媒体に埋め込まれた思考と考え、哲学を芸術に類似した形式的な構築の営みと考えるようになる。こうしてドゥルーズは、思考がどのように経験されるかとは独立に、思考の媒体を定義しようとするのである。そして思考を、抽象的な感覚の空間の内部での関係を追跡するものとみなすのである。

フーコーとライプニッツについての著作では、哲学の観点からこの芸術との境界面を、概念の美的な構成として考察した。ドゥルーズは『襞』においては、「襞」という手触りのある感覚的な概念から、ライプニッツの形而上学と理性論的な体系を再構築する。ドゥルーズは「襞」という概念が、ライプニッツの存在論の構造とバロック建築の両方に模範的に示されていると考えるのである。『フーコー』（一九八六年）では、フーコーの知識と制度の歴史学を、歴史的なアプリオリの概念に依拠したものとして再構築する。ドゥルーズはこの歴史的なアプリオリの概念が、語りうるもの形式と見えるものの形式に分割されていると考える。語りうるものの編成は、光の編成とたがいに関連があるとドゥルーズは指摘する。映画についての二冊の書物である『シネマ1　運動イメージ』（一九八三年）と『シネマ2　時間イメージ』（一九八五年）では、ドゥルーズは映画における意味の編成を認識プロセスと比較する。そして偉大な映画を、時間の非経験的な構成を示すことのできる抽象的な思想のプロセスとみなすのである。

この思想の美的な理論は、かつての意味の記号論のプロジェクトをさらに推進したものである。この美的な理論の基本原則は、意味の超越論的な記号論から生まれたものである。わたしたちが考えることができ、表現することができるすべてのものは、すなわちわたしたちが意味のあるものまたはたんに秩序づけられたものとして考えることのできるすべてのものは、分割と秩序づけの原則に依存したものであり、これは哲学において概念として表現できるか、感覚媒体において光と線の関係として表現できるものである。かつての記号論のプロジェクトの頃には、ドゥルーズは言語に大きな関心を抱いていて、文学作品がそれをもっとも適切な形で表現していると考えていたが、一九八〇年代に発展してきた思想の美学では、言語の外部の秩序づけの原則に注目するのである。

哲学とヴィジュアル・アートを接近させて考えようとする姿勢によって、表象がさらに根本的に疑問とされるようになった。哲学がヴィジュアル・アートの作品と同じようなものであるならば、思想は主として表象する現実によって構成されるのではなく、表現の抽象的な平面の上に配置を作りだす営みであるということになる。ここで疑問とされたのは、思考の内在性である。哲学の営みを内在する学問とみなすためには、思想と表象との伝統的な絆を断ち切る必要がある。芸術との境界面は、それがいかにして可能であるかを示すものである。この課題がライプニッツとバロックについての書物『襞』でどのように遂行されているかを検討することにしよう。

『襞』のテーマ

『襞』では思考の最小の構成要素は概念的なものであると同時に、感覚的なものであると定義する。「襞」は歴史的に特別な思考または思考形式であり、バロックと呼ばれた十七世紀末のヨーロッパ文化の特定の流れにおいて、建築、数学、生物学、論理学、哲学の営みを活気づけた概念である。彫像の衣服において、教会の建物の光と影の編成において、曲線と円錐の数学において、ライプニッツの自然と主観性の哲学において、襞はその多様な姿をみせている。

ライプニッツはすべての存在者を、他のすべてのものと連続して存在するものと考えていた。同時にすべての存在者は個物であり、個物として規定されている。現実を最終的に構成するのは、モナドと呼ばれる個別的な魂である。これらの魂はエネルギーの中心であり、みずからを知覚の束として表現する。人間の場合には、これらの知覚の一部が意識されて、思考となる。これらの知覚の内容が同じものであるために、ライプニッツの体系においては、モナドの個別性と存在の連続性という二つの存在論的な原則が調和したものとなる。すべての知覚は宇宙の全体を含むが、それでいて絶対に同一のものではない。その内容の秩序づけられ方が異なるのである。同様にモナドは完全に同一のものではなく、その知覚の順序と、それが自己意識を獲得する程度に違いがある。神の心のうちでのみ、世界を構成するすべての知覚が同時に存在しているのである。

ライプニッツのテクストでは、「襞」という語は、自己意識的ではない知覚を意味するために使われている。だからモナドは、無限に折り畳まれた衣服のようなものと語られるのである。モナドにおいては、特定の時に自己意識的な思考のうちにこの畳まれた衣服のごくわずかな部分だけが現われる。ドゥルーズはこの襞という用語をとりあげて、たんなる比喩ではなく、ライプニッツの体系の中心的な思想にまで拡張するのである。襞は、ライプニッツの哲学の両極である連続性と個別性の両方を定義できるとドゥルーズは指摘する。すべての存在者は連続している。自然は分割されることなく、無限に多数の生物体が、異なった編成と複雑さの水準で存在して折り畳まれた巨大な衣服のようなものだからである。この水準のもっとも高いところに人間の魂が存在しており、この人間の魂において、個別性が自己意識的なものとして折り畳まれている。個々の事物のあいだには分離はない。大きな活動の中心の内部に、折り畳まれた活動の中心があるだけなのだ。人間の個別性は、この折り畳みに制約を加える。人間の魂が、創造された世界のうちで最高の形式だからである。個人のすべての特性は、その魂のうちに折り畳まれた潜在的な特性として、その個人のうちに固有のものとして内在しているのである。

ドゥルーズのライプニッツ「読解」

ドゥルーズの読解は、複数の並行した変換を引き起こす。それはライプニッツにおけるプラトン的なものを、階層的でない知覚の言語に翻訳する。ドゥルーズは襞の意味の論理学に、述語論理学（モナドの特性）とモナドの形而上学（統一の原理）を従属させる。モナド的な魂や、自己の形而上学的な統一性や、アイデンティティではなく、襞から形式を獲得するプロセスが、現実の中心的な特徴となる。自己というものが必要になるのは、襞を編成するための点としてだけである。この読解は、議論の特定の契機をその編成の中心に据えて、ライプニッツの形而上学の全体を作り直そうとするのである。真理の理論に依拠した論理学的で形而上学なライプニッツの体系を、個別性と連続性のあいだの知覚の平衡関係として、現実の概念的なイメージにしてしまうのである。ドゥルーズはライプニッツを批判したりはしない。ライプニッツの哲学の内部で、自分の哲学を構築してしまうのだ。

ドゥルーズの批判のプロジェクトは、アリストテレス的な主語と述語の論理学の形式が、哲学を構築するための要素としては役に立たないことを示そうとした。しかしわたしたちには、ライプニッツはまさにこのアリストテレス的なモデルを利用しているようにみえる。ライプニッツは、モナドが一次的な実体であり、モナドの内的な生を作りだしている知覚の束がこの実体の述語であり、「完全な概念」のうちに含まれていると語るからだ。ドゥルーズはこの論理学のライプニッツから、バロックのライプニッツを救いだすために、二つの論理学的な概念、包含と帰属という概念の違いを精密に提示する。モナドの生で発生するすべての知覚は、述語として表現することのできるものであるとしても、その逆も言えるのである。すべての述語は出来事として表現できるのである。だから完全な概念の内容は、〔そこに包含された〕属性の集合として理解するべきではなく、それが言及するものとの関係において、すなわちモナドの生に〔帰属し、〕含まれる知覚的な出来事の束との関係において理解する必要があるのだ。

モナドの知覚は、その完全な概念のうちに統一されていて、この完全な概念はさらに神的な精神のうちのモナドとして現われる。この神的な知性の形而上学は、予見し、最終的にすべての出来事の原因となるものであり（モナドは、創造された存在と同一だからだ）、ドゥルーズの読解にとって別の困難な課題をひきおこす。〈好機〉と潜在的な構成を重視するドゥルーズの存在論は、世界を神的な知性によって管理された決定論的なシステムとして理解する考え方とは、対立するからである。しかしドゥルーズはここで、ライプニッツの創造の神学、神がさまざまに異なる可能世界のうちで一つの世界を選択する神学には、バロック的な複雑さが含まれていることを示す。この神学には、巨大な数の組み合わせの体系が含まれていて、そのうちから一つの選択をする必要があるのだが、この選択は個物の集合のあいだから選ぶだけではなく、こうした個物を構成する出来事の集合のうちからも選ばねばならないのである。

このようにライプニッツの哲学に含まれる創造の神学に異議を申し立てるために、ドゥルーズはモナドの存在そのものが、この選択プロセスに対応するものだと主張することになる。モナドは意識の経験のうちに組み込まれるものを、この無限の貯蔵庫のうちからそれぞれの瞬間に選択しながら、知覚のうちを前進するのである。このようにドゥルーズは選択プロセスを強調することによって、神的な知性からモナドの有限な存在へと、理論の重点を移動させる。そしてモナドの選択プロセスを、宇宙が開かれたプロセスとして前進する出来事とみなすのである。

モナドを流動的で可塑的な形式のものと解釈することで、ライプニッツの哲学は論理の構造としてではなく、意味プロセスとして解釈されることになる。ドゥルーズは外側と内側、正面と内部を分離させながら、バロック芸術とライプニッツのモナド論のあいだにアナロジーを確立するのである。バロック建築は、暗さとの生き生きとしたコントラストを作りだせるように光線を編成する。光線は閉ざされた空間とコントラストを形成し、この空間を強調するために役立つ。そしてこの閉じた空間の内部に、局所的で限られた明度を作りだす。同じような構造が、モナドの特徴となる。ライプニッツが主張するように、モナドには窓がないために、外部のものと相互作用をすることはできない。その閉じた知覚の秩序の内部において、いつでもいくつかの知覚だけが、心の〈眼〉の前を通過して、自己意識的な思考となる瞬間だけ、光を当てられる。

バロック芸術における光と暗闇の相関関係は、コントラストの関係であるだけではなく、〈度〉の関係でもある。カラヴァッジョやレンブラントの明暗法（キアロスクーロ）の技法は、暗さと無差別さが強まる背景のうちに、次第に形が登場してくるさまを描こうとするものである。ライプニッツのモナド論における日常の思考にも、同じことが該当する。こうした思考はわたしたちの前を滑るように流れ、自己意識において部分的に光を当てられるが、すぐに無意識的な知覚の暗闇のなかに溶け込んでいく。心が生の営みのうちに前進しつづけるあいだ、どの知覚が注意の中心になるか、どの知覚が闇のなかに落ち込んでいくかは、たえず変動しつづける。

明暗は、双方向に移動することのできる系列《セリー》にしたがってモナドを満たす。一方の末端には暗い底があり、他方の末端には、密封された光がある。密封された光は、それが灯るときには、限られたエリアに白を生みだす。しかし白はしだいに影を帯び、モナドの全体の中の暗い底にむけてひろがっていくにつれて、暗さに、徐々に厚くなっていく影に場を譲ってしまう(1)。

次に〔哲学と芸術という〕並行した営みを逆の向きから、すなわち芸術がどのように哲学に似たものとなるかを考察してみよう。

3　映画と表象の批判

映画の美学

ドゥルーズの二巻の映画論『シネマ1　運動イメージ』と『シネマ2　時間イメージ』は、映画を思考の対立する場として、思考と創造的な関係の衝突を編成する二つの基本的に異なる方法として提示する。一つは表象的なものであり、物語の規約にしたがったものである。もう一つは現代映画であり、物語的な映画の規約に異議を申し立て、表象そのものにも異議を申し立てる。物語的な映画が「運動イメージ」を作りだす。現代映画はこの運動イメージに対抗し、イメージを編成し、イメージと時間の関係を編成するための別の方法、「時間イメージ」を提示する。

ドゥルーズは二十世紀末の哲学者としては、映画についての文章を発表しつづけた稀有な哲学者である。ドゥルーズはいわゆる「映画理論家」ではないし、映画の批評家でもない。映画について教えたことはないし、映画評を執筆したこともない。ただ映画を観て、フランスにおける映画の理論的な議論を背景として（雑誌『カイエ・ドュ・シネマ』を中心とした議論だ）、映画について思索するのである。フランスの映画史家と批評家は、演出（ミーズ・アン・セーヌ）という概念、すなわち視覚的な映像の物語的な編成の概念を中心として、現代映画を考察してきた。ドゥルーズはこのフランスの批評の伝統のもとで、物語的なリアリズムと現代映画の対立の文脈において、この演出の問題を哲学的に解釈するのである。

この映画論を、もっとドゥルーズの思考に固有の文脈で定義してみれば、これは映画の作成の条件とも映画の受容の条件とも独立したところから、映画そのものの観点から、映画の美学を表現しようとする試みと言えるだろう。ドゥルーズにとっては映画は何よりも美的な媒体である。ドゥルーズは、映画がコミュニケーションの手段であるという一部の映画理論家の主張には賛成しない。映画は内在的な感覚の場であり、情動と時間をある自立した全体的なものにまとめあげる営みである。この全体的なものは、表象的なものではなく、映画の観客との関係で定義されるものでもない。だからドゥルーズにとっては映画を、外部の現実を表象するものとしても、観客に衝撃を与える手段としても、分析すべきではないことになる。

むしろ映画は認識的な芸術の形式である。視覚的な要素を時間のうちで編成する営みなのである。このため映画は精神と同じような操作を実行するものとなる。映画の画像の編成は、通常の認識や知覚と複雑な関係をとり結ぶ。画像を日常的な経験からとってくることはできない。画像の構成と編集の法則は、主観的な経験における知覚や認識のパターンとは違うものだからだ。他方で映画は、さまざまな程度において、日常の主観的な経験において知覚や認識の要素が編成される方法に忠実なものであることもできる。すなわち、日常的な経験のうちでわたしたちが世界のうちにみいだす秩序に異議を申し立てる映画もあるし、この表象的な秩序を承認する映画もあるということだ。

ドゥルーズの映画分析の焦点は、個々のフレームの構成と、編集における他のフレームとの関係にある。この分析では、異なった種類の映画と映画監督が、認識の側面で実現したものを理解しようとする。次に映画の画像の視覚的な質と、こうした質が認識にもたらす意味を、映画の自立的で内在的な特徴とみなす。この画像に固有な質の理論は、記号論の方法と似ているが、映画の物語的な単位またはセグメントを定量化しようとする伝統的な記号論的な映画理論とは、両義的な関係にある。この物語的な記号論の理論に対抗してドゥルーズは、映画の定性的な記号論を作りだすのである。映画の映像の意味作用をそなえた美的な質が、どのようにして映画のシーンやシークエンスのような物語的な単位と独立して編成されるかを考察するのである。

ドゥルーズは映画の画像を、世界の表象からは、いかなる形でも取りだすことのできない自立的な意味作用をもった現実として提示しようとする。映画の歴史においては、このように自立的な映像は、物語の語りと人物像を中心として編成された歴史から、ゆっくりみずからを解放していく必要があった。この物語的な映画が、ハリウッドでも他の場所でも、映画作成の主流だったのである。

映画論における二つの区別

ドゥルーズの映画論には、二つの重複した区別があり、この二冊の映画論では、物語的な映画と物語的でない映画のあいだで、この区別を明確に示すことを目的としている。第一の区別は『シネマ1　運動イメージ』の議論の中心となっているものである。片方には、実用的で人間的な形で世界を表現する営みがあり、他方には人間の行動を参照せずに、物質的な世界と人間の身体を表現しようとする試みがある。この区別は、物語的な映画のうちで、人間の行動を参照せず、人物の反応や独自の筋書とは別の場所で、抽象的な映像を作りだす方法にかかわるものである。

第二の区別は、この第一巻と第二巻『シネマ2　時間イメージ』の境界線を定義するものであり、もっと一般的な美的な抽象にかかわるものである。映画が表象する物語的な内容よりも、映画の映像のスタイルの質に依拠する編成方法に注目して区別するのだ。これは美的な抽象を重視するもので、ヨーロッパ映画、アメリカ映画、日本映画で異なった時点で登場するが、どこでも映画の映像の視覚的および美的な自立性が肯定されると、ドゥルーズは指摘している。

カメラの役割

ドゥルーズによると古典的で主流な映画は、カメラと人物のあいだの理想的な対応関係を軸として編成されていた。そのためにカメラがフレームのうちに捉えて録画するものは原則として、虚構のなかでその人物が見ることのできるものと一致している。この一致のために、映画の映像は主観的な知覚の枠組みのうちに繋ぎとめられる。カメラの人為的なまなざしは、人物の知覚と行動によって担われている。このためカメラは匿名のまなざしでも、客観的なまなざしでも、非人称のまなざしでもない。人物の自然な知覚の〈代役〉として提示される個人のまなざしなのである。

　この人物のまなざしはさらに、行動の主体である実際の主体として表現される。主流の物語的な映画の決まりでは、人物が映画のフレームのうちである位置を占めるだけでは十分ではない。実際の状況のうちで能動的に反応すること、すなわち行動することが必要なのである。カメラ（すなわち人物）が見た世界は、つねに能動的な主体に提示される世界であり、これから働きかけられるべき世界なのである。

　この古典的で物語的な映画を乗り越えようとする運動は、「現代映画」とか「アート・シネマ」と呼び習わされる映画、たとえば小津安二郎やアントニオーニなどの作品が実現したものである。新しい映画は、知覚し、実際に行動する人物としての主体と、視覚的なフレームとの伝統的な結びつきを断ち切った。この新しい試みでは、イメージは世界の脱身体化された視点として提示される。現代映画はこのように、知覚し、行動する主体のうちに繋ぎとめられていた映像を、そこから解放したのである。この新しい映像は行動に依拠せずに、映像そのものの内部で、直接に意味作用を作りだすのである。この抽象の運動を通じて、現代映画はさらに芸術の形式に固有な可能性を解放することになった。この可能性は映画と時間の固有の関係にかかわるものである。ドゥルーズによると映画は意味作用の内在的な場であり、経験からは考えられないような形で、時間を編成することができる。

同時に映画はさまざまな程度において、日常の経験のうちで認識と知覚の要素が編成される方法に忠実でありうる。このことは、一部の映画は日常の経験の表象的な秩序に異議を申し立てることができるが、一方で古典的な物語の映画は知覚の秩序と主観的な経験にほぼ適合したものであることを意味する。「時間イメージ」における時間の直接的な提示と、「運動イメージ」における物語的な観点による時間の再表象の違いは、時間と変化のあいだの存在論的な関係にかかわるものである。「運動イメージ」では、時間は変化と運動に関してだけ表象されている。ただし運動ということで、物理的な運動だけを考えるべきではなく、もっと抽象的に、物語状況の内部で起こる変動として理解する必要がある（物語はこの変動に依拠しているのである）。物語は、変動する状況の概念をあらかじめ想定しているため、「運動イメージ」では映画と映像そのものにおいて、物語の世界のある種の劇的な編成を必要とする。物語がある状況の変動として理解されるためには、特定の心理学的、テーマ的、空間的、劇的な関係を含む必要があり、これらの関係が状況とその変化のプロセスを作りだすのである。「運動イメージ」では、これらの関係の種類を提示することが、映画のスタイルの発展のための決定的な特徴だったとドゥルーズは考える。

物語映画の視覚的な「文法」、すなわち映像で物語を語るための構成の基本的な規則には、カメラの位置とフレームの構成、フレームの内部での空間的な関係、編集のリズム、音声と会話の利用、物語そのものの編成などがある。物語が成立するためには、このような基本的な規則が必要となるが、「運動イメージ」における視覚的な文法の第一の原則は、コントラストにある。視覚的な映像のそれぞれの部分または構成要素を定義するために、映像に含まれるほかの何ものかとの関係で、あるいは前の映像との関係で、意味を作りだすために異なる要素が利用されるのである。ドゥルーズはこの物語的な映画の視覚的な文法は、一九二〇年代と一九三〇年代に発展したと指摘している。デーヴィッド・グリフィスのサスペンス映画の編集方法、セルゲイ・エイゼンシュテインのテーマ的な編集（モンタージュ技法）、フリードリヒ・ヴィルヘルム・ムルナウやフリッツ・ラングなどのドイツ表現主義系の監督の光と影の対比方法、ジャン・ルノワールやグレミヨンなどのフランスの監督における海と大陸のコントラストなどの技法が、物語と主観的な構成のための基本的な要素であり、これが映画の内部で構造的および視覚的な意味の一貫性を保証していたのだった。[*1] ここでは視覚的な場は、意味をもつ一連の関係で定義されていた。このため物語的な映画と縁を切るためには、コントラストによって意味を作りだすことのない視覚イメージを提示する必要があった。この「運動イメージ」から「時間イメージ」への移行は、意味作用の地位または映画の映像の質そのもの変動をもたらしたのであり、意味をもつ関係から離脱する営みだった。

映像の位置

物語的なシネマでは、すなわち「運動イメージ」では、映画のイメージは主として記号として機能するのであり、物語の意味と関係的な意味を担うものである。ここでは視覚的な映像の役割は二次的なものにすぎない。「時間イメージ」はこれを逆転させる。新しい映画では、視覚的な映像がその独自の権利において、第一のもっとも重要な現実となり、意味の担い手としての役割は二次的なものにすぎない。この意味が劇的に発展される必要はないし、映像の内部の関係や複数の映像のあいだの関係によって提示される必要もない。

これを理解するには、ウィリアム・ワイラーのような古典的なアメリカの映画監督たちが、メロドラマ的でサスペンスにみちた物語映画において、住宅をどのように描いているか、そしてビクトル・エリセ監督の『ミツバチのささやき』(一九七三年)などの現代のヨーロッパの映画監督の作品において、住宅がどのように映像化されるかを比較してみればよい。ワイラー監督は、一九四一年製作のアメリカ南部の家族のメロドラマである『小さな狐』や、一九五五年製作の脱獄囚についてのサスペンス・ドラマ『絶望の時』など、きわめて異なったタイプの作品でも、同じように劇的で空間的でコントラストに満ちたスタイルを貫いている。このどちらの映画も、階段が目立つ二階建ての住宅を撮影しているが、住宅のもつ物語的な可能性を活用する手腕はさすがである。そして部屋のあいだの境界部分、一階と二階の対比、劇的な装置としての階段という動的な空間を効果的に利用してサスペンスを高め、物語の情動的な可能性を活用している。

これと対照的にエリセ監督の作品では、住宅は独自の現実をそなえており、そこに住む人々と同じ重みを与えられている。『ミツバチのささやき』の登場人物は、スペイン内戦後の時期にあって、フランコ体制に受け身の抵抗を行なっているが、いくらか荒れ果てた大きな田舎家で暮らしている。住宅と登場人物とは同格であり、どちらも歴史からとり残され、よりよい時代が来ることを待ち望んでいる。登場人物は住宅の中を歩き回るが、たがいの関係を目立たせることはない。

この実例は時間よりも空間にかかわるものであり、時間的な関係よりも空間的な関係において視覚的な抽象を考えるほうが分かりやすい。それでもドゥルーズは、映画において特定の時間の表現によって抽象が生まれてくる理由について、複雑な議論を行なっている。

物語的な映画における時間は、劇的な状況の内部での変化に沿って配置されているが、「時間イメージ」は時間を、映像そのものの内部の潜在的な構成として直接的に示すのである。「時間イメージ」のうちで表現された時間は、変化の時間でも劇的な発展の時間でもない。対立や登場人物の人間関係のうちに埋め込まれた時間ではないのである。時間がこのように直接的に表現される場合には、登場人物は空間の中心としてではなく、空間の構成要素として表現されるのが普通である。空間は永続性という時間的な質、すなわち反復または停止の意味を示唆することになり、それが登場人物に重みづけをしたり、登場人物の行動の意味を相対化したりすることになる。初期のドゥルーズは、運命を反復として、仮想的なものが変奏される営みとして考えるという視点を提示していたが、「時間イメージ」はこの形而上学的な概念に近いものがある。「時間イメージ」は特定の運命、特定の反復と変奏のセグメントの異なった場面を提示するのである。

このように時間と生活を実用性から切り離された形で提示する手法は、とくに一部の映画監督に固有にみられる特徴である。小津の映画では、登場人物はその家庭環境に支配されているようにみえる。ヴィスコンティは自分の置かれた歴史的で社会的な状況から離れることのできない人物を登場させる。ウェルズはある役割に捉えられて、そこから離脱することができず、その役割を反復してばかりいるようにみえる人物を発明した。アラン・レネの映画の人物は、さらに大がかりな反復の犠牲となっている。人物を支配する反復は、将来へと流れる時間の線の一部ではないようにみえるのである。

ドゥルーズの映画論の両義性

ドゥルーズはこのように現代映画を、世界についての実用的でヒューマニズム的な視点から離脱したものとして提示するが、同時にきわめて保守的で、宿命論的な側面もみられる。ドゥルーズが「時間イメージ」を典型的に示していると評価するのは、時間を宿命論的に捉える監督である。この現代性から宿命性への移行は、ドゥルーズの思想の深いところに潜む両義性の特徴であり、世界を人間中心主義的な視点から眺めることにたいする根強い批判の現われなのである。このため、ドゥルーズの書物では、表象とヒューマニズムからの解放の訴えがさまざまな形で反復されるが、それがときに宿命の肯定へと向かうこともあるのである。

4　芸術、倫理、主観性

生成の主体

画家のフランシス・ベーコンを論じた『感覚の論理――フランシス・ベーコン論』（一九八一年）においてドゥルーズは、「時間イメージ」に体現された宿命論とは異なる道徳的なテーマを展開する。この書物は、表象の秩序の外部に位置する主体の概念を提示したものである。『千のプラトー』ではこのテーマは、表象に対立する形で定義された倫理的な可能性として、生成の理論で表明されていた。生成は、社会的に定義された道徳的な主体と対立する形で定義された最小の主体を含む。『千のプラトー』と同じ時期に執筆されたこの『感覚の論理』で検討された主観性の問題は、思考の形式としての表象と、反‐表象的な主体の倫理の両面にかかわるものである。

『千のプラトー』では、道徳的な責任を負う主体は、発話能力をもつ「主体としてのわたし（アイ）」、道徳的な責任を負う「客体としてのわたし（ミー）」、大きな社会的および道徳的なカテゴリーの適用される「彼／彼女（ヒー／シー）」の配置を通じて形成されたものであり、非常に複雑な歴史的および記号論的なプロセスの産物であると主張していた。このベーコン論でははるかに異なる種類の主体が描かれる。このプロセスの末端に、生成の主体が登場するのである。この生成の主体は反‐表象的である。この主体は、ディスクールのうちで位置を占める主体ではないし、目的をもった行動の既存のパラメータにしたがって表象する力をもった主体でもない。それでは、生成の主体と「自由」の関係はどうなるのかと、問うことができよう。「生成」の理論には、自由を逃走と理解する考え方が含まれており、この逃走の概念からこれに並行した創造の概念が含まれる。この創造の自由が存在するかぎりで、それは反‐表象的なものである。これは自己定義的で自己構造化する発展の根源的な内在の内部に登場する自由であり、この自由はその発展のさなかで成功と失敗の独自の基準を定めるのである。この生成の主体の内在的な自由は、ある特別な意味で〈語りえないもの〉である。この自由は隠れているわけでも、不可視なわけでもないが、既存のディスクールの領域に入らないものだからだ。

後期のドゥルーズはこの主観性、自由、創造の問題にとり組んでいるが、それを主として美学の領域のうちで行なったのである。初期のドゥルーズは、意味と反復の存在論を哲学の中心としていたが、後期になると美学を哲学の中心的な分野として据えるのである。後期の作品の芸術と哲学についての美学的な著作、すなわちフーコー、ライプニッツ、映画、フランシス・ベーコンを論じた書物では、ドゥルーズはカントやフッサールの意識の概念とは異なる主観性の概念を提示する。この主観性の概念はさらに、行為と決定と政治的または道徳的な責任の主体とも明確に異なる主体の概念を含むのである。

画家のフランシス・ベーコンを論じたこの書物では、ドゥルーズは近代絵画、特にセザンヌ、ゴッホ、ベーコンの作品において、絵画的な表象の問題がどのように取り扱われているかを分析する。『感覚の論理』の導きの糸となるのは、ベーコンが人間の身体からすべての幻想的な内容を取り去ることによって、人間の身体の表象を純粋なものにしようとしたという着想である。ベーコンの作品は、初期の人目を引く劇的な絵画に始まり、幾何学的な線で囲まれ人間の身体の真面目な探求へといいたる後期の作品へと、大きな変化を示している。後期の作品では、対象、人々、人間的な相互作用に満たされた社会的な環境のリアリズム的な座標を採用することなく、フレームのうちに身体を孤立させ、身体の姿勢と動きと情動を表現するのである。

ベーコンは身体そのものを情動の構成物として提示するようになり、身体の表現を純粋なものとしていく。こうしてベーコンの美学は作品とともにゆるやかに発展するのである。この発展の頂点として、一九七〇年代の初めに一連のトリプティック〔三枚を一まとめにした連作〕が発表されたが、これらの作品が、ドゥルーズの分析の中心となる。

フィギュール

ドゥルーズはベーコンの絵画における身体の表現をフィギュール（像）には、その周囲の身体との動的な関係が含まれるが、同時にくっきりとした線によって、この空間から孤立している。周囲の空間そのものはほとんど空虚であり、単色の表面が、身体とその周囲のコントラストを強調する。ドゥルーズによると、これらの絵画では感情が直接に描きだされているのでも暗示的に表現されているのでもなく、フィギュールによって直接に体現され実現されているのである。これらの絵画は感情の反‐表象的な表現となるのだ。

感情はフィギュールが行なう運動によって表現されるが、この運動は同時に静的なものである。フィギュールが異なる場所に移動するのではなく、フィギュールが運動の現場そのものなのである。この運動は感情の要素の内部で行なわれる。ある感情から別の感情へ、ある強度から別の強度へ、運動または移行が行なわれるのである。これは拘束された運動であり、特定の歪みや典型的な姿勢のうちに身体を凍結させる。これらのフィギュールを重力の感覚が支配しており、この拘束された運動はトリプティックのうちで、落下する動きのように表現される。だからフィギュールは重力によって下に引っ張られているようにみえるのであり、自分の身体のマッス（塊）と情動的に一致するようになるのである。

美学的にはこのフィギュールの純粋化は、線、面、色のあいだの特別な関係として表現される。ベーコンの絵画のフィギュール的でない視覚空間は、ドゥルーズが線、面、色のモジュール的と呼ぶ関係のうちで構成される。フィギュール的な表象の遠近法的な関係と抽象画の形式的な関係の両方が、編成された視覚空間を作りだす。ベーコンは、色のコントラストで秩序を作りだすのである。このコントラストの関係は、それ自体が純粋に色彩的（クロマティック）なものであり、光の関係によって編成されるのではなく、色彩のスペクトルにおけるさまざまな色の段階的なコントラストによって編成されているのである。モジュール的な色彩空間は、ある種の平坦さを作りだし、二次元的な印象を生み、エジプトの浮き彫り彫刻のような手触りを作りだすのである。フィギュール化を避けるために平坦で色彩的でモジュール的な手触りのような空間をつくりだすのである。この空間においてさまざまな関係は、遠近法や芸術的な関係によってプログラミングされることもコード化されることもない。

生成の二重の運動

こうしてドゥルーズはベーコンの絵画を、生成の二重の運動を実現したものとして説明するのである。心理学的な情動は生成する身体であり、絵画そのものはこの体現された情動の可塑性を利用する。だから絵画は、絵画という媒体に内的な生成を実現することができるのであり、これは同時に主体を生成する動きでもある。この主体は〈生成の主体〉であり、それがうける静的な運動のうちに宙吊りにされた主体であり、この環境の内部だけに存在し、行動からも関係性からも切断され、表象することのできないままの主体である。この〈生成の主体〉は受動的な主体であり、ドゥルーズの倫理学は受動性を肯定するものとなる。これは情動をうける能力であるとともに、生成の運動に入ることを求められた受容性である。

ライプニッツ、映画、フランシス・ベーコンについての個別的な研究と、哲学の一般理論は、それぞれが感覚媒体の内部での思考の特別な実現と体現を跡づけたものである。哲学については、この媒体は潜在的に感覚的なものにすぎない。哲学は、思想が表明されるテクスト媒体や心理学的な媒体と同一のものとみなすことはできないからである。哲学は、擬似的な感覚空間に独自の媒体を作りだすが、これは平面と、その平面の上に構築される概念で構成される。映画は光と運動を直接に感覚的に編成したものであるが、これは知覚の解釈であり、行動や時間と知覚の関係の解釈である。ライプニッツとベーコンの研究は、哲学の問題の分析と美的な構造の記述がさらに密に編み上げられたものであり、ライプニッツの襞とベーコンの落下する身体は、感覚の空間または擬似感覚の空間において、思想が具体的な形で体現されたものである。

第六章　結論——哲学の目的

第一の〈縦糸〉——平面

この研究の最後では、時間的な発展において、そしてテーマの多様性において、ドゥルーズの思想の全体の概要を示してみたい。まず、ドゥルーズの作品を貫き、それをまとめあげているいくつかの〈縦糸〉を確認することができる。逆説的なことに、統一を作りだすこれらの特徴は、理念でもテーマでもなく、未解決の緊張と、ドゥルーズの思想が解決しようと苦闘している問題領域で構成されているのである。ガタリとの協働作業を通じて、これらの問題はドゥルーズとガタリのもっとも核心的な概念を生みだすことになった。こうした問題領域を三つ特定することができる。これらはすべて哲学そのものの性格と、哲学と現実の関係、すなわち哲学の目的にかかわるものである〔以下ではこれを現実と哲学の緊張関係として、考えよう〕。

ドゥルーズの哲学の理論では、結論の先取りという古い論理学的な〔循環論の〕誤謬の概念を作り直して、いかなる思考体系も機能するにあたっては、その体系の内部で根拠を示しえない前提を必要とするという考え方を提示した。ドゥルーズはこの暗黙的な前提を、特定の哲学の「平面」と呼ぶ。この平面のもっとも重要な特徴は、それが現実について、その意味するものについて、存在する事物の種類について行なっている想定にある。この平面は、哲学者の役割についての考え方とも結びついている。

ドゥルーズの哲学の〈平面〉は、現実についての二つの明確に異なる姿勢に分離されている。どちらも、人間という行為者と、現実に影響する思想の力について、異なった考え方を示すものである。第一の姿勢は懐疑的で省察的なものである。この観点からみると現実は、形式的に構造づける原則が構成するもので、その原則は「理念」「地層」「襞」などと呼ばれる。人間の生、思想、行為者は、こうした理念、地層、襞が構築する現実のうちに存在するのである。その場合には個人の生は、その個人の運命を決定する潜在的な点のシステムで条件づけられることになる。哲学者は文明のサイクルの反復と好機において働いている〈戯れ〉を観察するものである。そのため現実にたいする哲学者の態度は宿命的で、距離をおいたものとなる。そして文明はたがいに交替しながら、国家とノマドの対立を限りなく反復するのである。

この距離をおいた懐疑的な姿勢とは対照的に、ドゥルーズは情熱的な批判的および倫理的な姿勢も示している。内在の哲学は戦略的に、哲学と生を「表象」の罠から解放することを目的としている。個別の特定可能な対象の経験的な枠組みによる拘束から、人間の思考能力を解放し、道徳的な規則を意識的に適用することで生まれる拘束から、生を解放しようとするのである。

わたしたちの思考の能力と生の可能性を解放するためには、道徳的で心理学的な存在として、または哲学者として、わたしたちが自分のうちで機能させている表象の力を弱める必要がある。思考と情動は、自己意識的な主観性とは異なる種類の行為者を体現するものであるから、それが可能なのである。この行為者は、「幼生の主体」または「生成」の行為者である。この生成の概念と幼生の主体の概念によって内在の倫理と認識論が生まれるが、ここで想定された現実の観点と、現実における思考者の概念は、ドゥルーズの形而上学の懐疑的な観点とは異なるものである〔これが第一の緊張関係の領域である〕。

第二の縦糸——唯物論と観念論の対立

ドゥルーズの作品において、現実と哲学の関係を定義する第二の〔緊張関係の〕領域は、形而上学と認識論の立場と、さまざまな形式の唯物論との間にみられる緊張関係である。形而上学と認識論の立場を代表するのは、ライプニッツの合理主義的な哲学、ヒュームの経験論、カント以後の観念論（現実の潜在的な構成）であり、こうした立場は連続的なものとみなされている。だから『差異と反復』は、『アンチ・エディプス』よりも観念論的なのである。しかしドゥルーズの形而上学はその最初から最後まで、現実を未定型の物質の構成から発生したものとみなす唯物論と、現実を純粋に形式的で抽象的な関係によって構成されたものとみなす半ば数学的な観念論のあいだの緊張に支配されているのである。

『アンチ・エディプス』と『千のプラトー』は、この唯物論と観念論の対立を記号論的に解決しようとするものである。ドゥルーズはこの記号論を利用して、社会的な現実について、経験的でも表象的でもない理論を構築するのである。

『アンチ・エディプス』では社会的なカテゴリーの理論を構築する。これらのカテゴリーは、社会の成員に、その社会の本質と起源を提示するために役立つものとして、社会の内部で作りだされたと考えられている。こうしたカテゴリーには二重の理想的な地位と物質的な地位がある。これは意味（理想的な結果）の表面に刻印されているもの（物質的なプロセス）なのである。

『千のプラトー』では、この方法は文化の一般理論の枠組みで適用される。思想と信念のすべての体系を含む文化のあらゆる実践は、理想化または「脱領土化」のプロセスを通じて生まれるが、一つのプロセスが他の（もっと抽象的でない）プロセスの内部の作動コードを捉え、形式化する。この脱領土化された実践という文化の理論は、ドゥルーズの哲学についての考え方に影響してくる。『千のプラトー』によると、哲学は自然科学や社会科学と異なる役割や地位をそなえたものではない。すべての思想は、透明な表象（二重の意味での一義性）と表象的でない思想（リゾーム）の二重の圧力で支配された力の場の内部で行使されるからである。

第三の縦糸――思想の対象の地位

ドゥルーズの思想を貫く第三の〔緊張関係を作りだす〕問題は、その「対象」の地位と一般的な理解の性格をめぐるものである。ドゥルーズの初期の作品、すなわちヒューム、ベルクソン、カント、スピノザの研究書では、思想と内在についての異なった概念を提起した。これらのすべてに共通しているのは、思想と対象が分裂し、わたしたちが経験で特定する対象と思想の内在的な領域が分裂しているという想定だった。

潜在的な〈点〉の存在論的なシステム、生産の社会的な存在論（『アンチ・エディプス』）と地層（『千のプラトー』）の概念の発展は、同じ内在の原則にしたがって進められた。それは仮想性、生産、地層は、経験のうちでは与えられないという原則である。これらは発生的な原則であり、意識の経験のうちでわたしたちが出会う対象とは似ていないのである。

哲学的な思想の対象が、哲学に内在するという考え方から、ドゥルーズの思想は絶対的な観念論に近いものとなった。ヘーゲルの絶対的な観念論の哲学は、自己完結的な合理的な体系であり、これが現実の全体を、その理想的で固有な特徴を説明するのである。これとは対照的にドゥルーズの発生的な差異の哲学は、このような構造的なモデルに適合するものではない。しかしドゥルーズの内在の概念は、この種の観念論とは両義的な関係をとり結ぶのである。理性の自己充足的な体系は、理想が体系の内部でみずからを根拠づけ、経験からとられた「外的な」証拠に依拠しないという意味では、それ自体が「内在」的なのである。そしてドゥルーズの内在の原則がこの合理的な体系の自己充足性と異なるのは、内在的な秩序を構成するのは体系ではなく現実であるとされているためである。

このような内在的な秩序の概念は、哲学がこの秩序をどのようにして認識することができるのかという認識論的な問題をひきおこす。ドゥルーズは規定の理論によってこの問題を考察する。現実の内在的な秩序を構成するのは規定の発生的な秩序であり、これは理想的な構造として思想に与えられるものではない。思想においては、〈問題〉によって、後の段階では〈ダイアグラム〉によって、この決定の秩序を把握できるだけであるが、絶対的な観念論の場合とは違って、問題やダイアグラムの完全な体系を利用できるわけではない。

最後の段階では、ドゥルーズの哲学は美学に移行するが、それによって内在の概念が変換され、形式化される。そして現実の存在論的な秩序よりも、哲学と芸術の内部の構成の内的な原則に、この内在の概念を適用するようになる。しかしこの移行は、哲学的な観念論と合理主義の議論を延長したものである。理性によってみずからを正当化できるという〔伝統的な哲学の〕主張に依拠せずに、合理主義的な哲学の体系が再構築されることになる。プラトン、ライプニッツ、ヘーゲルなどの合理主義的な哲学における内在の概念は、哲学的な理性が絶対的な自己正当化を行なう能力があるというものである。これは、ドゥルーズがその著作を通じて批判しようとしてきた哲学の自己主張にほかならない。ドゥルーズの構成主義的な哲学の理論は、実用的で、美的で、形式主義的な形で、この批判を実現するものである。この理論によると、哲学は一貫性のある体系を作りだすことはできるが、その一貫性は形式的なものにすぎない。それは理性による自己正当化の構造には、絶対に到達しないのである。

原注

序

（1）これらの思想家はすべて、「宇宙論的な形而上学者」と呼ぶことができる。これらの哲学者はエネルギーや力の概念に基づいて、世界や宇宙の理論を提示している。たとえばストア派の火の概念、スピノザの神的な自然の概念、ライプニッツのモナドの体系、ニーチェの「力への意志」の概念、ベルクソンの「エラン・ヴィタル」の概念などである。ドゥルーズはこれらの思想家はすべて心的な活動を、力の宇宙的な場との関係で理解しようとした哲学者とみなしている。心的な活動は、この力の宇宙的な場の一部なのである。

（2）ドロシア・オルコウスキー『ドゥルーズと表象の廃墟』（Dorothea Olkowski, *Deleuze and the Ruin of Representation*, Berkeley, CA, 1999）九九ページを参照されたい。

（3）この伝統の何よりの実例は、マルシアル・ゲルーの『理性の秩序によるデカルト』（Martial Guéroult, *Descartes selon l'ordre des raison*, Paris, 1953）である。ドゥルーズに直接に影響をあたえた書物としては、マルシアル・ゲルー『ザロモン・マイモンの超越論的な哲学』（Martial Guéroult, *La Philosophie transcentale de Salomon Maimon*, Paris, 1929）、ヴィクトール・ゴールドシュミット『ストア派の体系と時間の理念』（Victor Goldschmidt, *Le Système stoïcien et l'idée du temps*, Paris, 1969）、ジュール・ヴュイエミン『カントの遺産とコペルニクス的転回』（Jules Vuillémin, *L'Héritage kantien et la révolution copernicienne*, Paris, 1954）などがある。

（4）ドゥルーズが書いた書評には次のようなものがある。レギス・ジョリヴェ「M・ハイデガーとJ－P・サルトルにおける死の問題」について（Régis Jolivet, “Le problème de la mort chez M. Heidegger, et J.-P. Sartre”, *Revue philosophique de la France et de l'étranger*, CXLIII［1-3］, Janvier-mars 1953: 107-108）、K・E・レグストラップ「キルケゴールとハイデガーの実存分析と、その予言との関係」について（K.E. Lögstrup, “Kierkegaard und Heideggers Existenzanalyse und ihr Verhältnis zur Verkündigung”, *Revue philosophique de la France et de l'étranger*, CXLIII［1-3］, Janvier-mars 1953: 108-109）、ヘルムート・クーン「無との遭遇」について（Helmut Kuhn, “Encounter with Nothingness / Begegnung mit dem Nichts”, *Revue philosophique de la France et de l'étranger*, CXLIII［1-3］, Janvier-mars 1953: 109）。

（5）これらのフランスの哲学者たちは、自己意識の概念を根本的に批判するとともに、啓蒙のプロジェクトに広い範囲で敵対していた。これについてはジャン＝リュック・フェリーとアラン・ルノーの共著『六八年の思想』を参照されたい（邦訳はジャン＝リュック・フェリー、アラン・ルノー『68年の思想――現代の反-人間主義への批判』小野潮訳、法政大学出版局）。

（6）この記号論的な計画のもっとも権威ある理論家は、アルギルダス・グレマスとツヴェタン・トドロフである。

（7）ジル・ドゥルーズ「何を構造主義として認めるか」参照。邦訳は小泉義之監修、ジル・ドゥルーズ『無人島１９６９－１９７４』河出書房新社、五九～一〇二ページ。

（8）ジョルジュ・カンギレム『正常と病理』（Georges Canguilhem, *Le Normal et le pathologique*, Paris, 1994）（邦訳は滝沢武久訳、法政大学出版局）、ジョルジュ・デュメジル『印欧語族の神々』（Georges Dumézil, *Les Dieux des indoeuropéens*, Paris, 1952）を参照されたい。

（9）これがドゥルーズの『ニーチェと哲学』（一九六二年）の主要なテーマである（邦訳は足立和浩訳、国文社、一九七四年）。

（10）ジュルジュ・バタイユ『内的体験』を参照されたい（邦訳は『内的体験――無神学大全』出口裕弘訳、平凡社）。

（11）モーリス・ブランショ『来るべき書物』（一九五九年）を参照されたい（邦訳は『来るべき書物』粟津則雄訳、筑摩書房、改訳新版）。

第一章

（1）ポール・ガイヤー「思考と存在――カントの理論哲学にたいするヘーゲルの批判」を参照されたい（Paul Guyer, "Thought and being: Hegel's critique of Kant's theoretical philosophy", in Frederick C. Beiser ed., *The Cambridge Companion to Hegel*, Cambridge, 1993）。

（2）ドゥルーズ『差異と反復』（Gille Deleuze, *Différence et répétition*, PUF）四四～四五ページ。邦訳は『差異と反復』財津理訳、河出書房新社、五九ページ。

（3）同、八二ページ。邦訳は前掲書一〇二ページ。

（4）アリストテレスは知覚が論理とこのように必然的な関係にあることを当然とみなしていたが、カントは『純粋理性批判』において、この関係を証明する必要があると考えたのである。

（5）プラトン『パルメニデス』一三〇C。邦訳は『プラトン全集 2』山本光雄訳、角川書店、四四〇～四四一ページ。訳文をわずかに修正している。

（6）ヘラクレイトス断片三〇、三六から。邦訳は『ソクラテス以前哲学者断片集』第Ⅰ分冊、内山勝利訳、岩波書店、三一七、三一九ページ。

（7）ドゥルーズ『カントの批判哲学』（Gilles Deleuze, *La Philosophie critique de Kant*, PUF）二五ページ。邦訳は國分功一郎訳、筑摩書房、三八ページ。

（8）ドゥルーズ『スピノザと表現の問題』（Gilles Deleuze, *Spinoza et le problème de l'expression*, PUF）一四ページ。邦訳は工藤喜作・小柴康子・小谷晴勇訳、法政大学出版局、九ページ。

（9）バーナード・ウィリアムズ『デカルト、純粋な探求のプロジェクト』（Bernard Williams, *Descartes: The*

Project of Pure Enquire, London, 1990）の一〇ページを参照されたい。

（10）ザロモン・マイモンの哲学の内容については、マイモンの『超越論的な哲学の試み』（Salomon Maimon, *Versuch über die Tranzendentalphilosophie*, Berlin, 1790）を参照されたい。マイモンの哲学の紹介書としては、E・カッシーラー『近代の哲学と科学における認識問題』（Erenst Cassirer, *Das Erkenntnisproblem in der Philosophie und Wissenschaft der neueren Zeit*, Berlin, 1922-23）を参照のこと。カントおよびドゥルーズとマイモンの関係については、J・シモン『哲学の論理の「黒い花」』（Juliette Simont, *Les fleurs noires' de la logique philosophique*, Paris, 1997）に所収された「カント、ヘーゲル、ドゥルーズにおける量、質、関係についての試論」を参照されたい。

（11）ライプニッツの形而上学の科学的な背景については、E・カッシーラー『ライプニッツの体系の科学的な基礎』（Ernst Cassierer, *Leibniz's System in seinen wissenschaftlichen Grundlagen*, Marburg, 1902）を参照されたい。

（12）アンリ・ベルクソン『創造的進化』序論。邦訳は『ベルグソン全集４』松浪信三郎・高橋允昭訳、白水社、八ページ。

（13）前掲、ドゥルーズ『差異と反復』一五〇ページ。邦訳は前掲書一八〇ページ。

（14）ドゥルーズ『意味の論理学』（Gilles Deleuze, *Logique du sense*, PUF）一四五ページ。邦訳は岡田弘・宇波彰訳、法政大学出版局、一五三ページ。

（15）同、一二三ページ。邦訳は前掲書一三〇ページ。

（16）クリュシッポスの断片一六六。邦訳は『初期ストア派断片集２』水落健治・山口義久訳、京都大学学術出版会、一七三ページ。

第二章

（1）このプルースト論（Gilles Deleuze, *Marcel Proust et les signes*, Paris, 1964）の初版は一九六四年に刊行されたが、その後で増補されて、一九七〇年と一九七六年に改訂版が刊行された。邦訳は『プルーストとシーニュ』宇波彰訳、法政大学出版局。
（2）この書物については本書の第一章の注（7）を参照されたい。
（3）ドゥルーズのプルースト読解についての卓越した入門書を紹介しておきたい。アンドレ・コロンバ『ドゥルーズと文学』（André Colombat, *Deleuze et la littérature*, New York, 1990）である。
（4）機械という概念は、ガタリがラカンの主体の概念を批判することで生まれてきたものである。ジャン＝ジャック・ルセルクル『ドゥルーズと言語』（Jean-Jacques Lecercle, *Deleuze and Language*, Basingstoke, 2002）の一八〇～一八一ページを参照されたい。
（5）ジョセフ・コンラッド『闇の奥』（Joseph Conrad, *Heart of darkness*, London, 1995）三五ページ。邦訳は中野好夫訳、岩波文庫、三三ページ〔訳文の一部に手を加えている〕。

第三章

（1）ユージーン・ホランド『ドゥルーズとガタリのアンチ・エディプス――スキゾ分析入門』（Eugene Holland, *Deleuze and Guattari's Anti-Oedipus: Introduction to Schizoanalysis*, London, 1999）。
（2）カント『純粋理性批判』B四〇三。邦訳は理想社版『カント全集5』原佑訳、五九～六〇ページ。
（3）マルクス『ドイツ・イデオロギー』。邦訳は『マルクス・エンゲルス全集3』大月書店、一二一ページ。
（4）ニーチェ『道徳の系譜』第二論文一六節。邦訳は木場深定訳、岩波書店、九八ページ。
（5）フロイト『性理論三編』。邦訳はフロイト『エロス論集』中山元訳、筑摩書房、一〇一ページ。
（6）マルセル・モース『贈与論』（Marcel Mauss, *The Gift*, London, [1950] 1990）四一ページ。邦訳は有地亨

訳、勁草書房。

（7）ドゥルーズ／ガタリ『アンチ・エディプス』（Gilles Deleuze, Felix Guattari, *L'Anti-Oedipe*, Les Edition de Minuit, 1972）二八一ページ。邦訳は『アンチ・オイディプス』市倉宏佑訳、河出書房新社、二八三ページ。

（8）同、三〇七ページ。邦訳は前掲書三一一ページ。

第四章

（1）マックス・ウェーバー『カリスマと制度の構築』（Max Weber, *On Charisma and Institution Building*, 1968）七五ページ。

（2）アドルノ『美学理論』（Theodor W. Adorno, *Aesthetic Theory*,［1970］1997）。

（3）ニーチェ『道徳の系譜』第二論文。邦訳は前掲書九八ページ。

（4）アドルノ「進歩」（Theodore W. Adorno, "Progress", Rolf Tiedermann ed., *Can One Live after Auschwitz? A Philosophical Reader*, Stanford, 2003）一二七ページ。

（5）ジョン・ライクマン『ドゥルーズ・コネクション』（John Rajchman, *The Deleuze Connections*, Camgridge, 2000）八ページ。

（6）レイモン・アロン『社会学思想の主潮流』第二巻（Raymond Aron, *Main Currents in Sociological Thought*, vol.2, London, 1967）一五ページ。デュルケームは社会的な現実を自律的な領域であり、個人とは独立して存在する集団的な表象で構成されると考えた。しかし同時にデュルケームはこうした表象を、個人の信念と行動を形成する要因であるとも考えたのである。

（7）ジョン・プラムナッツ『人間と社会』第二巻（John Plamnatz, *Man and Society*, vol.II, Harlow, 1963）三七ページ。

（8）ドゥルーズ／ガタリ『千のプラトー』（Gilles Deleuze, Felix Guattar, *Mille Plateuax*, Les Editions de

Minuit, 1980）一四六ページ。邦訳は宇野邦一ほか訳、河出書房新社、一三八ページ。

第五章

（1）ドゥルーズ『襞』（Gilles Deleuze, *Le Pli: Leibniz et le baroque*, Paris, 1988）四五ページ。邦訳は『襞――ライプニッツとバロック』宇野邦一訳、河出書房新社、五八ページ。

訳注

序

＊1　アラン・バディウ『ドゥルーズ——存在の喧騒』（Alain Badiou, *Deleuze: La Clameru de l'Être*, Paris, 1997）、ヴェロニク・ベルジェン『ジル・ドゥルーズの存在論』（Veronique Bergen, *L'Ontologie de Gilles Deleuze*, Paris, 2001）、フランソワ・ズーラビクヴィリ『ドゥルーズ——出来事の哲学』（François Zourabichivile, *Deleuze: Une philosophie de l'événement*, Paris, 1994）など。邦訳は巻末の参考文献リストを参照されたい。

第一章

＊1　以下で考察されるドゥルーズの著書の邦訳としては、次のものを参照されたい。ヒューム論は『経験論と主観性』（木田元・財津理訳、朝日出版社、一九八〇年。新装改訳版、河出書房新社、二〇〇〇年）、ベルクソン論は『ベルクソンの哲学』（宇波彰訳、叢書・ウニベルシタス、法政大学出版局、一九七四年）、ニーチェ論は『ニーチェと哲学』（足立和浩訳、国文社、一九七四年）、カント論は『カントの批判哲学』（國分功一郎訳、ちくま学芸文庫、筑摩書房、二〇〇八年）。

第二章

＊1　「超越論的」という概念は、カントが『純粋理性批判』で提示したものであり、対象そのものについてで

はなく、対象を思考することが可能になるための条件を考察することが超越論的な営みである。著者はここで、モダニズムの文学が世界そのものを記述するためではなく、世界について思考することが可能となるための条件、「世界について思考するために役立つ基本的な関係を提示する」役割をはたすために、超越論的な機能をはたすと考えているのである。

＊2 F・スコット・フィッツジェラルド（一八九六～一九四〇）は、アメリカの小説家で、一九二〇年代の新しい世代の代表とみなされた。ドゥルーズの好みは『偉大なギャツビー』（一九二五年）である。W・ゴンブローウィチ（一九〇四～一九六九）は、ポーランドの亡命作家で、フランスなどの地に居住した。代表作は『フェルディドゥルケ』（一九三七年）と『コスモス』（一九六五年）である。P・クロソウスキー（一九〇五～二〇〇一）は、フランスの小説家、評論家、画家である。評論の代表作は『わが隣人サド』（一九四七年）や『かくも不吉な欲望』（一九六三年）などであるが、ドゥルーズが重視しているのは『ロベルトは今夜』（一九五三年）などのエロティックな小説群である。

＊3 L・イェルムスレウ（一八九九～一九六五）はデンマークの言語学者。一九三一年にコペンハーゲン言語学団を設立し、ソシュール以降の構造主義言語学の重要な一端を担った。主著は『一般文法の原理』（一九二八年）であり、言語の実質よりも、純粋な形式を数学的に扱うことを重視する。

第三章

＊1 この三つの総合は、『アンチ・エディプス』の第二章「精神分析と家庭主義」の第三節から第六節までを参照されたい。邦訳は『アンチ・オイディプス』（市倉宏祐訳、河出書房新社）八七～一四三ページ。邦訳では第一の総合は「接続的綜合」、第二の総合は「離接的綜合」、第三の総合は「連接的綜合」と訳されている。

＊2 これらの誤謬推理は、『アンチ・エディプス』の第二章「精神分析と家庭主義」の第三節から第八節までで考察されている。第一の誤謬推理は邦訳の九三～九四ページ、第二の誤謬推理は一〇二～一〇四ページ、

第三の誤謬推理は一二七～一二九ページ、第四の誤謬推理は一四四～一四六ページ、第五の誤謬推理は一六一～一六二ページを参照されたい。

＊3　ドゥルーズとガタリのモース批判は、『アンチ・エディプス』の邦訳の二二六ページを参照されたい。ここでは「欲望が知っているのは、ただ盗みと贈与だけである」ことが強調されている。

＊4　精神分裂症（スキゾフレニア）という語は現在では「統合失調症」と呼ばれるようになったが、ドゥルーズの時代の訳語として歴史的な意味があるために、この訳書では「分裂症」と訳すことにする。ただしパラノイア（妄想症）と対比して語られるときには、スキゾフレニアと表記する。

第四章

＊1　フェルディナンド・テンニェス（一八五五～一九三六）はドイツの社会学者。二つの社会類型を提示した『ゲゼルシャフトとゲマインシャフト』（一八八七年）で名高い。マックス・ウェーバー（一八六四～一九二〇）もドイツの社会学者・経済学者。資本主義的な精神の源泉をプロテスタンティズムに求めた『プロテスタンティズムの倫理と資本主義の精神』（一九〇四～〇五年）は有名だが、遺作の大著『社会と経済』など、重要な著作が多い。

＊2　テオドール・アドルノ（一九〇三～六九）は、ドイツの哲学者・社会学者。友人のマックス・ホルクハイマー（一八九五～一九七三）とともに、第一世代のフランクフルト学派の重要な哲学者であり、ホルクハイマーとの共著『啓蒙の弁証法』は有名である。音楽論や美学論の著作も重要である。

＊3　構文法（シンタックス）は、文のさまざまな要素を結びつける文法的な規則である。これにたいして語用論は、イギリスの日常言語分析学派が提案した言語の理論であり、文が語られる文脈におけるさまざまな意味の違いを考察する。たとえば「これから会議を始めます」という議長の言葉は、その内容的な意味と同時に、開会を宣言するという権威的な意味をそなえているが、語用論は文のこのような使い方に注目する。

このように語用論では構文法とはまったく異なる視点から文を分析することになる。

＊4　「すべてが知覚しえぬものへの生成変化となる」存立平面については、『千のプラトー』三〇八ページ（邦訳は前掲書二九〇ページ）を参照されたい。

第五章

＊1　デーヴィッド・グリフィス（一八七五〜一九四八）は、ハリウッド草創期の著名な監督。さまざまな映画技法を作りだして、後の映画に重要な影響を与えている。代表作は『国民の創生』（一九一五年）。エイゼンシュテイン（一八九八〜一九四八）はソ連の映画監督で、『戦艦ポチョムキン』はあまりにも有名だろう。フリードリヒ・ヴィルヘルム・ムルナウ（一八八八〜一九三一）はドイツの映画監督で、代表作は『最後の人』（一九二四）と『サンライズ』（一九二七）。フリッツ・ラング（一八九〇〜一九七六）はオーストリア生まれの映画監督で、アメリカで活躍した。『メトロポリス』（一九二六）は先駆的な作品である。ジャン・ルノワール（一八九四〜一九七九）はフランスの映画監督。一九三七年度の作品『大いなる幻影』は名高い。ジャン・グレミヨン（一九〇二〜一九五九）はフランスのヌーヴェル・ヴァーグ時代の映画監督で、主な作品に『この空は君のため』（一九四三年）や『白い足』（一九四九年）などがある。

＊2　ウィリアム・ワイラー（一九〇二〜八一）はフランス生まれで、アメリカに帰化した映画監督。代表作は『我等の最良の年』（一九四六年）だろうが、『ローマの休日』（一九五三年）の監督としてよく知られている。ビクトル・エリセ（一九四〇〜）はスペインの映画監督で、ここにあげられた『ミツバチのささやき』（一九七三年）が代表作。

＊3　ルキノ・ヴィスコンティ（一九〇六〜七六）はイタリアの映画監督。力強い作風で、『夏の嵐』（一九五三年）や『ベニスに死す』（一九七一年）などの作品のファンは多い。オーソン・ウェルズ（一九一五〜八五）はアメリカの映画監督で俳優。ラジオ・ドラマで宇宙人来襲を報道し、大パニックを引き起こしたのは有名

である。『市民ケーン』（一九四一年）が代表作だが、『第三の男』（一九四九年）などに登場した俳優としての相貌も印象的だった。アラン・レネ（一九二二〜）はフランスの映画監督。『二十四時間の情事』（一九五九年）や『去年マリエンバードで』（一九六一年）が代表作。

参考文献

〔原書には短い読書案内と参考文献リストがあるが、あまり使いよくないので、ドゥルーズの著作の邦訳リストを、日本語で読めるドゥルーズ論のリストに代えた〕

ドゥルーズの邦訳著作リスト

一九五二年
『ヒューム』（アンドレ・クレソンとの共著、合田正人訳・解説、ちくま学芸文庫、筑摩書房、二〇〇〇年）
一九五三年
『経験論と主体性』（木田元・財津理訳、朝日出版社、一九八〇年。新装改訳版、河出書房新社、二〇〇〇年）
一九六二年
『ニーチェと哲学』（足立和浩訳、国文社、一九七四年）
一九六三年
『カントの批判哲学』（中島盛夫訳、叢書・ウニベルシタス、法政大学出版局、一九八四年。國分功一郎訳、ちくま学芸文庫、筑摩書房、二〇〇八年）
一九六四年
『プルーストとシーニュ』（宇波彰訳、叢書・ウニベルシタス、法政大学出版局、一九七四年。増補版、一九七七年）
一九六五年
『ニーチェ』（湯浅博雄訳、ポストモダン叢書、朝日出版社、一九八五年。ちくま学芸文庫、筑摩書房、一九九

八年）
一九六六年
『ベルクソンの哲学』（宇波彰訳、叢書・ウニベルシタス、法政大学出版局、一九七四年）
一九六七年
『マゾッホとサド』（蓮實重彦訳、晶文社、一九七三年）
一九六八年
『差異と反復』（財津理訳、河出書房新社、一九九二年、河出文庫、上下巻、二〇〇七年）
『スピノザと表現の問題』（工藤喜作・小柴康子・小谷晴勇訳、叢書・ウニベルシタス、法政大学出版局、一九九一年）
一九六九年
『意味の論理学』（岡田弘・宇波彰訳、叢書・ウニベルシタス、法政大学出版局、一九八七年。小泉義之訳、河出文庫、上下巻、二〇〇七年）
一九七〇年
『スピノザ——実践の哲学』（鈴木雅大訳、平凡社、一九九四年。平凡社ライブラリー、二〇〇二年）
一九七二年
『アンチ・オイディプス——資本主義と分裂症』（フェリックス・ガタリとの共著、市倉宏祐訳、河出書房新社、一九八六年。宇野邦一訳、河出文庫、上下巻、二〇〇六年。なお本文中では『アンチ・エディプス』と表記した。問題なのはギリシア悲劇のオイディプス王ではなく、フロイトのエディプス・コンプレックスだからである）
一九七五年
『カフカ——マイナー文学のために』（ガタリとの共著、宇波彰・岩田行一訳、叢書・ウニベルシタス、法政大

学出版局、一九七八年）
一九七七年
『ドゥルーズの思想』（クレール・パルネとの共著、田村毅訳、大修館書店、一九八〇年）
『政治と精神分析』（ガタリとの共著、杉村昌昭訳、叢書・ウニベルシタス、法政大学出版局、一九九四年）
一九八〇年
『千のプラトー』（ガタリとの共著、宇野邦一・小沢秋広・田中敏彦・豊崎光一・宮林寛・守中高明訳、河出書房新社、一九九四年）
一九八一年
『感覚の論理——画家フランシス・ベーコン論』（山県熙訳、法政大学出版局、二〇〇四年）
一九八三年
『シネマ1　運動イメージ』（財津理・齋藤範訳、叢書・ウニベルシタス、法政大学出版局、二〇〇八年）
一九八五年
『シネマ2　時間イメージ』（宇野邦一・江澤健一郎・岡村民夫・石原陽一郎・大原理志訳、叢書・ウニベルシタス、法政大学出版局、二〇〇六年）
一九八六年
『フーコー』（宇野邦一訳、河出書房新社、一九八七年）
一九八八年
『襞——ライプニッツとバロック』（宇野邦一訳、河出書房新社、一九九八年）
一九九〇年
『記号と事件』（宮林寛訳、河出書房新社、一九九二年）
一九九一年

『哲学とは何か』（財津理訳、河出書房新社、一九九七年）
一九九三年
『批評と臨床』（鈴木雅大・谷昌親・守中高明訳、河出書房新社、二〇〇二年）
二〇〇二年
『無人島　1953－1968』（前田英樹監修、宇野邦一・江川隆男・加賀野井秀一・財津理・鈴木創士・鈴木雅雄・前田英樹・松葉祥一・三脇康生・安島真一訳、河出書房新社、二〇〇三年）
『無人島　1969－1974』（小泉義之監修、杉村昌昭・松葉祥一・笹田恭・鈴木創士・三脇康生訳、河出書房新社、二〇〇三年）
二〇〇三年
『狂人の二つの体制　1975－1982』（宇野邦一監修、宇野邦一・江川隆男・岡村民夫・小沢秋広・笹田恭史・菅谷憲興・杉村昌昭・鈴木秀亘・水嶋一憲・宮林寛訳、河出書房新社、二〇〇四年）
『狂人の二つの体制　1983－1995』（宇野邦一監修、宇野邦一・江川隆男・小沢秋広・笠羽映子・財津理・笹田恭史・杉村昌昭・鈴木創士・野崎歓・広瀬純・松本潤一郎・毬藻充・宮林寛・守中高明訳、河出書房新社、二〇〇四年）

日本語で読める主なドゥルーズ論考（刊行年の新しい順に表記する）

小泉義之・鈴木泉・檜垣立哉『ドゥルーズ／ガタリの現在』平凡社、二〇〇八年
芳川泰久・堀千晶『ドゥルーズ　キーワード89』せりか書房、二〇〇八年
丹生谷貴志『ドゥルーズ・映画・フーコー』青土社、二〇〇七年
クレア・コールブルック『ジル・ドゥルーズ』國分功一郎訳、青土社、二〇〇六年

松本潤一郎・大山載吉『ドゥルーズ――生成変化のサブマリン』白水社、二〇〇五年
『ドゥルーズ』河出書房新社、二〇〇五年（Kawade道の手帖）
ミレイユ・ビュイダン『サハラ』阿部宏慈訳、叢書・ウニベルシタス、法政大学出版局、二〇〇三年
江川隆男『存在と差異』知泉書館、二〇〇三年
ルネ・シェレール『ドゥルーズへのまなざし』篠原洋治訳、筑摩書房、二〇〇三年
檜垣立哉『ドゥルーズ――解けない問いを生きる』日本放送出版協会、二〇〇二年
宇野邦一『ドゥルーズ――流動の哲学』講談社、二〇〇一年
小泉義之『ドゥルーズの哲学』講談社現代新書、二〇〇〇年
ロベルト・デ・ガエターノ『ドゥルーズ、映画を思考する』廣瀬純・増田靖彦訳、勁草書房、二〇〇〇年
アラン・バディウ『ドゥルーズ――存在の喧騒』鈴木創士訳、河出書房新社、一九九八年
篠原資明『ドゥルーズ――ノマドロジー』現代思想の冒険者たち、講談社、一九九七年
ジャン＝クレ・マルタン『ドゥルーズ／変奏』松籟社、一九九七年
フランソワ・ズーラビクヴィリ『ドゥルーズ――ひとつの出来事の哲学』小沢秋広訳、河出書房新社、一九九七年
マイケル・ハート『ドゥルーズの哲学』法政大学出版局、一九九六年
蓮實重彦『フーコー・ドゥルーズ・デリダ』河出書房新社、一九九五年
市倉宏祐『ジル・ドゥルーズの試み』北樹出版、一九九四年
船木亨『ドゥルーズ』清水書院、一九九四年
宇野邦一編『ドゥルーズ横断』河出書房新社、一九九四年
市倉宏祐『現代フランス思想への誘い――アンチ・オイディプスのかなたへ』岩波書店、一九八六年

訳者あとがき

本書はポリティ・プレス社が刊行している『主要な同時代の思想家』のシリーズの一冊として刊行されたドゥルーズ論 Reidar Due, *Deleuze*, Polity Press, 2007 の全訳である。著者のデューはイギリスのオクスフォード大学のマグダレン校でフランス語を担当している特別研究員であり、ヨーロッパ映画論も教えている。本書が初めての著作のようである。近刊として編著『ドゥルーズと読書』（レジェンダ社）の刊行が予告されている。

ドゥルーズの思想は多面的で、多くの人々を魅惑する力があるが、その全体像を捉えるのは困難である。本書は『アンチ・エディプス』と『千のプラトー』の時代を中心としながらも、初期と後期のドゥルーズの思想にも目を配り、ドゥルーズの思想の展開を追うためにも、中期のドゥルーズの思想を考察するためにも役立つ書物となっている。

とくにドゥルーズの表象批判、内在と問題の概念、新しい主観性の概念についての著者の分析はゆきとどいていて、わかりやすいものだと思う。なかでも第三章では、『アンチ・エディプス』におけるドゥルーズの欲望の思想をニーチェの道徳の系譜学とフロイトとラカンの精神分析の理論を手がかりにしながらたくみに考察していて、参考になる。

本書の翻訳にあたっては、新曜社の渦岡謙一さんにいろいろとお世話になった。ドゥルーズ論を構想していた時期に、渦岡さんのお薦めで、奥行きのあるドゥルーズ論の翻訳の仕事をてがけることができたのは幸いなことだった。

訳者

や　行

ら　行

わ　行

は　行

な　行

た　行

さ　行

索　引

著者紹介

Reidar Due（ライダー・デュー）
オクスフォード大学マグダレン校特別研究員。「訳者あとがき」参照。

訳者紹介

中山　元（なかやま げん）
1949年生まれ。東京大学教養学部教養学科中退。哲学者，翻訳家。主な著書に，『思考の用語辞典』『フーコー入門』『賢者と羊飼い』（いずれも筑摩書房），『はじめて読むフーコー』（洋泉社），『思考のトポス』（新曜社）などがある。また翻訳に，デリダ『パピエ・マシン』，フーコー『わたしは花火師です』（以上，筑摩書房），ファーン『考える道具』（角川書店），ウッド『資本の帝国』（紀伊國屋書店），ルソー『社会契約論，ジュネーブ草稿』（光文社）など多数あり。

新曜社
ドゥルーズ哲学のエッセンス
思考の逃走線を求めて

初版第1刷発行　2009年5月22日©

著　者　ライダー・デュー
訳　者　中山　元
発行者　塩浦　暲
発行所　株式会社 新曜社
〒101-0051 東京都千代田区神田神保町2-10
電　話(03)3264-4973㈹・FAX(03)3239-2958
e-mail info@shin-yo-sha.co.jp
URL　http://www.shin-yo-sha.co.jp/

印刷　銀　河　　Printed in Japan
製本　イマヰ製本
ISBN978-4-7885-1157-6 C1010